아시아의
질적심리학

일본·한국·중국·대만·베트남의 사례 중심

伊藤哲司·呉宣児·沖潮満里子 編
오선아 역

박영
story

번역에 부쳐 – 질적 연구의 확장과 제자리 찾기

　본 번역서인 「아시아의 질적심리학: 일본·한국·중국·대만·베트남의 사례 중심」은, 2018년 일본어로 출간된 「아시아의 질적심리학: 일본·한국·중국·대만·베트남의 크로스 토크」의 한국어판이다. 본 서는 유교문화와 한자문화를 공유하는 일본·한국·중국·대만·베트남 5개국에서 각각 3명이 질적 연구의 실제에 대한 원고를 쓰고 또 그 논고에 대해 다른 나라 연구자들 중 한 사람이 코멘트를 하는 형태로 엮어서 만든 책이다.

　이 책의 특징과 출간의 의미를 함축하고 있는 질적 연구의 확장 및 토착화를 위한 노력의 일환을 번역과 더불어 간단히 안내한다면, 크게 두 가지 방향으로 말할 수 있을 것 같다. 첫째는, 일본·한국·중국·대만·베트남 등 5개국 연구자가 동시에 집필에 참여했다는 점이다. 서구 학문의 흐름을 배우고 그대로 따라 하는 것을 넘어 아시아에 뿌리를 내리고 아시아의 문화 또는 연구자가 위치한 나라의 여건과 상황, 연구자의 발상에 근거하여 연구할 필요가 있다는 시도임과 동시에 서로 국경을 초월하여 대화해 나가면서 아시아발 연구네트워크의 형성을 위한 실천 행동이다. 일본어 출간을 먼저 했지만 순차적으로 참여한 나라 언어로도 번역본을 내며 더 깊은 교류와 대화 속에서 아시아발 오리지널 방법론의 창출로도 연결되었으면 좋겠다고 생각하며 시작한 일이다.

둘째는, 모든 논고를 '질적 연구와 나'라는 소제목으로 통일하여 집필을 시작하고 있다는 점을 들 수 있다. 연구자 본인이 질적 연구를 하게 된 계기나 연구과정 중 체험한 개인적인 사항들을 솔직하게 소개하며 질적 연구과정의 어려움과 즐거움을 리얼리티 그대로 공유하고자 했다. 참여한 나라마다 질적 연구의 질과 현황이 다르지만, 모든 나라가 양적 연구가 지배적인 당연한 상황 속에서 마이너리티의 입장에서 질적 연구가 시작되었다는 공통점이 있다. 그리고 이제는 각 나라마다 연구의 세계에서 '시민권'을 얻은 질적 연구의 위치와 확산 정도, 그리고 서로 다른 모습도 엿볼 수 있을 것이다. 그래서 연구자에게 질적 연구의 교과서적인 연구방법론뿐만 아니라 질적 연구의 과정과 방법에 대한 실제를 보여주고자 했다. 구체적인 연구의 예시로써 기능하며 연구 응용의 폭을 넓히는 데 참고가 될 복합적 시도라는 것을 강조하고 싶다.

특히 2021년 10월 23일 '한국심리측정평가학회'와 '일본질적심리학회'의 공동주최로 'The First Trans-Asian Meeting on Psychological Methods'가 열리게 되었는데, 이 시점에 맞추어 한국어 번역본을 출간할 수 있게 되어 진정 기쁘게 생각한다. 이 한일공동학회는 원래 2020년 10월에 한국의 서울에서 공동개최 하기로 되어 있었고, 겸해서 일본의 질적심리학회도 연동하여 서울에서 동시에 열릴 예정이었다. 그러나 코로나 팬데믹 국면이 개선되지 않아서 결국 <in Seoul>에서 <with Seoul>로 변경되었고, 온라인 개최로 결정되면서 마침 같은 시기에 본 번역서 출간이 겹치게 된 점은 우연만이 아니다.

사실은 몇 년에 걸쳐 면면히 이어 온 한일 간 심리학 연구자들의 교류 속에서 아쉽고 부족한 점도 많았지만 질적 연구에 대한 논의가 꾸준히 이어져 온 결과물이라 해도 과언이 아니다. 뒤늦게 한국어로 번역본을 내는 지금, 한국에서도 질적 연구에 대한 영문 번역본이나 국내에서 출간하는 연구서들도 점점 많아지고 다양해지는 듯하다. 이런 변화의 흐름과 동시에 일본의 학계와 대학에서 주로 질적 연구를 행하고 있는 필자가 한국인으로서 일본의 질적 연구의 흐름을 동시에 소개하고자 하는 의미도 있다.

일본에서도 1990년대에는 질적 연구방법은 확실하게 그 자리매김이 되지 못했다. 일본심리학회 연차대회 때만 해도 '방법론'이라는 공통항목으로 묶어 질적 연구 발표회를 구성하는 정도에 불과했고, 또한 여기저기 흩어져 실려 있는 질적 연구 논문들을 한데 모아 복사를 해서 서로 공유하는 실정이었다. 필자 본인도 박사과정일 때 그런 섹션에서 발표하곤 했다. 그러면서 2004년에 일본에서 저명한 심리학자 무토 타가시(無藤 隆), 야마다 요오꼬(やまだ ようこ), 아사오 타케시(麻生 武), 미나미 히로후미(南 博文), 사토 타츠야(サトウ タツヤ) 등 다섯 분의 교수님들이 중심이 되어 기존 심리학 연구의 질을 개선하고 확장하기 위한 노력의 일환으로 '일본질적심리학회'를 창설하기에 이르렀다. 다섯 분의 교수님 중 세 분은 이미 정년퇴임을 하셨고 한 분은 올해를 끝으로 퇴임할 예정이다. 그리고 이러한 활동의 중심에 서 있었던 분 중 당시 유일한 30대의 젊은 연구자였던 사토 타츠야 교수님(리츠메이칸대학)이 2021년 현재 일본질적심리학회의 상임이사장을 역임하고 있다.

필자 본인은 일본발달심리학회에서 논문심사위원 및 연구교류위원, 일본질적심리학회에서의 연구교류위원을 맡아 활동을 하던 중 2009년 한국심리학회 국제 및 국내 연차대회의 국제발표 부문에서 처음으로 한국 학회에서 발표를 하였고 한국의 학회를 경험해 보았다. 이때 빈 시간을 이용하여 '질적연구마당'이라는 섹션에 들어가 보았는데 꽤 많은 인원들이 그 섹션에 참가하고 있었던 것으로 기억한다. 그 섹션을 보면서 한국에서도 일본에서처럼 심리학회에서 질적 연구를 추구하는 분들이 모여서 새로운 길을 모색하고 있다는 것을 알게 되어 반가운 마음이 들었다. 당시 기획과 토론자로서 활약하고 있던 전남대학교 한규석 교수님과 사회를 본 가톨릭대학교의 장성숙 교수님과 인사하게 되었고, 그 후 또 필자 본인의 다른 공동연구 수행 중 일본과 중국의 공동연구자들과 서울에 조사하러 갔을 때 한국가톨릭대학 병원에서 한일 간 질적 연구의 현황을 가볍게 소개하는 연구교류회를 갖는 기회도 있었다. 이런 교류들이 계기가 되어 2010년 10월 이바라기대학(茨城大学)에서 열린 제7회 일본질적심리학회 연차대회 때에 필자가 연결한 한규석 교수님을 초대하여 「한국(인)의 '마음'과 심리학의 'mind'의 다름」에 대해 강연을 한 것이 학회 차원에서의 한일교류의 시작이라고 할 수 있을 것 같다. 그리고 위의 제7차 일본질적심리학회 연차대회 위원장이 바로 이번 일한공동학회의 일본측 대표를 맡은 이토 테츠지 교수님이고, 본 서의 편저자이기도 하다. 2014년에는 한규석 교수님의 초대로 이토 교수님과 필자 본인이 전남대학교로 가서 질적 연구에 대한 특별강의를 한 바도 있다.

이후 2015년부터 2017년에 걸쳐 필자 본인은 한국심리학회의 질적연구마당에 3년 연속으로 참가하여 발표하게 된 인연으로 그 질적연구마당을 기획하고 주관한 성균관대학교의 도승이 교수님과도 연결이 되었다. 그리고 2018년에는 이토 교수님과 필자 본인이 한국심리학회 질적연구마당에 참가하여 일본의 질적 연구 현황을 소개하기도 했고, 도승이 교수님과 이토 교수님, 그리고 필자가 함께 한일교류를 계속하게 되었으며 이런 흐름의 연장선 상에서 도승이 교수님도 본 서의 한국측 연구자로서 참여하게 되었다. 또한 2019년 9월에 이르러 한국측에서는 도승이 교수님을 비롯한 한국의 심리측정평가학회 임원단 등 3인의 대표와 일본측에서는 일본질적심리학회의 대표단으로서 이바라기대학의 이토 테츠지 교수님(위원장), 도쿄대학의 노치 마사히로 교수님(부위원장), 그리고 필자(부위원장) 3인이 한일공동학회를 개최하기 위한 논의를 하였고 합의를 보았다. 코로나 팬데믹으로 대회가 연기되면서 대신 2020년 10월 「왜 지금, 질적 연구에 있어서 한일교류가 필요한가?」라는 제목의 한일공동심포지움을 열고 도승이 교수님과 이또 교수님이 한·일의 대표로서 인사를 하였고, 한규석 교수님은 「동아시아의 질적심학 연구」, 노치 마사히로 교수님은 「일본의 질적심리학, 그 역사와 과제」라는 주제로 발표를 했다. 그래서 2021년 10월 23일 마침내 학회 차원의 최초의 한일교류인 한일공동학회가 열리게 되었다.

이렇게 교류의 과정과 주요 연구자 및 관련된 분들을 요약해서 소개하는 의미는 본 서 집필의 목적과도 같은 질적 연구의 확장과 제자리 찾기를 위한 꾸준한 연구의 흐름과 관심 그리고 노력이 한일 간에 있었다는 보고이며, 토착적인 질적 연구의 발전을 바란다는 뜻을 담고 있다. 이로써 질적 연구자 동료들과 후속 연구자들의 지적과 비판, 논쟁과 토론을 기대하는 마음이 크다. 더구나 본 번역서가 출간하게 되어서 작지만 뚜렷한 결실로서 독자 여러분을 만나게 된 것에 대하여 감사한 마음을 감출 길이 없다. 부디 질적 연구방법론이 제자리를 찾고 영역을 확장하여 연구의 질적 향상과 더불어 학문의 발전에 기여할 수 있는 조약돌이 되기를 바랄 뿐이다.

끝으로, 이 자리를 빌어 본 한국어 번역서를 출판하기로 한 (주)박영사의 결정에 경의를 표하면서, 특히 (주)박영사 일본법인의 나까지마 케이타 대표이사의 허심탄회한 의사소통 과정과, 우석진 편집위원의 세심한 배려와 노고에 심심한 감사의 말씀을 드린다. 또 교정을 거들어 준 남편과 서울의 딸아이에게도 고마운 마음을 전하고 싶다.

2021년 9월 일본집, 토네가와 강변의 서재에서
오선아

들어가는 말

이 책은 일본·한국·중국·대만·베트남 연구자들이 공동으로 집필하여 출간되었다. 각 나라마다 3명의 연구자가 기고하였고 그리고 그 논고에 대해 다른 나라의 연구자 중 한 사람이 코멘트를 다는 형태를 취하고 있다. 당연히 이 크로스 토크를 통해 사회·문화·역사적으로 다른 시점들이 들어와 교차되기를 기대하는 것이다. 집필자들의 전문영역은 심리학·교육학·사회학·문화인류학·컬처럴 스터디즈·경영학 등으로, 어느 정도 다양하게 되도록 배치했다. 하지만 3명의 편저자가 지금까지의 관계 속에서 집필을 의뢰한 실정이라 치밀하게 균형을 맞췄다고는 할 수 없다. 그러나 질적 연구를 수행해 온 다채로운 연구자들에게 논고 및 코멘트 글을 의뢰할 수 있었다고 생각한다.

물론 편저자들이 이러한 집필자들과 지금까지 밀접하게 관계해 왔는가라고 한다면 꼭 그렇지만은 않다. 또한 일본어 집필이 가능한 사람에게는 처음부터 그렇게 부탁을 했지만, 한국어·중국어·베트남어의 논고를 받고 또 일본어로 번역한 원고도 있다. 일본어가 우리 저자들의 공통 언어라고는 말할 수는 없으나, 우선은 일본어로 본 서를 발행하게 되었다.

3명의 편저자 전원은 주로 일본에서 질적 연구에 정력적으로 임해왔다. 오키시오 마리꼬(沖潮満里子) 선생은 장애가 있는 형제자매를 가진 사람들이 살아가는 모습을 사람들과 이야기 하기를 통해 그려내 왔다. 독자적인 스텐스로 대화적 자기 에스노그래피라는 방법을 개발하고 그녀 자신도 '당사자'로서 외면하지 않고 진지하게 마주해 온 기예의 젊은 연구자이다. 그리고 오선아(吳宣児) 선생은 한국인이지만 일본에서 연구하고 대학에 재직하는 심리학자인데, 고향인 한국 제주도의 원풍경을 서로 이야기하는 속에서 부상시켜가는 것을 시도해왔다. '바람과 돌과 여자가 많은 섬'으로 불리는 제주도는, 전후의 제주도 4.3사건(1948)을 거치고 현재 '평화의 섬'이라 불린다. 비주얼한 이미지를 굳이 이야기하기라는 언어로 부상시키는 시도는 굉장히 흥미롭다. 그 성과는 일본어와 한국어 단행본으로 출간되었다.

마지막으로, 필자 본인인 이토 테츠지(伊藤哲司)는 1998년경 베트남 재외 연구로 하노이 골목의 필드 워크를 시작으로 1975년에 종결한 것으로 알려진 베트남 전쟁, '이긴 쪽의 베트남이 아닌 진쪽의 베트남'에 착목하여 완만하게 억제되고 잠재화된 지역 갈등의 와중에 있는 남부 베트남 또는 난민이 되어 국외로 나간 베트남계 주민들의 말하려 해도 말할 수 없는 이야기에 귀를 기울여 왔다. 또한 야마모토 토시야(山本登志哉) 선생 등과 '원탁 시네마'(같은 영화를 함께 보고 이야기를 나누는 이문화 이해의 방법)를 창출하여 한국·중국·베트남 친구들과 작업을 해왔던 경험도 있다. 후술하는 일본질적심리학회가 발행하는 학술지 '질적심리학연구'의 편집위원을 오랫동안 했고, 2014년도부터 3년간은 편집위원장도 역임했다.

* * *

일본에서는 질적 연구의 필요성이 심리학 등 학계에서 널리 인지된 지 10여 년의 세월이 지났다. 가장 상징적인 것은 역시 일본질적심리학회의 설립(2004년)일 것이다. 1990년대에는 일본심리학회 등에서 「정성적 연구」나 「필드워크」가 종종 다루어지곤 했었다. 그런 토양 속에서, 질적 연구를 본격적으로 다루는 학술 잡지 「질적심리학 연구」의 간행(2001년부터)이 선행되었고 그 학술지의 편집을 했던 분들이 중심이 되어 조직된 것이 이 학회였다.

그 제1회 대회가 열린 곳은 교토대학인데 학회 당일 접수가 펑크 상태가 될 정도로 예상 외의 성황을 이루었다. 그 때의 열기는 지금도 잊을 수 없다. 기획 중의 하나로, KJ법의 창안자인 카와키타 지로(川喜田二郎) 선생님을 둘러싼 심포지엄이 있었는데 회장에 들어 가지 못하는 사람도 생겨, 그것 때문에 소리를 지르며 클레임을 거는 사람도 있었을 정도였다. 지금은 고인이 되신 카와키타 선생님이 "KJ법은 세계를 평화롭게 하지요!"라고 말씀하신 것에 강렬한 임팩트를 받았다. 보텀업(상향식)으로 가다듬어 가는 대화의 프로세스를 공유하면 거기에는 자연스럽게 의견의 차이를 초월하는 관계가 생긴다고 말씀하시고 싶었던 것이라고 생각된다.

나 자신이 학회에 당초부터 깊이 관계하여 왔지만, 실은 설립시에는 조금 위화감도 있었다. 그 이유 중 하나는 「질적심리학(Qualitative psychology)」이라는 명칭이다. 통상 「○○ △△학」이라고 말하는 경우 「○○」에는 연구의 대상 「△△학」에는 연구방법 내지는 접근방식을 나타내는 명칭이 들어가는 경우가 많다.

예를 들어 「인지심리학」이라면, 「인지」를 대상으로 심리학의 방법으로 어프로치하는 분야이고, 「문화인류학」이라면 「문화」를 대상으로 인류학의 방법으로 어프로치하는 분야라고 해석할 수 있다. 그러나 「질적심리학」은 「질적」 그 자체를 연구대상으로 하고 있는 것은 아니다. 또한 심리학 이외에도 질적 연구라고 불리는 것은 말할 필요도 없이 사회학·문화 인류학·간호학·교육학 등, 더 나아가 이과계 분야에도 확산되고 있다.

그러나 이 일본질적심리학회는 심리학자 이외의 회원도 많고, 실질적으로 일본에 있어서의 질적 연구분야를 견인해 온 것도 사실이다. 양적인 데이터로는 도무지 파악할 수 없는 인간의 제반 활동의 질적인 부분을 다루는 것은 인간연구를 하고 있는 자로서 당연하고 필연적이다. 오히려 그것들을 양적인 데이터로 변환하는 것으로 인한 손실이 얼마나 많은지 질적 연구에 종사하는 사람들의 대부분은 실감하고 있지 않은가. 물론 양적 연구를 부정하는 것은 아니다. 오히려 양적 연구라야 분석이 가능하게 되는 현실도 있을 것이다. 심리학 등의 분야에서는 물리학의 방법을 모범으로 해 온 부분이 있어 정신물리학 측정법이라는 것까지 짜내어 온 역사가 있다. 나도 그러한 심리학을 1980년대의 학창 시절에 배운 한 명이지만, 인간연구에서는 아무리 해도 그것에 맞춰지지 않는 부분이 있음을 느껴왔다. 21세기에 들어 일본질적심리학회가 창설이 된 것은 그러한 질적 연구에 대한 관심을 한층 더 높이고, 확장과 안착을 도모하는 역할을 하기 위한 것임에 틀림 없다.

일본질적심리학회가 「일본질적연구학회」로 되지 않았던 것과 마찬가지로, 이 책도 「질적심리학」이라는 명칭을 사용하기로 했다. 「심리학」은 우리들 편자저 3인에 의지해 비롯된 디시플린이기도 하지만, 물론 「심리학」 이외를 배척하려는 의도는 아니다. 또한 「아시아」라고 제목을 붙였지만, 어떻게든 커버할 수 있는 것은 아시아의 극히 일부, 후술하는 바와 같이 한자 문화권 나라들(그것도 전부라고는 말할 수 없다)이다. 또한 향후 네트워크의 확대에 대한 기대가 담겨져 있는 것으로 조금 너그럽게 봐 주셨으면 한다.

* * *

이웃 나라 한국에서도 질적 연구에 대한 관심이 높다고 들었다. 그러나 하나의 학회가 온전하게 질적 연구에 임하는 연구자 커뮤니티를 만들고 있는 것은 아닌 것 같다.

한국심리학회에서 매년 질적 연구에 대한 섹션이 있으며 논의가 쌓여가고 있는 것 같으며 이 책의 편자의 한 사람인 오선아 선생도 여기에 몇 번 참가한 적이 있다.

중국에서는 중국 심리학회 속에서 질적 연구 전문위원회 설립 움직임이 나오고 있다고 한다. 21세기에 들어 와서 사회학 및 교육학 등의 분야에서도 질적 연구가 자주 실시되고 그 연구방법에 관한 책도 많이 번역 출판되고 있다고 한다.

대만에서는 사회학·교육학·심리학·인류학을 중심으로 질적 연구가 사용되는 경우가 많아지고 있지만, 질적 연구를 위한 학회는 존재하지 않는다. 그러나 이 책의 집필자 중 한 사람인 중국의 편성남 선생에 따르면 중국의 질적 연구는 대만에서의 질적 연구로부터 영향을 받고 있는 것이 아닌가 하는 측면도 있다고 한다.

베트남에서는 대규모 설문조사를 실시하기 위한 연구비가 충분하지 않다는 이유로 대안으로 인터뷰 조사를 실시하고 결과적으로 질적 연구가 되고 있는 것은 아닐까 하는 말을 들었다. 실질적으로 질적 연구는 이루어지고 있다는 것인데, 이를 위한 학회 등에서의 논의의 축적은 아직이며 앞으로 움직여 나간다는 것이다.

* * *

처음에 언급했듯이 이 책에서는 일본·한국·중국·대만·베트남 연구자 각 3명에게 논고를 기고 받았다. 이러한 나라와 지역은 한자 문화권이라는 공통성이 있다. 일본에서는 그다지 알려져 있지 않을 지도 모르지만, 베트남어도 많은 단어가 중국에서 들어온 한월어이며, 알파벳 표기를 하는 베트남어의 70% 정도는 한자로 쓸 수 있다.

또한 이번에 일본·한국·중국·베트남 이외에 대만도 더해진 것은, 물론 정치적 의도는 없다. '대만은 중국의 일부'라는 것이 중국의 국가로서의 입장이며, 일본도 그것을 지지하는 입장이지만, 대만은 중국과는 별도로 독자적인 문화를 키워온 역사가 있고, 학술연구에서도 그러한 면이 있을 것이다. 그 현실을 바탕으로 이 책에서는 대만도 참가했다는 것을 미리 알려두고 싶다.

이번의 집필자들은 반드시 각 나라나 지역의 질적 연구자의 대표자라고는 할 수 없다고 생각한다. 물론 각각 모두 우수한 연구자인 것은 틀림이 없지만, 앞서 언급한 바와 같이, 편저자들과의 개인적인 인연 속에서 집필을 부탁한 경우가 많았다. 그 중에는 책의 논고를 집필하는 것이 처음이라는 젊은 연구자도 포함되어 있다. 그러나 이 논고를 읽음으로써 이러한 동아시아의 질적 연구의 확대와 바리에이션을 감지할 수가 있을 것이다.

각 집필자의 논고에는 다른 집필자의 코멘트를 달고 있다. 그 조합은 다른 나라·지역이 되도록 배려했다. 물론 다른 사회·문화적 배경으로부터 비판을 기대하기 때문이다. 그 대화의 일단에도 주목해 주시길 바란다.

편저자인 우리들(이토·오·오키시오)로서는 이 책을 계기로 동아시아의 질적 연구의 교류가 더욱 활성화되어 나갈 것을 기대하고 있다. 실제 우리도 예를 들어 한국심리학회의 질적 연구의 섹션에 참가해 보고 싶다는 희망을 품고 있으며, 이 책의 일본어 이외의 번역본이 있기를 바란다. 또한 그 앞에 어떤 지평이 열릴 것인가, 그 자체에 편저자로서 기대도 하고 있다.

* * *

이 책이 만들어지기까지는, 나카니시야 출판 야마모토 아카네 씨에게 많은 도움을 얻었다. 야마모토 씨와 편저자들은 지리적으로 떨어져 일을 하고 생활을 하고 있어서 몇 번이고 Skype로 편집회의를 열고 논의를 축적시켜 나가야만 했다. 또한 2017년 8월에는 이바라기 현의 츠쿠바 산록에 있는 호텔에 전원이 참여하여 합숙하고 모든 논고와 코멘트를 근거로 한 좌담회를 가졌다. 그러한 것들 위에 이 책이 만들어졌다는 것을 느껴주시면 감사하겠다.

　좌담회를 실시하는 장소로 오선아 선생의 고향인 한국 제주도에서 했으면 하는 구상도 있었지만, 이번에는 실현되지 않았다. 언젠가 그렇게 아시아의 바람을 직접 현장에서 느끼면서 질적 연구를 이야기할 수 있는 그런 기회가 만들어질 수 있으면 좋겠다고 생각하고 있다.

편저자를 대표해서
이토 테츠지

차 례

[한 국]

제1장 --- [일본 1]

장애자 형제의
서로 이야기하기에서
나타나는 양상

오끼시오(하라타) 마리꼬[沖潮(原田)満里子]

장애자 형제의 서로 이야기하기에서 나타나는 양상

오끼시오(하라타) 마리꼬[沖潮(原田)満里子]

1. 질적 연구와 나

나는 석사논문을 2편 썼는데, 첫 번째 논문은 질적 연구와 양적 연구의 하이브리드라고 일컬어지는 PAC분석기법(內藤, 2002)을 써서 연구한 것이다. 인터뷰가 PAC의 중심부분이 되는 연구였는데, 그 틀은 협력자의 말을 클러스터 분석하는 것으로 이루어졌다. 이 때에 나는 협력자자신의 이야기가 인터뷰 틀의 기본이 된다는 것에 매력을 느끼고 있었다. 그렇게 석사를 마치고 사회인이 되어 생활하다가 다시 대학원으로돌아가려고 했을 때 은사가 "마리양, 자기 자신의 이야기로 논문을 써도 좋아요"라고 했던 말씀이 줄곧 마음 깊은 곳에 남아 있었던 것이나, 장애자의 이야기를 소재로 한 연구에 자극을 받았던 일, 그리고 자신의경험이 풍부하게 담겨 있어 읽는 맛을 느끼게 하는 에스노그라피를 마주했던 것을 계기로 장애자의 형제인 나 자신이기에 가능한 연구가 있지 않을까 하는 생각을 하게 되었다. 그래서 두 번째의 대학원 석사논문은 「장애자 형제(이하 형제)」를 테마로 하게 되었다.

그런데 선행연구를 조사해 나가는 동안 「별로 주의를 끄는 게 없다」, 「무언가 부족하다」는 기운이 팽배하기 시작했다. 형제의 생활세계는 이런 게 아닐 거라는 생각과, 좀 더 생생하게 살아가는 형제의 모습, 삶의 질감을 전하고 싶다는 생각이 들었다. 연구자가 어떻게 그 현장에 서로 같이 머물러 있었던가, 그것을 제시하는 것으로 묘사해보면 어떨까 하는 생각을 했다. 그리고 형제인 나 자신의 얼굴을 내놓고 협력자의 주관을 어떻게 잘 전달해 갈 수 있을 것인지 등 이야기하기의 공동구축성(能智, 2011)에 중점을 두는 질적 연구를 전개해 봐야겠다는 결정을 하고 박사논문을 집필해 나갔다. 아이러니컬하게도 연구자의 주관이 거의 들어가지 않는 연구방법에 매료되었던 내가 나중에는 연구자의 주관을 활용하는 연구방법으로 전환하고 있었던 것이다.

2. 자기 에스노그라피

형제의 있는 그대로의 상태를 연구하려고 한 나는 먼저 가장 최근의 나자신의 경험을 살펴보는 것으로부터 시작했다. 바로 나의 자기에스노그라피이다. 자기에스노그라피(Autoethnography)라는 것은 자기자신의 경험에 관한 에스노그라피를 가리키며, 근대적인 에스노그라피의 일종이다(Ellis, 2004). 많은 수의 자기에스노그라피는 연구자 자신이 경험을 상기해가면서 혼자서 언어화 했던 것을 데이터로 하고 있지만, 나는 타자에게 듣는 역할을 부탁하여 나 자신의 라이프스토리를 이야기하고, 그것을 데이터로 해서 함께 분석·해석을 해가는 「대화적 자기에스노그라피」라고 하는 새로운 시도를 해보았다(沖潮, 2013). 그 결과 밝혀진 것은, 장애가 있는 여동생의 발달을 내가 포착해가는 관점과 형제로서의 두 가지 동요이다. 그 하나는, 존재하는 것만으로 가치가 있다는 가족적 가치관과 경제적인 활동 등이 가능한 점에 의미를 두는 사회적 가치관과의 틈새에서 일어나는 동요이다. 또 다른 하나는, 청년기의 발달과제이기도 하고 사회적 요구이기도 한 것, 소위 사람은 혼자서 살아가며 결국 장애자도 그 형제도 별개의 삶을 살아간다는 스토리에 대한 추종과 그렇게 해도 괜찮은 것인가 갈등하는 감정과의 사이에서 일어나는 동요라 할 수 있는 것이었다(沖潮, 2016a). 그리고 대화적 자기에스노그라피 과정에 나타나는 나와 듣는 사람과의 주고받기, 특히 듣는 사람에 의한 반응 등의 작용에 관한 것들에 대한 검토도 이루어졌다(能智·沖潮, 2015).

3. 서로 이야기하기

내 경험에 대한 연구를 진행하면서 동시에 나는 다른 장애자의 형제와 서로 이야기하기도 시작했다. 서로 이야기하기는, 자기자신이나 자기 주위에서 일어나는 일(사건)들을 어떻게 포착하며 어떠한 심적 세계를 살아가는가에 관하여 탐구하려고 하는 것이다. 연구자도 협력자와 동등한 형태로 이야기하기에 참여하여 대화를 전개하는 비구조화 인터뷰의 일종이다(大倉, 2008). 나의 연구에서는, 형제인 것을 어떻게 받아들이고 생각하며 일상을 지내고 있는가를 같은 당사자인 협력자와 나와의 대화를 근거로 하여 밝혀내고 있다. 하라타·노치(原田·能智, 2012)에서는 「이중의 라이프스토리」라고 하는 형제의 삶의 형태를 그려내고 있다. 그것은 형제인 자신과 장애가 있는 형제자매(이하, 형제자매)의 라이프스토리라고 하는 두 종류의 라이프스토리를 어딘가에서 서로 중첩시키면서 살아가는 것, 즉 자기자신의 인생과 마찬가지로 형제자매의 인생을 어느 정도 받아들이고자 하는 것이다. 협력자의 한 사람이, 「여동생이 있는데 장애가 있는 언니를 시설에 들여 보내다니 어떻게 된 일인가 하는 말을 주변으로부터 듣지 않도록 장래에는 언니를 돌봐야 한다고 생각하고 있다」고 이야기하는 것처럼 일본에서는 부모가 돌아가신 후에는 형제가 돌본다는 장애자 지원관이 강하다. 나를 포함한 서로 이야기하기의 협력자는 당시 청년기를 살아가고 있었는데 청년기에는 「자립」이라는 가족으로부터 어떻게 떨어져 나갈 것인가 하는 발달과제가 있다. 또 한편으로는, 형제자매를 비롯한 가족과의 연계를 유지하며 살아가기 위해서는 어떻게 하면 좋은가와 같은 갈등을 품은 채 앞으로 살아갈 형태를 모색하는 모습은 형제의 특징 중 하나로 생각되었다.

4. 서로 이야기하기의 양상

앞에서 제시한 「이중 라이프스토리」는 나와 협력자 간의 합의나 어긋남을 포함하는 주고받는 대화로부터 부상된 지(知)이다. 이것은 형태는 다양하지만 어느 정도 고정화된 「정적인 지」라고 생각한다. 이에 대하여, 여기서는 서로 이야기하기로부터 나타나는 「동적인 지」, 지의 동적인 측면을 탐구해 가면서 설명하고자 한다. 즉, 「이중 라이프스토리」가 부각되는 그 바탕으로서의 서로 이야기하기가 어떻게 구축되며, 어떤 양상과 기능이 있는가 하는 서로 이야기하기 그 자체에 관하여 검토해 가고자 한다.

여기서 소개하는 것은 니노미야 미사키 씨(가명, 여성, 당시 대학생)와의 서로 이야기하기이다. 니노미야 씨에게는 지적장애가 있는 여동생이 있다. 나에게는 지적장애와 신체장애가 있는 여동생이 있다. 니노미야 씨가 자신의 졸업논문에 장애자 형제를 테마로 쓸 수는 없는가 하는 생각에서 나의 연구에 관해서 물으러 온 게 첫번째의 서로 이야기하기가 되었다. 서로 이야기하기의 발췌문에 「니」라고 표기한 것은 니노미야 씨, 「나」라고 한 것은 나의 이야기이다. 니노미야 씨가 「하라타 씨」라 부르는 것은 나의 옛 성이다.

(1) 「공유」의 감각이 싹트다

1회째에서는, 나의 지금까지의 연구로서 제2절에서 소개한 나자신의 라이프스토리를 니노미야 씨에게 소개했다. 그것이 니노미야 씨에게 「공유」됨으로써 니노미야 씨에게 여기서는 자신의 라이프스토리를 말해도 좋다는 감각을 갖도록 한 것 같다. 왜 그런가 하면 니노미야 씨는 「다른 이야기가 됩니다만」이라고 고백하듯이 다음과 같은 화제를 갑자기 꺼내 놓았다.

> 니 : 다른 이야기가 됩니다만, 도덕공부 시간은 싫었어요.
> 나 : 아~, 왜요?
> 니 : 무언가, 역시, 그런 이야기가 나오지 않아요?
> 나 : 아~, 그렇구나. 난 전혀 기억나지는 않지만, 응? 무언가 그런, 돕는 것, 무엇인가 필요한 사람에게 도와드립시다라는, 그런 말?
> 니 : 조금, 그래요. 난 성격이 나빠서, 실은.
> 나 : 아~왜, 왜요, 왜요?
> 니 : 아~, 성격이 나빠서, 무언가. 친구들, 친구들이 아니지만, 또, 클래스메이트가 뭐, 「불쌍하기 때문에 돕겠습니다」와 같은 것을 발표하지만, 「위선자」라는 생각이 들거든요(서로 웃음). 실제로, 돕지도 않겠지라고 생각하는 것이지요.
> 나 : 그건, 이렇게, 자기가 여동생과 같이 있을 때, 무슨 일이 벌어졌을 때 도와주려고 하는 사람이 아무도 없었기 때문이거나, 그런 것 아니고요?
> 니 : 그런 일이 있었는지 모르지만, 기억하진 못하지만. 뭐라고 할까 「너희들은 모를 거야!」라고 하는 생각밖에 없어서. 도덕 시간은 정말로 싫었어요(1회째).

「그런 말이 나오지 않나요?」라고 말을 흐리면서도 말하고자 하는 것을 내가 알 것이라고 상정해가면서 이야기를 계속해나갔다. 결국 그 해당 발언 후에 나와 니노미야 씨 둘이서 웃은 것으로 보아 약간 농담처럼 얼버무려지긴 했지만, 토해내는 듯한 말투로 '위선자'라고 생각해요」라고 니노미야 씨는 가슴 속의 이야기를 하고 있다.

다른 장면에서는 「보통의 친구들에게는 말을 할 수 없지 않나요?, 그런 어두운 측면은 '나를 싫어하면 어떻게 하나'라는 생각」이라든가, '위선자'라고 생각했다는 것은 절대로 말하지 못해요」(5회째)라고 이야기하고 있다. 자신이 마음 속에 지니고 있는 「어두운」부분, 즉 독하게 품고 있는 부분은 그렇게 간단히 외부로 표출할 수 없다. 그렇지만, 첫 대면임에도 불구하고 니노미야 씨는 보통의 친구들에게는 말하지 못하는 것을 나에게는 이야기하고 있다. 니노미야 씨가 이런 어두운 부분을 말할 수 있는지 어떤지는 「형제라도 사람에 따라 다르다」(5회째)라고 말한다. 그러면, 왜 나에게는 말을 할 수 있었는가 하고 물어보니 「1·2회째에 말할 수 있었던 것은 하라타 씨(나)가 처음에 자신의 경험에 관하여 아주 자세하게 설명해주었고 뭔가 그러한 역시 거기에서도, 다른 사람의 시선이나 악담 같은, 이런저런 이야기를 해주셔서, '나만 그런것이 아니구나'라는 생각을 먼저 갖게 되었고, '나도 그런 것을 경험했기 때문에 그렇게 생각하게 되었습니다'라고 가볍게 말할 수 있었던 것 같아요」(5회째)라고 했다. 결국, 내가 형제여서 이야기가 가능했던 것이 아니라 주위에서 내 동생을 힐끗힐끗 쳐다보는 것 때문에 사회에 대한 혐오감을 품었다는 나의 경험을 듣고, 그것을 니노미야 씨가 「공유」했기 때문에 이야기를 할 수 있었을 것이다. 나의 라이프스토리를 제시한 것이 니노미야 씨에게 자신의 경험이나 라이프스토리를 이야기할 수 있는 여지를 만들었다고 생각한다.

(2) 라이프스토리를 「공유」하는 것이 가능한가를 시험하다.

니노미야 씨는 자신의 경험이나 라이프스토리가 나와 「공유」되고 있는가를 확인해가면서 스스로 라이프스토리를 이야기했다는 생각이 든다. 왜냐하면, 니노미야 씨는 여러 가지 장면에서 「하라타 씨는 어떻게 생각합니까?」라고 하면서 스스로의 의견을 진술한 다음이나, 염려되는 대목에 대해서 나의 의견을 묻곤 했다.

[1회째의 서로 이야기하기 : 여동생 이외의 장애자와 접촉하는 것에 대하여]

니 : 초등학교 … 아! 초등학교 중간 학년 정도까지는, 보통으로 행동했지만. 역시나 좀, 으음~, 어느 정도 위로 올라가면서 무언가, (동생과 다른 장애자는) 다르구나 했어요.

나 : 나이가 들어가면서, 더욱 무언가, 모두와 사이가 좋아지거나, 뭔가 하게 될 것 같다는 느낌이 왠지 모르게 들긴 했지만.

니 : 정말이에요? 하라타 씨, 어땠어요?

나 : 나는 별로, 결국, 다른 사람이라도 괜찮지 않을런지. 뭐, 괜찮다라기 보다 뭐라 해야지? 정말이지 확실하게 내 동생이 어쨌든 귀엽다고 생각했을 뿐이에요.

[2회째의 서로 이야기하기 : 장애수용에 관하여]

니 : (장애가 회복된다는 「꿈」을 꾸는 사람은, 장애수용의 프로세스에서 보이는 「부인」의) 반대라기 보다는 백터가 다른 방향으로 가버렸다는 느낌이 들고 … 또 그런 사람들은 「도대체 어떻게 하고 싶은 것인가」라고 하는 생각이 들기도 하고 …. 하라다 씨는 그 「수용」이라는 것, 어떻게 생각합니까?

나 : 음~, 나는, 실은 「수용」이라고 하는 건~, 별로 생각해본 적이 없는데. 음, 지금 나자신이 「수용」하고 있는지도. 아니면 「수용」하려고 하는 것일지도 몰라요.(중략) 「수용」이라는 말은 잘 쓰지 않아요.

[3회째의 서로 이야기하기 : 장애자를 이해하는 것은 가능한가]

니 : (세미나그룹의) 3학년 학생들이(나는, 장애자를 보고 움찔해질 때, 그
　　런 자신이 움찔했다는 기분을 무시하지 않고 받아들여서, 이해해가려
　　고 합니다라고) 말하는 데 비해, 4학년 학생들은 약간은 짜증이 나
　　서, 「아니 그게 아니고~, 그러니까~」처럼. 그래도 무언가 발언을
　　하면 아마도 모두가, 그 현장이 얼어붙어버려요.

나 : 잠잠해져 버리는 … 흐~음.

니 : 그 3학년 학생, 내가 감동한 그 학생이 말하는 내용은 「이해는 하지
　　않아도 된다」라는 말이었어요. 그 뭔가, 하나하나, 한 사람 한 사람을
　　이해하려고 하거나 그렇게 해서 가까이 와도 이쪽으로선 귀찮기만 하
　　고. 그런 이도저도 아닌 애매한 상태로 와도, 뭔가, 으~응.

나 : 난감하다라고 할까, 이해같은 것, 가능할까라고 생각해 보면.

니 : 무리지요, 하라타 씨는 어떻게 생각하세요?

나 : 나 자신조차도 여동생에 대해서 애초부터 이해하지 못했어요.

니 : 그렇지요. 정말 온전히, 그대로를 이해한다는 것은.

　니노미야 씨가 나의 의견을 묻고 있는 것은 동생 이외의 장애자와의
관계, 장애수용, 장애자를 이해하는 문제와 같은 니노미야 씨가 의문을
품고 있으면서도 보통 친구와의 대화에서는 등장하지 않는 화제가 대부
분이었다. 이렇게 해서 나와 라이프스토리의 「공유」가 가능한 것인지를
니노미야 씨는 확인하려고 했었던 것 같다. 실제로 그 때까지의 서로
이야기했던 것을 다시 반복하며 확인하는 대목에서 니노미야 씨는 나에
게 의견을 물어본 것을 「여러 가지 시도하고 있었다」고 말했다.

나 : 뭔가, 진심은 아니지만, 그 「위선자가」와 같은 식으로 생각했던 것을
　　그 친구들에게 그대로 말해버리면, 그 친구들이, 음, 무언가 상처를
　　받지 않을 건가, 다소 쇼크를 받겠지라는 식인.

니 : 절대, 절대라고는 못해도, 분명, 지금까지 살아오는 동안, 같은 반 친
　　구 중에 그런 아이가 있었거나 말을 했던 경우가 있을 거라고 생각

하거든요. 그러니까 오히려 더(말할 수 없는) 그런 거지요. (중략) 그것에 대해서는 꽤 길게 이야기를 한 것 같은데요, 대단하게 뭔가, 「난 나쁜 아이라서 …」라고 처음 이야기 할 때는 줄곧 말했다고 생각되는데요. 그것은, 결국, 어쩌면 하라타 씨가 그렇게(위선자라고) 생각했던 적이 없다든가, (여동생이 장애자라는 것을) 밝힐때 그냥 「평범하게 밝혔어요」와 같은 말을 해서 「무엇 때문일까?」라는 생각도 들었고. 난 이랬었는데, 역시나, 모두 다른가 하고 생각하기도 했고요. 그런 것들도 궁금하기도 해서. 계속 「이런 경험이 있었습니다」라든가, 뭔가 막 말해서 알아보려고 시도 했었나라고, 지금 돌이켜 보면. (5째)

니노미야 씨는 유소년기부터 대학생이 된 현재에도, 여동생이 장애자라는 것을 극히 일부의 친구들에게만 말해주고 있다. 또한 여동생에 대한 이야기를 했어도 「어두운」부분까지는 말하지 않는 것처럼 자신의 기분을 전부 이야기하고 있는가 하는 점에서는 그렇지 않았다. 라이프스토리가 「공유」되는 편이 「나 혼자만이 아니다」라고 여겨지는 점에서 기분이 안도하게 되며, 경험해보면 마음이 편해지는 상태이기도 하다. 니노미야 씨는 나의 라이프스토리를 듣는 중에 자신의 라이프스토리와의 「공유」를 나타내보였다. 그렇기 때문에 이번에는 자신의 라이프스토리를 나와 「공유」했으면 하는 생각, 어디까지 자신의 느낌이 허용될 수 있는가, 「공유」가 가능한가 어떤가를 확인해가면서 이야기해 간 것으로 보인다.

(3) 라이프스토리의 「공유」에 앞서

그러나 여동생이 장애자인 것을 주위에 알릴까 말까에 관해서는 니노미야 씨와 나의 스탠스는 달랐고, 「위선자」라고 생각하거나, 다른 장애자를 거부한다고 하는 인식에서도 나와 같은 생각을 갖고 있는가 하면 그건 아니었다. 결국, 니노미야 씨의 라이프스토리와는 다른 것으로서 나의 라이프스토리는 표출되었다. 니노미야 씨도 「뭔가 하라타 씨와 나는 살아온 방식에서 정반대의 경우도 좀 있는 것 같은 느낌이 듭니다. 나는 좀 숨어서, 숨기고 숨기는 그런 느낌으로」(3회째)라고 말하는 것처럼 나와 다른 것에 관하여 의식을 하고 있다. 또 「반대로, 전부 아주 딱 들어맞는다면 그것도 기분이 좋지 않을 거에요, 그렇죠?」(5회째)라고 하면서 2인 사이의 다른 점이나 「공유」되지 않는 점이 있다는 것을 인정하고 있다. 나아가 「살아가는 방식이 전부 다른데, 그런 장애에 대한 것 (여동생에 관한 경험 등)은 일치한다는 게 재미있다」(3회째)라고 하듯이 「공유」하는 것과 그렇지 않는 것 두 가지 측면에 눈을 돌리고 있다.

그래도 최종적으로는, 라이프스토리를 「공유」할 수 있었기에 나에게는 많은 걸 이야기하게 된 것이 아닐까 한다. 「하라타 씨라서 뭔가, 어떤 것이라도 이야기하게 되고, 들어 주었으면 하는 … 뭔가, 언니와 같은 느낌으로」(5회째)라고 하는 것처럼 실제 서로 이야기하는 한창일 때나 그 전후에서도 우리들은 형제로서의 자신이나 여동생들의 경우만이 아니라 궤도를 좀 벗어난 것일지 모르지만 니노미야 씨가 좋아하는 아이돌 그룹이나, 게임과 애니메이션, 연애에 관해서도 서로 이야기를 나누었다. 그러한 2인의 시간도 「무엇인가 혹시, 아마도, (하라다는) 알아 줄 거야 하는 생각이 분명 있지요」(4회째)라고 했던 것처럼 니노미야 씨로 하여금 「공유」를 받쳐주는 기반이 되었던 것 같다.

이상, 니노미야 씨와 나의 라이프스토리의 「공유」에 관하여 검토해보았다. 니노미야 씨는 7회째 서로 이야기를 한 후 자신의 경우도 포함된 장애수용에 관한 졸업논문을 마무리 했다. 니노미야 씨에게 있어서 이러한 서로 이야기하기 방식은 안심해서 자신의 감정을 이야기 할 수 있는 현장, 그리고 자신의 라이프스토리 혹은, 살아온 인생 그 자체가 임파워먼트(Empowerment) 되어 니노미야 씨 자신이 힘을 키워가는 현장으로서의 기능을 하고 있는 것은 아닌가 한다. 또 서로 이야기하기의 양상으로서 처음에는 라이프스토리에 있어서 서로「같음」이라는 공통성을 나타내보이고, 차츰 나와의 사이에 어긋나는 게 있다는 것을 감지하게 되지만, 인간은 다르다는 것이 당연하다는「다름」에도 떠밀리며 자신이 살아온 인생을 스스로 승인해가는 니노미야 씨의 모습이 부각되었다.

5. 마치면서

본 고에서, 서로 이야기하기로 라이프스토리를 내보이고「공유」하는 것은 스스로 자신의 라이프스토리를 재승인하는 것이며, 자신을 임파워먼트하는 기능이 있다는 것을 그 프로세스로부터 볼 수 있었다. 이와 같이 이야기하기의 전체적 성질에 보다 주의를 기울이고 그 맥락 속에서의 이야기 이해를 목표로 분석하는 방법을 총칭해서 시퀀스 분석(Sequence analysis)이라 부르기도 한다(Flick, 2005). 이야기를 공동으로 구축한 것으로 간주하기 위해서는 이야기하기로부터 도출되는 지(知)의 내용(정적인 知)만이 아니라, 그것이 나타나는 프로세스나 바탕(동적인 知)을 그려내는 것도 필요하다(沖潮, 2016b). 본 고에서 제시한 것은, 이야기의 내용만이 아닌 이야기하기의 방식과 이야기하기의 프로세스, 이야기하기의 기능에 주목하는 것으로서 이야기하기를 중층적으로 잘 살피고 바로 볼 수 있게 하는 하나의 예이다. 이러한 점에서 또 이야기하기 방식을 취하는 질적 연구의 깊은 묘미가 있다고 말할 수 있을 것 같다.

인용문헌

Ellis, C.(2004). *The ethnographic I: a methodological novel about autoethnography*. AltaMira Press.

Flick, U.(2005). *Qualitative forschung: Ein handbuch*.(小田博志・山本則子・春日常・宮地尚子(訳). (2011)新版 質的研究入門 ―〈人間の科学〉のための方法論― 春秋社.

内藤哲雄(2002). PAC分析実施法入門―「個」を科学する新技法への招待―(改訂版)ナカニシヤ出版.

原田満里子・能智正博(2012). 二重のライフストーリーを生きる―障害者のきょうだいの語り合いからみえるもの― 質的心理学研究 *11*, 26−44.

能智正博(2011). 質的研究法. 東京大学出版会.

能智正博・沖潮(原田)満里子(2015). 対話プロセスとしての自己の語り直し. 鈴木聡志・大橋靖史・能智正博(編著), ディスコースの心理学―質的研究の新たな可能性のために― (pp. 135−153). ミネルヴァ書房.

沖潮(原田)満里子(2013). 対話的な自己エスノグラフィ―語り合いを通した新たな質的研究の試み― 質的心理学研究, *12*, 157−175.

沖潮(原田)満里子(2016a). 障害者のきょうだいが抱える揺らぎ―自己エスノグラフィにおける物語の生成とその語り直し― 発達心理学研究, *27*, 125−136.

沖潮(原田)満里子(2016b). 対話的実践における〈あいだ〉の記述―語り合いと対話的な自己エスノグラフィを通して― 質的心理学フォーラム, *8*, 23−31.

大倉得史(2008). 語り合う質的心理学―体験に寄り添う知を求めて― ナカニシヤ出版.

공감하고 이해하는 프로세스에 따른 치유와 임파워먼트

도승이(DO Seung Lee)

오키시오 마리꼬 선생의 글을 읽으면서, 근거이론(Grounded theory)이라는 질적 연구방법을 사용하여 연구한 나와 유사한 점을 찾을 수 있었다. 그것은 양적 연구에 가까운 방법을 사용했던 오키시오 선생이 두 번째 석사과정 연구에서는 질적 연구에 매진하였고, 그 주요 이유가 양적 연구에서 알기 어려운 부분에 대해 질적 연구로 접근을 할 수 있었다는 점이다. 그리고 지도교수의 지지, 장애자에 관한 에스노그라피를 접하면서 장애자의 형제로서 자신의 이야기를 세상에 알리고자 하는 욕구 등이 작용했을 것으로 생각된다. 오키시오 선생은, 연구자의 주관이 들어있지 않고 협력자의 이야기만으로 틀을 만들어 연구하는 방법에 매료되어 있었는데, '연구자의 주관이 살아 움직이는 질적 연구방법에로 전환'하는 과정은 그야 말로 인생의 전환기와 마찬가지로 큰 사건이라고 생각한다. 그러한 전환에는 지도교수의 지지와 자신이 평생 속해 있던 연구환경이 큰 요인일 것이다. 나 역시 토론에서의 정서 작용을 알고자 양적 연구자에서 질적 연구로 전환하였고, 그 다음으로 지도교수의 지지가 매우 중요했다.

오키시오 선생은 자기 에스노그라피로 시작하여 '대화적 자기 에스노그라피'라는 매우 흥미로운 질적 연구를 실시하였다. 장애자의 형제로서 오키시오 선생은 자신의 경험을 연구하면서 같은 입장의 장애자 형제인 니노미야 씨와의 서로 이야기하기를 통해 공동으로 이야기를 구축해가면서 의미를 포작해가는 과정을 거쳤는데, 이 과정은 장애자 형제의 경험을 더욱 심층적으로 파악할 수 있게 할 것이다. 오키시오 선생은 각자의 입장을 공유함으로써 자신의 인생을 다시 인정하고 서로 자신감을 충전하였다고 이야기한다. 나는 이것이 서로 이야기하기의 중요한 심리적 기능이라고 생각된다. 예를 들어, 청년기를 거치는 장애자의 형제가 청년기의 자연스러운 자립의 욕구와 장애자 형제와 다른 가족 간의 연계 속에서 갈등하는 경험은 장애자 형제가 없는 사람들이 상상하기 어려운 갈등이었을 것이다. 이런 경험을 다른 장애자 형제와 함께 그 경험을 바라보고 분석하고 함께 느낌을 공유하는 과정은 그 자체로서 치유의 속성이 있다고 생각된다.

결론적으로, 오키시오 선생의 2인의 서로 이야기하기 접근은 자신의 경험을 심층적으로 파고드는 에스노그라피의 요소와 함께 같은 입장의 타자와 깊은 이야기를 나누면서 새로운 관점에서 그 경험을 비추어 보기 때문에 질적 연구로서 더욱 풍성한 결과를 가져 올 수 있다. 오키시오 선생은 이러한 풍성한 결과에 이야기하기 내용, 이야기하는 사람과의 프로세스와 그 기능까지를 포함한다고 하였다. 또 하나의 빼놓을 수 없는 장점은, 타인과의 수다를 떠는 것과 같이 자연스러운 대화하기를 통해 오는 공유는 그 과정 자체로서 사회적이라는 점이다. 서로의 대화에서 공감하고 이해하는 공유의 과정은 서로를 치유하여 자신감을 높이면서 연구자의 임파워먼트(Empowerment)를 기대할 수 있다고 생각한다.

장애의 경험에 관한 질적 연구를 되돌아보고

타가키 마사쿠니(田垣正晋)

장애의 경험에 관한 질적 연구를
되돌아보고

타가키 마사쿠니(田垣正晋)

1. 질적 연구와 나

　필자는 학부 시절 문학부 사회복지학과에 재학하고 있었고, 장애인에
대한 지원, 장애인과 비장애인이 공생이라는 바람직스러운 상태를 추구
하는 것을 배우고 그 중요성을 느끼면서도 너무 이상론이지 않은가 하
는 위화감을 갖고 있었다. 문학부였기 때문에 사상과 문학연구에 관심
을 갖는 친구가 많았고 그들로부터 장애인을 소재로 한 문학작품, 자신
이 장애자인 시인의 작품이나 영화에 접해 볼 것을 권유받았다. 이러한
환경 속에 있었기 때문에 오히려 「원조」로부터 거리를 두고 장애인의
실상을 더욱 냉정하게 볼 필요가 있다는 생각을 하게 되었다.
　그렇게 생각하고 있을 무렵 「스티그마」라는 책을 발견하였는데 거기
에는 장애인의 모습이 담담하게 쓰여져 있었다. 이 책은 나 자신의 관
심에 대답해주는 동시에 내가 연구 자체에 흥미를 갖도록 하는 큰 계기

가 되었다. 그 이후 스코트(Scott, 1969) 등, 고프만(Goffman, 1963)과 유사한 선행연구를 읽고 대학원에 진학하게 되었다. 고프만(1963)은 질적연구에서 에스노그라피의 명저로 높은 평가를 받고 있지만, 내가 이 책을 질적 연구로 의식한 것은, 대학원에 진학하여 다양한 방법론을 배우기 시작하면서 부터이다. 필자는 대학원 시절부터 따지면 장애인의 심리사회적 과제에 관한 질적 연구에 약 20년 동안 메달려 온 셈이다. 첫번째 테마는 석사논문에서부터 계속되고 있는 중도 지체장애인에게 나타나는 장애의 의미의 장기적 변화이며, 라이프스토리 연구방법을 사용하고 있다(田垣, 2007; 2014). 두 번째는 대학 교수가 되고 나서 계속하고 있는 장애인 정책에 관한 주민회의의 액션 리서치, 세 번째는 질적 연구를 중심으로 한 조사방법론에 관한 연구이다. 이러한 과정에서 해외학술지에의 논문 투고 및 국제학회에서 연구발표를 통해 연구교류를 해오고 있다. 연구활동은 그 분야의 학문적 기여뿐만이 아니라 교육 및 복지정책에 대한 실천적 공헌도 필요한 것인데, 필자의 연구와 학문 및 사회 실천적인 의의를 표 2-1에 정리하였다. 본 논고에서는 지난 20년간 필자의 연구활동을 되돌아 보면서 동아시아에서의 질적 연구의 네트워크화에 대한 가능성을 검토한다.

표 2-1 필자의 연구과정

테마	연구대상	이론	방법론	학술적, 실천적 공헌
지체장애자의 심리사회적 과제(대학원생 때부터)	척추손상자	Goffman(1963), Wright(1960, 1983), Elder & Janet(1998)	질적연구에 있어서의 라이프스토리, Bruner(1986)의 내러티브, Lewin (1951)의 액션 리서치	실증연구와 총설을 통하여 리허빌리테이션과 장애자복지에 있어서의 '장애수용' 담론을 상대화
장애자 시설에 관한 주민회의	시정촌 (시·읍·면·동)	Weick(1995)의 센스메이킹, Ross(1995)의 지역복지의 세 가지 목표		
지자체에서 질적 조사의 컨설팅	시정촌(시·읍·면·동)에서의 사회복지 정책에 질적 조사의 필요성과 수법을 제언, 질문지 조사의 자유 기술, 그룹 인터뷰, 워크숍의 정리법			

2. 중도지체장애인의 라이프스토리

제1테마에서는 중도지체장애인의 심리사회적 과제를 장기적인 관점에서 검토해왔다. 국가의 조사에 따르면 일본의 장애인은 약 859만명으로 추정되며, 전체 인구의 6.7% 정도이다(內閣府, 2017). 장애인은 신체장애인, 지적장애인, 정신장애인 3부류로 구분되어 신체장애인은 지체부자유(장애), 청각언어장애, 시각장애, 내부장애로 구성된다. 본 연구의 협력자는 척수 손상자, 즉 일상생활하는 도중에 교통사고 등을 당하여 하반신에 현저한 장애를 갖게 된 사람들이다. 필자는 석사논문, 박사논문의 추적조사 등에 걸쳐 장애인 단체 또는 장애인 스포츠동호회를 통해 협력자를 모집하여 반구조화된 인터뷰를 실시했다.

이 연구에서는 생애발달과 라이프코스 이론(Elder & Janet, 1998)과 같이 시간축을 길게 잡고 이를 통해 장애에 대한 긍정적 및 부정적 측면 양쪽을 균형있게 인터뷰하려고 주의를 기울였다. 필자는 이것을 양가적 시점(田垣, 2014)이라고 부르고 있다. 특히 부정적 혹은 긍정적 경험의 한쪽이 다른 한쪽을 능가하거나 보상하는 것이 아니라 양측이 동시에 존재한다는 것을 발견했다. 이 같은 입장을 필자가 취한 배경에는 「장애수용」, 「장애의 극복」, 「자립」이라고 하는 시간경과와 함께 완성체를 목표로 삼는 것과 같은 장애인상에 위화감을 가지고 있었기 때문이다. 예를 들면, 대학생이 교통사고로 중도의 마비를 가진 후 장애를 수용할 수 있었다고 해도 취업활동, 결혼과 육아라는 라이프 이벤트 또는 나이가 드는 데 따른 체력저하로 나타나는 장애가 중대한 생활 상의 문제가 된다는 것을 충분히 예상할 수 있다. 장애수용이라는 완성형을 전제로 한 장애인상을 연구에 쓰는 게 아닌 장애에 관한 경험을 있는 그대로 검토하는 것이 필요하다고 생각했다. 그러나 필자는 장애수용이라는 완성체를 목표로 하는 장애인상을 전부 부정하는 것이 아니라 단지 가정,

학교, 직장, 지역활동이라는 장면과 라이프스테이지라는 시간적 맥락을 한정해야만 한다는 것으로 판단했다.

협력자의 이야기하기의 내용은 의료, 취업, 가족과 친구들과의 관계, 장애인에 대한 사회적 담론에 대한 견해 등 다양했다. 크게 정리하면, 협력자는 장애를 입은 기간(수장기간)이 길어짐에 따라 장애에 대한 의미부여를 다원적으로 행하는 동시에 수장 전 −현재의 상태, 수장 후−현재의 상태로 복수의 여러 시간축을 상정하고 있다. 또한 지금까지의 의미부여를 수정하고 하면서 각각의 시간축에서 이야기하기에 수미일관성을 유지하려고 했다. 필자가 대학원 시절에 큰 영향을 받은 것은 미국의 재활심리학의 고전으로 평가되고 있는 라이트(Wright,1960, 1983)의 연구이다. 이 연구는 장애수용 개념의 이론화, 정상인의 장애인에 대한 편견 등 장애인에 대한 심리사회적 현상을 포괄적으로 정리했을 뿐만 아니라 미국 장애인법 제정 등 제도적인 측면에도 강한 영향을 미치고 있다. 이 책의 초판(Wright, 1960)이 출간된 후 재활심리학에서는 척도를 기반으로 하는 양적 연구가 주류가 되었지만, 이 책은 장애인에 대한 인터뷰와 장애인의 전기 또는 수기 등 많은 질적 데이터를 기반으로 하고 있다는 점에서 보면 이 책은 질적 연구의 명저이기도 하다. 고프만 (1963)에게서 나타나는 장애인에 관한 에피소드의 대부분은 이 책에서 인용되고 있다. 라이트는 사회문제의 해결을 중시한 레빈(Lewin, 1951) 의 영향을 강하게 받고 있다.

3. 장애인 시책에 관한 주민회의의 액션리서치

필자는 대학 교수가 되고 나서 지자체의 장애인 시책에 대한 심의회의 위원을 맡아 그 중 2개의 자치단체의 활동에 대하여 액션리서치로 관여하고 있다. 조직연구에서 사용되는 센스메이킹 이론(Weick, 1995)에

의거하면서, 지역복지에 있어서의 세 가지 목표(Ross, 1955)를 이야기하기라는 관점에서 검토했다. 각각 설정한 목표의 달성 정도(테스크 골), 멤버들이 민주적이면서 적극적으로 활동에 관여할 수 있었는지(프로세스 골), 활동의 목표를 달성하기 위한 인적 네트워크가 형성되었는지(릴레이션십 골) 등이다.

첫 번째는 오사카부 야오시(大阪府八尾市)의 장애인 시책에 관한 주민회의이다(田垣 2013; 2017). 주민, 공무원 그리고 공무원이 아닌 전문직 종사자가 협동으로 지역의 장애인 문제를 공유하기 위해 2002년도에 설치되어 현재도 계속되고 있다. 회의에서는 유형이나 정도가 다른 장애인 경험에 대한 공유와 연대의식의 양성, 장애인을 포함한 주민과 공무원과의 상호이해 문제 등이 다루어졌다. 이 회의에서 장애인에 대한 이해의 촉진을 위해 팜플렛 발행, 재해시 대응매뉴얼, 방치 자전거 감소의 계몽캠페인과 같은 구체적인 성과가 파생적으로 나타났다. 그러나 취업의 촉진 등은 이 회의만으로는 해결할 수 없는 과제가 많다는 것도 밝혀졌다. 두 번째는 효고현(兵庫県)의 구 토요오카시(豊岡市)의 주민회의인데(田垣 2013), 그 목적은 야오시(八尾市)와 마찬가지이며, 2003년에 발족했지만, 이 시가 주변 지자체와 합병함에 따라 2006년도에 종료했다.[1] 이 회의는 구성원 간의 역할분담이 애매했던 것이나, 회의의 목적이 공유되지 않았던 문제가 있었고, 커뮤니티 FM에 의한 장애인 복지에 관한 정보발신을 제외하고는 구체적인 성과를 거둘 수 없었다. 그러나 2007년도 이후의 신토요오카시에서는 장애인 시책의 정비에 있어서 장애인이나 가족에 대한 그룹 인터뷰, 장애의 종류 및 정도가 다른 사람을 포함한 주민회의가 그 목적과 운영을 명확하게 한 후 수 년마다

---

1) 주민회의에 관한 평가적 기술은 각 지자체의 견해만이 아니라 필자의 고찰을 바탕으로 하고 있다. 구 토요오카시는 2005년 3월까지 존재한 「토요오카시」이다. 신 토요오카시는 구 토요오카시가 주변의 5개의 마을(町)과 신설병합하여 같은 해 4월부터 발족한 「토요오카시」이다. 정식명칭은 둘다 토요오카시이지만, 알기 쉽게 하기 위해 「구 토요오카시」, 「신 토요오카시」라고 표기했다.

개최되고 있기 때문에(豊岡市, 2016) 이전 토요오카시의 주민회의는 선구적인 사업으로서 의의가 있었다고도 고찰할 수 있다.

중도 지체장애인의 라이프스토리와 주민회의의 액션리서치에서는 장애인을 비롯한 사람들의 이야기하기에 주목하고 있다는 공통점을 가지고 있다. 위이크(Weick, 1995)는 브루너(Bruner, 1986)의 이야기하기의 이론으로부터 영향을 받았으며, 센스메이킹을 집단이나 조직에 속한 사람들이 경험하고 있는 현상에 대해 회고적으로 의미를 부여하는 프로세스 부분으로서 설명한다. 센스메이킹은 과거의 사건에 대한 해석과 달리 능동적으로 의미를 만들어내고, 회고하는 시점보다 미래의 방침을 더 만들어내는 의미도 가지고 있다. 실제로 행한 판단이나 의사결정 등의 디시전메이킹도 위와 같이 회고적으로 의미가 부여된다는 점에서 센스메이킹의 산물이라고 할 수 있다. 또한 구 토요오카시의 주민회의에 대한 재평가는 사회실천의 시간적 구분과 그 의미부여가 일체적인 것임을 보여주고 있다. 즉, 주민회의를 포함한 시의 장애인 시책의 연속성을 어떻게 같이 정해갈 것인가에 따라 의미부여가 달라지는 것이다.

필자는 주민을 대상으로 한 그룹인터뷰와 워크숍 회의에서의 의견집약 등 장애인 시책에 걸쳐 질적 연구의 방법으로 실시할 것을 몇몇 행정기관에 조언을 하고 있다.

4. 동아시아 지역의 장애인에 대한 질적 연구

(1) 동아시아에서 공유 가능한 가치: 장애인으로서의 아이덴티티와 장애인의 세대계승성

생애발달과 라이프코스 연구에서 말하는 표준적 사건, 결혼, 출산, 입학, 졸업, 직장, 이혼, 부모와의 사별이라고 하는 일반적으로 중요시 되는 사건경험의 유무와 경험의 시기가 장애인에게서는 정상인과 다를 수 있다. 예를 들면, 졸업과 취업이 정상인과 시기적으로 크게 다르며, 이런 어긋남에 대한 고민도 있을 것이다. 정상인에게는 중요하지 않은 사건, 비표준적인 사건들이 중요하다는 가능성도 있다. 이와 같은 사건을 검토하는 것은 동아시아의 질적 연구의 과제라고 할 수 있다.

타가키(Tagaki, 2016)에 따르면 일본, 한국, 중국 등 동아시아 장애인 심리학은 가족이나 지연과 같은 공동체의 집단주의나 조화를 중시하는 가치규범에 대한 장애인의 적응과정과 그 갈등을 논하고 있다. 확실히 현재의 공동체 대부분은 정상인에 의해 구성되어 있어서 장애인은 불이익을 받을 수 있을 것이다. 예를 들어, 미게(三毛, 2007)는 지체장애인이 어머니와의 알력으로 인해 어머니로부터 떨어져 나가려고 하는 과정을 중시하고 있다.

필자는 장애인이 장애를 항상 스티그마로 여기거나, 이러한 공동체에 수동적으로 적응한다는 전제를 세우는 것에는 신중해야만 한다고 생각하고 있다. 장애인은 스스로의 경험을 정상인에게 적극적으로 제시하거나 자신 이외의 장애인의 임파워먼트에 공헌할 수도 있다. 예를 들어, 필자에 의한 중도 지체장애인의 라이프스토리의 연구에서, 어느 협력자는 교통사고로 장애를 입은 후 장애를 입은 그 자체의 충격에 더해서 가족을 경제적으로 돌봐야 하는 문제에 대한 불안과, 나중에 일을 재개하여 가족과의 생활이 가능한가를 중시하면서도 직장에서의 대우가 나빠질 것과 신체기능의 제약에 대해 말했다(田垣, 2007; 2014).

이 협력자는 장애를 당한 후부터 장애의 시간이 길어짐에 따라 같은 장애를 입은 사람뿐만 아니라 다른 장애를 입은 사람들과의 교류가 기존에 가지고 있었던 장애인에 대한 생각을 확장시켜서, 자신의 경험을 환자 단체의 회보에 기고하거나 거주하고 있는 지역 단체의 임원을 하기도 하고, 장애인의 실상을 주위 사람들에게 전하고 있다는 것을 밝혔다. 또 다른 협력자는 장애인이 무엇이든 혼자 힘으로 할 수 있다는 오해를 주지 않도록 하기 위해 일부러 도움을 받기도 했다. 그는 「기차를 탈 때는 어떻게 도움을 받을까라든가(를 어필할 수 있다). 하나에서 열까지 전부 (자기 혼자서) 하면, 「휠체어 (타는 사람)이지만, 무엇이든 (스스로) 할 수 있다」고 하여 (장애인에게는 도움줄 필요가 없다는 생각을 할 수도 있기 때문에 무리하지 않고 도움을 청한다)」고 말했다.

자신의 경험을 활용하는 것은 장애인으로서의 연대 의식의 발현일 뿐만 아니라, 고령기에 접어든 장애인의 세대계승성이라는 의미도 있다고 할 수 있다. 세대계승성이라 함은, 넓은 의미에서 고령자가 차세대를 육성해간다는 것이다. 장애인 단체의 리더가 자신의 후임을 키워나가는 것도 생각해 볼 수 있다. 에릭슨(E. Erikson, 1959)이론에 의하면 세대계승성이 고령기에서만 나타나는 현상은 아니지만, 일본에서 신체장애인의 고령화가 진행되고 있는 것과 고령자를 공경하는 문화가 상대적으로 강한 동아시아 문화(Kim‒Rupnow, 2001)라는 측면에서 향후 연구의 열쇠가 될 것 같다.

(2) 장애인 시책: 장애인수첩

브론펜브레너(Bronfenbrenner, 1979)는 인간의 발달과정 연구에서 정책적 측면을 들여다보는 것에 대한 중요성을 지적하고 있다. 본 논고와의 관련으로 말한다면 이는, 장애인의 심리가 문화에 가해지는 사회복지제도에도 관련이 있다고 생각한다. 즉, 동아시아 각국의 장애인 복지제도에도 유의할 것을 시사하고 있다. 각국의 제도가 좋고 나쁨을 논하는 것만이 아니라 그 특징에 유의하는 것이 요구된다. 예를 들어, 일본의 특징 중 하나로서 장애인수첩 제도가 있다. 이것은 세계적으로 보편적인 것이 아니라, 독일, 프랑스, 한국 등 일부 나라에 한정되어 있다. 일본의 장애인수첩은 장애인의 사회생활 전반에 걸친 서비스와 편의제공 여부의 근거가 되고 있을 뿐만 아니라 신분증명서로서의 기능을 가지고 있으며, 그 사회적 효력이 매우 크다. 장애인수첩의 취득이 정상인에게는 비표준적인 일이지만, 장애인에게 있어서는 매우 중요한 경험이 되고 있다(田垣, 2007).

필자가 아는 한, 장애인수첩의 취득 및 장애의 의미 부여에 관한 자세한 연구는 아니지만 필자의 중도지체장애인(田垣, 2007) 및 경도장애인에 대한 연구(田垣, 2006; 秋風, 2013)를 총괄해 보면 적어도 신청거부, 수첩 제도를 모르고 있다. 잠정적 취득, 적극적 취득활용 등 총 네 가지에 대한 구분이 가능하다. 이러한 분류의 배경에는 장애인에 대한 스티그마와 위에서 서술한 장애인수첩의 사회적 효력의 활용을 고려할 수 있다.

신청거부는 「장애인」이라는 딱지와 스티그마가 붙어다니는 것을 피하기 위해서 의료 및 복지 전문가의 추천에도 불구하고 장애인수첩을 취득하지 않는 것이다. 공적인 통계에서 일본의 장애인은 총 인구 대비 비율이 선진국 중에서 낮은 배경에는 장애인수첩의 미신청에 관한 이 같은 사정이 있다고 생각한다.

장애인수첩을 모른다는 것은 중·경도장애인으로 의료 및 복지기관에 액세스하지 않았거나 또는 이용할 필요가 그다지 없었던 경우이다. 그러나 그런 장애인이라도 장애인의 지인으로부터 들어 알게 되어 장애인수첩의 취득을 신청하는 일도 있다고 한다.

잠정적 취득은 장애가 언젠가는 치료된다는 희망을 전제로 장애인 복지의 서비스를 받는 수단으로서 수첩을 신청하는 것이다. 어디까지나 일시적으로 장애자수첩을 소지하는 것으로서, 장애에 대한 부정적인 의미 부여를 감소시킬 수 있다. 적극적인 취득이라는 것은 스티그마를 고려하지 않거나 혹은 서비스 취득의 수단으로 조기에 입수하려고 하는 경우를 말한다.

장애인수첩의 취득은 공적인 장애인으로서의 승인을 의미한다. 이를 통해 장애인 본인이 자신의 장애는 공적으로 인정될 정도에 이르고 있는만큼 생활상의 여러 어려움에 대한 이유를 귀속시킬 수 있도록 하는는 안심감을 가질 수도 있다. 예를 들어, 상지 마비를 가진 사람이 직장에서 사무작업의 효율이 나쁜 것에 대해 주위에서 「근무 태도가 나쁘다」「게으르다」라는 평가를 받는 경우를 상정해 본다. 이 경우 장애인 수첩 취득으로 인하여 장애인이라는 딱지를 붙힐 위험이 발생했지만, 사무작업의 문제가 어느 정도 장애에 귀속되어 수첩의 취득 전만큼 부정적인 태도로 여기지 않게 될 것이다. 이렇게 보면 장애인에게 장애인 수첩의 취득은 반드시 딱지가 붙는 것만은 아니다.

(3) 각국의 지역 간 격차

어느 나라에서도 장애인의 생활 상황과 취업지원 등 장애인 시책에 관한 지역 간의 차이가 존재한다. 특히 국토가 넓은 중국에서는 그 차이가 현저한 것으로 보인다. 중국의 장애인 취업 비율은 우리나라와 마찬가지로 정상인보다 낮다. 한편, 중국의 특징으로서 농촌의 장애인 취업 비율이 도시보다 높은(小林, 2011) 것을 들 수 있다. 이 배경에는 중국의 장애인 대부분이 농촌에 거주하고 있고 농림수산업에 종사하고 있다는 것이다. 중국의 산업구조가 연해와 내륙에 걸쳐 크게 다른 것이 영향을 미치고 있는 것 같다.

동아시아라고 하나로 말해도, 국토가 넓은 중국과, 일본, 한국을 병렬적으로 논하는 것은 조심해야 할 일이다. 또한 이러한 방법으로 접근하는 경우에도 장애인 시책이 정비되어 있는지 아닌지만 논의해서는 안 될 것이다.

5. 맺는 말: 동아시아 질적 연구의 원만한 네트워크

마지막으로, 동아시아 국가 간의 질적 연구의 원만한 관계를 만들어

몇 년마다 총회개최를 하고 저널을 간행할 것을 제의하고 싶다. 일본심리학회 및 일본사회복지학회와 각각에 대응하는 한국 학회와의 관계에서 나타나는 것처럼 일본에서는 분야별 동아시아 국가들과의 교류는 활발하게 진행되고 있다. 하지만 질적 연구로 좁혀 갈 경우 학문분야를 초월한 각 나라의 독자적 지식과 견문을 공유하는 것이 좋다고 생각한다. 필자가 서양 저널에 논문투고를 했을 때, 편집자는 일본에서 사용되는 KJ법(川喜多, 1967)에 대해 모를 뿐만 아니라 부적절한 분석수법으로 간주한 적도 있었다. 이러한 경험도 있어서 동아시아발 질적 연구를 축적하고 또 발신하는 것이 중요하다고 생각하게 되었다. 위와 같이 동아시아 내에는 다양한 차이가 존재하여도 상통하는 부분에 역점을 두는 것이 네트워크화에는 유익할 것이다.

인용문헌

秋風千恵(2013). 軽度障害の社会学―異化&統合をめざして― ハーベスト社

Bronfenbrenner, U.(1979). *The ecology of human development: Experiments by nature and design*. Cambridge, MA: Harvard University Press.(磯貝芳郎・福富 譲(訳)(1996). 人間発達の生態学(エコロジー)―発達心理学への挑戦― 川島書店)

Bruner, J. S.(1986). Actual minds, possible worlds. Cambridge, MA: Harvard University Press.

Elder, H. Jr. & Janet, Z.(1998). *Methods of life course research: Qualitative and quantitative approaches*. Sage.(正岡寛司・藤見純子(訳)(2003). ライフコース研究の方法 明石書店).

Erikson, E. H.(1959). *Identity and the life cycle: Selected papers*. New York: International Universities Press.(西平 直・中島由恵(訳)(2011). アイデンティティとライフサイクル 誠信書房).

Goffman, E.(1963). *Stigma: Notes on the management of spoiled identity.* Englewood Cliffs, NJ: Prentice－Hall.

小林昌之(2012). 中国の障害者雇用法制 小林昌之(編) アジアの障害者雇用法制－差別禁止と雇用促進－(pp. 55～79) アジア経済研究所.

川喜田二郎(1967). 発想法 中央公論社.

Kim－Rupnow, W. S.(2001). *An introduction to Korean culture for rehabilitation service providers.*(J. Stone, Series Ed.) The rehabilitation provider's guide to cultures of the foreign－born. New York: Center for International Rehabilitation Research Information and Exchange. Retrieved from http://cirrie.buffalo.edu/culture/monographs/korea/(November, 16, 2015.)

Lewin, K.(1951). *Field theory and experiment social psychology.* In D. Cartwright (Ed.), Field theory in social science: Selected theoretical papers_. New York: Harper & Row.

三毛美子子(2007). 母との闘い－親と暮らしていたある脳性麻痺者がひとり暮らしとしての自立生活を実現する過程－ 社会福祉学, *47*(4), 98－110.

内閣府(2017). 平成29 年度版障害者白書 Retrieved from http://www8.cao. go.jp/shougai/whitepaper/h29hakusho/zenbun/index－pdf.html

Ross, M. G.(1955). *Community organization: Theory and principles.* Harper & Brothers.(岡村重夫(訳)(1963). コミュニティ・オーガニゼーション―理論と実際― 全国社会福祉協議会).

Scott, R.(1969). *The making of blind men: A study of socialization.* New York: Russell Sage Foundation.(三橋 修(1992). 盲人はつくられる―大人の社会化の 一研究― 東信堂).

田垣正晋(2006). 障害・病いと「ふつう」のはざまで―軽度障害者，どっちつかずのジレンマを語る― 明石書店.

田垣正晋(2007). 中途肢体障害者における「障害の意味」の生涯発達的変化―脊髄損傷者が語るライフストーリーから― ナカニシヤ出版.

田垣正晋(2013). 障害や福祉の場におけるアクションリサーチ やまだようこ・麻生 武・サトウタツヤ・秋田喜代美・能智正博・矢守克也(編著) 質的心理学ハンドブック(pp. 400－416) 新曜社.

田垣正晋(2014). 脊髄損傷者のライフストーリーから見る中途肢体障害者の障害の意味の長期的変化―両価的視点からの検討― 発達心理学研究, *25*,

172－182.

田垣正晋(2017). 先進事例の追跡調査から見る障害者施策推進に関する住民会議の変容 実験社会心理学研究, *56*, 97－111.

Tagaki, M.(2016). Research development from acceptance to the meaning of acquired disability in people with impaired mobility in Japan. Japanese Psychological Research_. Retrieved from http://onlinelibrary.wiley.com/doi/10.1002/jpr.2016.58.issue－s1/issuetoc豊岡市(2016)豊岡市ホームページ(障害者福祉) Retrieved from http://www.city.toyooka.lg.jp/　www/genre/0000000000000/1000000000652/index.html(2016/11/18 アクセス).

Weick, K. S.(1995). *Sensemaking in organizations.* Thousand Oaks, CA: Sage.(遠田雄志・西本直人(訳)(2001). センスメーキング イン オーガニゼーションズ 文眞堂).

Wright, B. A.(1960). *Physical disability: A psychological approach.* New York: Harper & Row.

Wright, B. A.(1983). *Physical disability: A psychosocial approach.* New York: Harper & Row.

액션 리서치로 보는 원조의 형태

이부흔(李勇昕, LEE Fuhsing)

대학생 시절의 타가키(田垣) 선생은 사회가 요구하는 장애인과 정상인의 공생 상태가 이상론에 지나지 않는다는 것을 실감하여, 정상인의 장애인에 대한 「원조」의 형태에서 벗어나 장애인의 실상을 판명하고자 하는 연구 의식에 눈을 떴다. 타가키 선생은 이러한 연구 의식을 지속적으로 품고 대학생에서 교수가 되어 약 20년의 시간과 정력을 쏟아 부으면서 장애인에 대한 연구를 계속하고 있다. 우선 이렇게 20년 동안 당초의 연구 의식을 관철하며 연구를 해내는 것 자체에 경의를 표하고 싶다. 문장에서 타가키 선생의 연구에 대한 열정을 느꼈고 글을 읽어 내려 가면서 가슴이 뛰는 기분이 넘쳐났다. 그러면 나의 연구 및 모국인 대만의 사정에 비추어 다음의 세 가지로 코멘트를 하겠다.

1. 액션리서치에 대한 접근

타가키 선생의 장애인에 대한 연구 스탠스는 액션리서치이다. 나 자신도 액션리서치 방식으로 일본 및 대만 지역에서 재해 복구 및 방재에 관한 질적 연구를 하고 있다. 구체적으로는 지역 주민이 재해로 인해 잃어버린 주체성을 회복하는 과정에 대해 연구를 해오고 있다.

액션리서치는 도대체 무엇인가. 그 정의에 대해 스기만(杉万, 2007)은

「보통 액션리서치라는 말이 사용된 것은 연구자가 어떤 집합체와 사회의 베터먼트(개선, 개혁)에 직결된 연구활동을 자각적으로 실시하는 경우」라고 말했다. 하지만, 나는 지금까지도 위와 같은 정의 「베터먼트」에 대해 많은 의문을 가지고 있다. 「베터먼트」의 주체가 연구자인지 당사자인지, 그리고 어떤 상태가 「베터먼트」인지 그 대답을 좀처럼 발견할 수 없다.

본 장을 읽으면서 타가키 선생이 20년 동안 나와 같은 의문을 느낀 적이 있는 것일까? 그리고 답은 이미 발견된 것일까? 그런 생각을 하고 있었다. 이것은 내 마음대로의 추측이지만 20년, 그리고 앞으로도 장애인의 연구를 계속한다면 어떤 시점에서 답을 얻었다 해도 다음 순간, 또 변화할지도 모른다. 왜 이렇게 추측할 수 있는지를 설명하면, 본 장의 많은 사례에서는 「베터먼트」의 달성 및 미달성이 동시에 나타나고 있기 때문이다. 예를 들어, 오사카부 야오시의 장애인 시책에 관한 주민회의에서는 책자의 발행, 재해 대응 매뉴얼, 방치 자전거의 감소의 계몽 캠페인 등과 같은 구체적인 성과가 나타났지만 취업의 촉진은 해결하지 못했다. 효고현 토요오카시의 사례도 마찬가지로 달성할 수 있었던 것도 있으나 달성할 수 없었던 과제도 남아있다. 또한 타가키 선생의 연구 협력자(연구 대상)의 장애에 대한 긍정적인 수용과 부정적인 수용, 장애인수첩 취득에 대한 빛과 그림자 등의 사례는 완전한 「베터먼트」에 이르렀다고 할 수 없다. 타가키 선생의 연구 및 액션리서치의 「베터먼트」는 불변의 상태를 유지하는 것이 아니라 다양한 주체가 실천을 통해 계속 변화하는 시공간과의 마주침에 따라 다양한 과제와 싸우는 과정이라고 할 수 있는 것이 아닌가 한다.

2. 지원 / 원조의 균형

본 장에서 가장 인상깊게 남은 말은 서두에서 소개한 타가키 선생의 연구 의식이다. 「이런 환경에 있었기 때문에 오히려 '원조'로부터 떨어져 장애인의 실상을 더 냉정하게 볼 필요가 있다고 생각했다.」

지금까지의 「원조」의 형태에 대한 논의는 주로 정상인이 어떻게 장애인을 원조할 수 있는가라고 하는 것이며, 복지, 간호, 의료 … 등 여러 분야와 뗄 수 없다는 것이었다. 그런데 타가키 선생의 말은 언뜻 보면 정상인과 장애인을 분리하는 연구를 하는 이미지를 독자에게 제공할지도 모른다. 하지만 액션리서치의 관점에서 보면 타가키 선생의 연구는 오히려 정상인과 장애인의 거리를 없애기 위한 「원조」, 그에 대한 접근이 아닌가 하는 느낌이 든다.

피해 지역에서도, 사회가 어떻게 피해자를 「원조」해야 하는가라는 논의로 넘쳐난다. 「원조」에는 2개의 방향성이 있다. 첫 번째는 원조자가 「피해자를 위해서」라는 입장에서 활동하는 것이다. 예를 들어, 자원봉사자 또는 사회가 무조건 피해 지역에 물자·돈을 투입하는 것이다. 많은 피해자들에게 있어서 이것은 「고마운 것」이지만 한편, 「원조」를 받지 않으면 안 되는 입장에서 보면 「괴로운 것」이라는 이야기도 자주 들려 온다. 또한 피해자가 자립하지 못하고 원조자에 의존해 버리는 사태가 발생할 수도 있다. 이 점은 타가키 선생이 느꼈던 정상인으로부터 장애인에게 일방적인 「원조」에 대한 위화감과 같다고 생각할 수 있다.

두 번째 「원조」의 방식은 피해자의 목소리에 귀를 기울이고, 장기적으로 「옆에 있어주는 것」이다. 타가키 선생은 연구자로서 장애인의 라이프스토리 연구 및 주민회의 등의 질적 연구는 이러한 「옆에 있어주는」 접근과 가깝다고 느꼈다. 이 방법의 중요한 점은 당사자와 외부자라는 이분법으로 양자를 분리하지 않고 대화를 통해 당사자와 외부자가 「함께」 실천하는 관계성을 구축한다. 그로부터 당사자는 주체적으로 부흥의 노력을 해 나간다는 것이다.

3. 동아시아 네트워크의 구축

나는 동아시아 지역의 장애인 연구에 대해 깊은 흥미를 가지고 있었다. 대만 청각장애인 지원학교의 교원이었던 어머니로부터 들은 에피소드를 여기에 소개한다. 대만의 수화와 일본의 수화는 절반 이상 같다고한다. 따라서 어머니의 학교에서 일본의 청각장애인을 방문했을 때 대만인과 일본인의 청각장애인들 간의 교류는 정상인 간의 교류보다 훨씬더 활발했다. 또한 청각장애인이 정상인에게 통역해주는 장면도 있었다. 다시 말해, 청각장애인은 장애가 있는 그것 때문에, 언어의 벽을 넘어자유롭게 대화할 수 있었고, 정상인을 「원조」했다. 향후 장애인의 가능성을, 타가키 선생이 제기한 것처럼 동아시아 장애인의 질적 연구 네트워크 구축을 통해 더 발견할 수 있는 것은 아닐까 하는 기대를 해본다.

杉万俊夫(2007). 質的方法の先鋭化とアクションリサーチ 心理学評論, 49, 551−561.

대화적 비주얼에스노그라피의 모색
– 암묵적인 보육의 전문성을 묘사해내는 것은 가능한가 –

코가 마츠카(古賀松香)

대화적 비주얼에스노그라피의 모색
-암묵적인 보육의 전문성을 묘사해내는 것은 가능한가-

코가 마츠카(古賀松香)

1. 질적 연구와 나

'만족스럽게 할 수 없다.' '제대로 발달보장을 할 수 있는가 하는 생각을 매일 한다.' 어린이에게도 보호자에게도 신뢰를 받고 있는 1세아 담임의 젊은 선생은 급식 후에 아이들을 재우면서 나에게 이렇게 말했다. 그것은 보육이라는 복잡한 일에 진지하게 마주하려고 하는 한 보육자가 좋은 보육을 하고 싶다고 바라면서도 좀처럼 스스로 납득할 수 있는 보육이 안 된다면서 답답한 마음을 토로하는 것처럼 들렸다.

매일 아침 보육실 밖으로까지 울음 소리가 울려 퍼지는 1세아 반, 보육자는 양팔에 아이를 안고 있지만, 차례차례로 아이는 등원해 온다. 양팔의 아이를 "조금 기다려 줘"라고 하면서 팔에서 내려 놓고 새로 등원해 온 아이를 끌어 안고 "다녀 오세요"라고 부모를 배웅한다. 당연히 양쪽의 아이들은 다시 울기 시작한다. 그런 중에도 보육자는 한 아이 한 아이 오늘 아침의 표정이나 놀이의 취향과 손가락의 움직임, 신체와 언어의 발달을 파악하면서 오늘 이 아이에게 적절한 대응을 순간적으로 판단하고, 눈앞에서 놀이를 보여주며 권하기도 한다. 이렇게 정성껏 주의를 기울이며 아이와 접하는 보육자가 '만족스럽게 할 수 없다'고 중얼거리는 마음의 고통이 내 마음을 움직이게 만든다. 그런 마음에 대한 토로의 임팩트는, 나로 하여금 '거기서 무슨 일이 일어나고 있는가' 뿐만 아니라 '거기서 일어나는 일에 어떻게 대응하려고 하기에 그렇게 괴로운 것인가'라는 물음과 마주치게 만들었다. 그것은, 1세아를 집단으로 보육한다는 일종의 독특한 생활이 있는 질감과 뒤죽박죽 서로 얽혀가는 프로세스의 실태, 그리고 그 속에서 헤쳐 나가는 보육자의 전문성을 파악하고 싶게 했고 내 연구의 동기가 되었다.

하지만 그 질감과 프로세스를 어떻게 포착하는가는 어려운 문제였다. 질적 연구방법으로 하는 것이 좋을 것이라고는 생각했지만, 그 자세한 방법은 미확정인 채로 나는 1세아 보육의 혼돈스러운 넓은 바다로 노를 저어 나갔다.

2. 1세아 보육의 어려움은 무엇인가

그 당시, 1세아 보육의 연구에서는 보육시설의 놀이 코너와 배치를 바꾸면 아이들의 움직임과 놀이의 질이 변하는 것(村上, 2009)과 아이의 움직임과 보육활동에 필요한 면적을 계산하여 산출한 연구(全国社会福祉協議会, 2009) 등 환경과 공간에 관한 연구는 새롭게 행해지고 있었다. 또한 보육자의 조기 퇴직이 많은 것과 관련하여 보육자의 고민과 성장에 대한 연구도 볼 수 있게 되었지만(예를 들면 山川, 2009), 특히 유아 보육에서 보육자는 어떠한 어려움을 안고 있으며 어떤 전문적인 지식을 구사하여 아이들과의 일상을 헤쳐나가고 있는 것인가에 대한 것은 다루어지고 있지 않았다.

나는 1세아를 담당하는 보육자에게 이야기를 듣고 다녔다. 그 속에서 1세아 보육의 특징이 부상되어 왔다. 보행 시작, 말이나 자아 발달, 배변 훈련, 이유식에서 유아식으로의 전환 등 어지러울 정도의 아동발달에 대응하기 위한 전문적인 지식이 요구되는 보육내용이나 개개인의 발달 차이가 큰데다, 물어뜯는 등의 트러블도 많고 개별 원조의 필요성이 높은 현실에 대해 보육사 1명에 어린이 6명이라는 인원 배치가 어려움을 낳고 있었다. 그것에 대해 보육자는 1세 때의 관계가 이후의 발달에 큰 영향을 준다고 생각하고 신뢰 관계의 구축과 발달을 전망한 정성스런 원조를 중시하고 시간·공간·인적 배치 등의 구조에 대해서 모색을 거듭했다. 그 모색에 의해 효과가 느껴지는 측면이 있는 반면, 절대적인 인원 부족이라는 보육자 부족현상을 강하게 느끼고 있으며, 아이들에게 정성스럽게 접하는 것을 지향하면서도 그 실현이 어려워 '자신의 보육 실천이 불충분하다'는 보육 부전감에 대해 많이 이야기했다. 이러한 보육자의 이야기에서, 1세아 보육의 어려움은 1세아 보육의 특성을 고려한 보육자의 정성스런 원조의 중시와 구조상의 실현 곤란성 사이에 생기는 딜레마라고 포착되었다(古賀, 2011).

3. 어려움을 이겨내려고 하는 지(知)의 모습을 다루고 싶다

'만족스러운 보육을 할 수 없다'라고 하며 실천의 현실에 고민하면서 그래도 '이 아이들에게 충분히 해주고 싶다'며 날마다 웃는 얼굴로 아이들을 맞이하는 보육의 전문성에 나는 점점 관심을 가지게 되었다. 그러나 동시에 인터뷰라는 방법에 한계도 느끼고 있었다. 보육이라는 것은 신체적인 행위를 많이 포함한다. 한 아이의 울음소리를 듣고 어떤 것을 필요로 하는지 느끼고 그 울음에 적합하다고 생각되는 원조를 어떻게 구성하는지는 개별 보육자가 그 순간 암묵적으로 판단하고 있다. 그 많은 것들은 보육자 자신에 의해 명확하게 인식되어지지 않고, 언어화되지 않는다. 나중에 원조의 근거를 물어보면, 보육자에게는 일련의 흐름이 있는 하루 중 어느 한 장면의 신체적 기억을 꺼내는 것은 어려워 "음, 아무튼요, 막 울었기 때문에 …"라는 막연한 대답이 되기 쉽다. "어떤 울음이라고 느꼈나요?" 등 끈질기게 물어 봐도 상당히 인상적으로 기억에 남는 장면이 아니라면 "어땠었지~?"라고 되어 버린다.

이처럼 인식하에 있지 않은 지(知)를 폴라니(Polanyi, 1966)는 「암묵지」로 부르고 있지만, 인간의 사회적 실천에 둔 암묵지를 내포한 복잡한 판단과 그 숙달은, 「실천지」 연구의 영역에서 다루어왔다(예를 들면 楠見, 2012). 보육 영역에서도 최근 「실천지」라는 용어가 연구상에서 볼 수 있게 되었지만(예를 들어 砂上 등, 2009), 보육자가 스스로 언어화 할 수 있는 레벨의 지(知)만이 다루어지고 있다. 물론 연구에서는 언어화가 필요하며, 직감적이고 암묵적인 언어화되지 않는 부분을 많이 포함하는 실천지(Schön, 1991)를 부분적으로 고려하지 않을 수 없다. 즉, 실천지 연구는 그 한계 속에서 언어화하는 것으로부터 벗어날 수 없는 성질을 가지고 있다. 반 마넨(van Manen, 1990)은 「언어는 사회적인 것이기 때문에 내적인 경험에 구비되는 본질적으로 독자적이며 개인적인 질은 언어의 범위를 넘어선다」라고 하며, 「그러나 쓰는 행위로 인해 신체화하고 있는 것들을 탈신체화 하고 자신이 알고 있는 것을 알게 된다」고 말했다. 이것은 기술(記述)에만 국한된 것이 아니라 이야기 등을 포함한 언어화도 마찬가지일 것이다.

스나가미(砂上ら, 2009) 등은 보육자의 실천지 문제에 대해 다른 보육원의 실천 영상을 시청하고 그에 대한 이야기를 분석해 가는 다성적(多声的) 비주얼에스노그라피(Tobin, 1989)라는 방법을 채택했다. 이 방법은

영상과의 비교에서 부상하는 자원(自園)과 스스로의 실천의 특징이 탈신체화되는 특징을 가진다. 거기서 이야기되어지는 내용은, 예를 들어「우리 보육원에서는」이라며 비교에 의한 대략의 파악과「나라면」이라는 가정을 상정하고 말하게 된다.

하지만 내가 알고 싶은 것은「이 아이들에게 충분히 해 주고 싶다」라고 생각하는 보육자의 전문성이다. 그것을 알기 위해서는, 실제 보육장면에서 개별 구체적인 요구를 어떻게 읽어내고 어떠한 구체적인 실천 행위를 실현할 것인가 하는 점을 알아 낼 필요가 있다고 생각했다. 보육자들은 한 명 한 명의 생활과 놀이의 모습에서 구체적인 그 아이에 대한 지식을 쌓아가고 있다는 생각이 들었고, 다른 보육원과의 비교에서 떠오르는 것과는 성질이 다르다고 추론되었기 때문이다.

그래서 나는 보육자 자신의 실천을 영상으로 기록하고 그날 안으로 그 영상을 보면서 인터뷰하는 방식으로 연구를 진행하기로 했다. 인터뷰에서는 그날의 보육에서 인상적이었던 장면이나 신경이 쓰인 장면에 대한 보육자와 내가「그 때 그것은 무엇이었는가」라며 함께 영상으로 뒤돌아 보면서 서로의 견해를 주고 받았다. 이렇게 함으로써 인터뷰 시간이 보육자들에게는 내일의 보육에 활용하는 성찰의 시간이 되도록 마음을 기울였다. 또한 관찰자로서 내가 그 보육원이나 클래스의 보육과 아이들을 더 잘 이해하기 위해, 일년 간 같은 클래스의 보육자와의 대화를 계속해 나갔다. 여기에서는 이 방법을「대화적 비주얼에스노그라피」라고 부르기로 한다.

4. 대화적 비주얼에스노그라피의 실제

그러면 실제 대화적 비주얼에스노그라피가 어떻게 진행되고 무엇이 부상되어 오는지 보기로 한다. 여기에서 예로 드는 것은 육아 담당제를

채용하고 있는 한 보육원의 1세아 클래스와 보육자이다. 육아담당제라는 것은 식사·배설·옷의 착탈 등 생활 부분을 담당 보육사가 수행해야 하는 보육방법으로, 어린이에게 있어서 생활 부분을 항상 같은 어른으로부터 지원됨으로써 애착 관계가 구축되기 쉽다고 여겨져 왔다(コーダイ芸術教育研究所, 2006). 이 보육원에서는 생활면에서는 육아 담당제로 원조하고 놀이면에서는 클래스의 어린이 전체에 관계하는 보육방법을 채택하고 있다. 또한 사례 중 개인 이름은 모두 가명이다.

⟨O년 6월 3일에 관찰된 에피소드의 배경⟩

급식 전의 보육실. 이 보육실은 원래 좁지만, 급식 전에 보육실의 일부가 일시적으로 식사 공간으로 바뀌어, 놀이의 공간이 3분의 1 정도 더 좁아진다. 또한 클래스 담임은 3명 있지만, 보육자 1명은 급식 준비에 들어가고 또 1명은 차례로 배설 도움으로 들어가기 때문에, 놀이 공간에는 보육자 1명이 된다. 아이들은 바깥 놀이에서 돌아와 담당 보육자와 함께 화장실에 가는 아이들과 놀이 공간에서 노는 아이들로 나누어지고, 배설을 마치면 차례로 놀이 공간으로 들어간다. 이 장면은 담당 아이의 배설 도와주기를 마친 구로카와(클래스 리더 보육자, 경험 년 수 16년)가 놀이 공간에서 소꿉놀이 코너에 들어가 차례로 일어나는 문제에 대응하면서 놀이를 전개시켜 나가는 장면이다.

⟨관찰 에피소드⟩

구로카와가 배설 돕기를 수행하는 동안 소꿉놀이 코너에서는 체인 링을 숟가락으로 뜨며 놀던 사쿠라의 접시에서 타케오와 츠바사가 체인 링을 잡고 아래로 모두 떨어트려 버리고 두 사람은 커튼에 숨어 놀기 시작한다. 소꿉놀이 코너에서 사쿠라는 멍해 있다.

구로카와, <u>옷장 앞에서 졸린 듯이 짜증내고 있던 가장 월령이 낮은 희메카 (A)</u>를 안고 소꿉놀이 코너로 간다. 구로카와가 "무얼 만들고 있지, 여기. 희메짱도 할래? 업을까? 샷짱(인형 이름) 샷짱 있을까"라고 말하고 소꿉놀이 코너에 희메카를 세우고 앉는다. 마도카는 의자를 주방으로 움직여 뭔가 하며 놀고 있다. 사쿠라는 테이블에 푹 엎드린 상태. 구로카와 "삿짱은 어느 아이?"라며 희메카 쪽으로 향하여 묻고 "삿짱에게 밥 먹일까"라며 얼굴을 사쿠라 쪽을 향해 말한다. 사쿠라는 휙하고 구로카와 쪽을 향해 "응"이라 하고 인형 쪽을 본다. 구로카와 "그래"라고 맞장구를 친다. 희메카는 "음"하며 불만이 있는 듯 짜증내며 구로카와의 무릎쪽으로 앉으려고 하였기 때문에 구로카와는 희메카의 허리를 받치고 무릎에 앉게 했다. 사쿠라는 인형을 주방 의자에 "아이"라고 말하며 잠재우듯이 놓는다. 구로카와는 "어머나 하나짱(인형 이름)"이라고 말하고 인형을 의자에 앉히지만 금방 인형은 쓰러져 버린다. 사쿠라는 쓰러진 인형에 차를 마시게 하려 한다. 쿠로카와 "마시게 하려고? 그러면 이렇게 앉혀, 앉혀 봐"라며 인형을 다시 앉히고 주위를 둘러 본다. 츠바사는 인형에게 자신이 가지고 있던 자동차의 그림 보드를 보여주며 "버스, 버스"라고 한다. 쿠로카와, 무릎 위에 앉은 채 조용히 있는 희메카에게 "희메짱도 데려 올래?"라고 인형 침대쪽을 가리킨다. "루이짱(인형 이름)으로 할까?"라고 희메카의 얼굴을 보지만 반응하지 않는다. 구로카와의 뒤에서 타케오가 선반에 있던 도마를 바닥에 내려 놓고 선반 위에 오른다. (중략) 구로카와는 털실공을 나츠미에게 받고, 선반쪽을 보니, 타케오가 다시 선반에 다리를 걸쳐 오르려고 하고 있다. (B) 오르려고 하고 있던 타케오를 보면서 확 털실공을 선반 아래 바구니에 넣고 타케오의 손을 잡고 구로카와 "타게짱 내려와. 아니야. 여기는 오르는 곳 아니야. 아니에요"라며 조금씩 어조를 엄격히 하고, 마지막엔 가만히 엄격한 표정으로 타케오를 본다. 타케오는 주저앉아 가만히 있다. 타케오는 확 손을 떼면서 일어나 화가 난 것처럼 "으응"이라고 하지만, 구로카와 "응, 아니지. 여기는 올라 가지 않아요"라고 단언조로 말하자, 타케오가 탁! 하고 선반을 두드린다. 구로카와는 조금 몸을 선반쪽으로 밀어 앉아, 구로카와 "자, 여기는요, 톤톤톤 톤하고 자를까? 요리할까. 응"하며 타케오의 얼굴을 들여다보고 말한다. 구로카와 "톤톤톤 톤~하고"라고 하자 나츠미가 다가오고, (C) 타케오는 칼로 자르듯 손을 수직으로 움직이고 있다. 나츠미와 타케오 사이로 카린이 비집고 끼어 들어온다. (C) 구로카와 "칼 필요합니까~"라며 아래 선반에서 칼을 꺼낸다. 나츠미가 "칼?"하고 말하니, 구로카와 "칼로~무엇을 자를까~""라고 말한다. 그러자 "오이"라고 나츠미가 말한다.

타케짱 내려와. 아니야~

〈이 장면의 비디오영상을 보면서 이야기하기〉

구로카와: 맞아 맞아 (웃음). 희메짱도 일으켜 줘야 하고 (밑줄 A), 타케오짱이 (선반) 올라가는 것도 막아야 하고 (밑줄 B), 하지만 (다른 아이가 계속) 소꿉놀이하러 왔고 (밑줄 C) <u>그런 뭔가 좀, 어수선한.</u>

(중략)

나: 그 후에 (구로카와) 선생님이 이렇게 도마를 꺼내고 "여기는 이런 식으로 사용하는 거예요~"라고. 그러자 모두가 확~하고 또.

구로카와: 맞아요. 가까이 몰려왔지요.

나: 소꿉놀이로 몰려 왔지요.

구로카와: 뭔가 뒤에서도 뭔가 (웃음) 일어나고 (웃음)

(시청 중인 영상에서 아이의 화난 목소리가 울린다)

나: 응, 응 (웃음)

구로카와: (웃음) 응. 역시. 많아지면, 응, 인구 밀도가 많아지면, 꽤 바빠진다고 할까, 어른이 이렇게, 응. 두리번거리지 않으면 언제 어디서 무슨 일이 있으면.

나: 내가 보면, 그, 여기는 이런 식으로 잘 사용해야 하는 장소이니까 라는 식으로 전달함으로써, 뭐 그런 식으로 사용 방식이, 아이들이 모여들

면서, 그런 장면이었나 하는 생각이 듭니다만,

구로카와: 아, 아.

나: (구로카와) 선생님은 어수선한 느낌 (웃음)이었어요?

구로카와: 저로서는, 그렇지요. 조금 (웃음) <u>어수선한 느낌이랄까.</u> 좀 희메 짱 안고 있는 중이어서, <u>뭔가 이렇게 어중간하게,</u> 놀아주는 것도 글쎄, 뭐랄까, 좀 흥미를 갖고 모여오고, <u>좀더 놀아주고 싶었지만,</u> 좀, 응, 모두 뒤에서도 소리가 들려오기도 하고 (웃음) 해서.

희메카   다케오   사쿠라

인터뷰에서 얘기 했던 것은 「희메짱을 일으켜 세워두기」, 「타케오가 선반에 오르는 것을 막기」, 「소꿉놀이에 흥미를 갖고 모여온 아이와 함 께 놀기」, 「그외 문제 방지」라는 것이 동시에 어수선하게 진행되고 있 었다는 감각이다. 그러나 실천의 의도에 대해 자세히 검토하면 「희메짱 도 일으켜 세워줘야 하고」라는 말에는 더 섬세한 사정을 배경으로 갖고 있다. 희메짱은 월령이 낮고 빠른 아침에 등원하기 때문에 급식 전에 졸리기 쉽다. 보행이 확립되어 있지 않고 졸려서 짜증을 부리면 보육자 는 안아 주지만 가급적 점심을 먹고 낮잠을 재우고 싶어서 무리가 없도 록 잡아서 서있는 자세를 하게 하거나 놀이로 유인하기도 한다. 그 후, 다시 짜증부리며 앉으려는 희메짱의 움직임에도 대응한다. 「타케오짱이 올라가려는 것도 막아야 하고」에는 선반으로 올라가는 행위는 위험하니 막아야 하는데 타께오는 성격이 급해서, 주의하는 장면이 길지 않도록 하는 것도 개인적 배려로 포함되어 있다. 그것과 동시에, 장소나 물건의 사용법을 단적으로 전하여 놀이로 유인함으로써 위험한 행위를 반복하지 않도록 하고 있다. 이러한 보육자의 섬세한 행위 하나하나에 의도가 포함되어 있다고 생각했다.

이런 일들은 지속적으로 조사하는 과정에서 축적된 보육자의 이야기에서 관찰자가 해석한 내용이다. 본래라면 그 하나하나를 인터뷰에서 물어야 하는지도 모른다. 그 때까지 쌓인 그 아이가 갖는 특징과 원조했을 때의 감촉이라는 어느 한 아이에 대한 경험지와, 어린이의 놀이에 대한 적절한 원조의 이미지 등 보육행위에 대한 경험지, 그리고 시간적·공간적 조건 등과 보육의 전개에 대한 경험지가, 어린이 한사람 한사람의 작은 움직임이나 표정이라는 현재의 동적 상황의 순간적인 해석과 보육행위를 받치고 있다고 생각된다. 하지만 그 하나하나의 섬세한 원조행위의 의도를 상대방의 시간을 구속하는 인터뷰라는 수법으로 모든 것을 확인하는 것은 시간적으로도 면접관의 기량으로도 불가능했다. 그래서 보육자에게는 관찰자의 해석을 기술하여 제시하고 상충 여부를 확인하도록 하였다(표 3-1).

이렇게, 대화적 비주얼에스노그라피는 관찰과 관찰의 영상기록을 자극으로 쓰며 실천자와 관찰자의 대화, 그 후의 관찰자의 해석 제시를 자극으로 하여 실천자의 의도의 세부 사항을 확인하는, 에스노그라픽한 과정을 밟는다. 특히 실천을 되돌아 보는 대화에 대상자의 실천 영상을 시각적 자극으로 이용함으로써 검토가 어려운 것으로 알려져 왔던 실천지에 육박할 수 있다. 본 사례에서는 시시각각 변화하는 상황에서 개별 구체적인 요구를 읽어내고 그에 상응하는 실천을 반복하는 동적인 전문지가 명확하게 되었고 또한 개별 구체적인 요구가 동시다발적으로 발생하는 상황에서 그 하나하나에 충분한 것을 해줄 수가 없다는 부전감(이

중 밑줄)을 느끼고 있는 실태가 부상되었다.

표 3-1 관찰자의 해석의 제시(발췌)

어린이의 모습	구로카와의 언동	보육행위에 대한 관찰자의 해석
마도카는 의자를 주방으로 움직여 뭔가 하며 놀고 있다. 사쿠라는 론디(완구)를 갖고 테이블에 푹 숙인 상태	구로카와, 가구앞에서 짜증내는 희메카를 안아서, 소꿉놀이 코너로. "뭐 만들고 있지~여기. 희메짱도 할래? 업을가? 업을까? 삿짱(인형이름) 업을까? 삿짱. 삿짱 있을까"라고 말하며 소꿉놀이 코너에 희메카를 세워두며 앉는다. 구로카와, "삿짱은 어느 아이?"라고 희메카쪽을 향해 묻고, "삿짱에게 밥먹여줄까"라고 얼굴을 사쿠라쪽으로 하고 말한다.	• 졸린 희메카를 급식 전에 재우지 않도록 함으로써 생활을 원활하게 한다. • 보육자가 없고, 아이들이 여러 명 있는 장소를 택하여 놀이를 원조함으로써 보육실 전체의 놀이를 전개하기 쉽게 한다. • 희메카가 관심을 가질만한 놀이를 탐색하여 놀면서 깨어 있을 수 있도록 한다. • 세워 두어서 깨어 있게 한다. • 놀이로 희메카의 의식을 깨어 있게 한다.
사쿠라는 확 구로카와쪽을 향하여 "응"이라 하고 인형쪽을 돌아본다. 희메카 "응" 하며 끄덕이고, 구로카와의 무릎에 앉는다. (후략)	구로카와, "응~"하며 끄덕인다. 구로카와, 희메카의 허리를 받치고 무릎에 앉힌다. (후략)	• 놀고 있지 않은 사쿠라에게 이미지를 전달함으로써 놀 수 있도록 한다. • 무리하게 세워 두지 않고 안심하고 있을 수 있도록 한다. (후략)

5. 마치면서

홀스타인과 구부리움(Holstein & Gubrium, 1995)은 '액티브 인터뷰'라는 저서에서 「액티브한 면접관은 배경지에 의존함으로써 조사를 더욱 생산적으로 할 수 있다. 즉 그렇게 함으로써 현지에 있는 고유의 해석적 자원과 시점, 그 위에 현지에서 눈에 띠는 특색을 자신의 조사에 도입 할 수 있게 된다」고 했다. 보육 실천이라는 복잡하게 뒤얽힌 동적 상황에는 많은 맥락적인 배경지가 있다. 관찰자 측의 경험지를 활용하면서 인터뷰를 실시하는 것으로, 시간적 제약 속에서 실천자의 리얼리티에 육박하는 것이 가능하게 된다. 대화적 비주얼에스노그리피는 맥락적인 배경을 영상으로 공유하고 대화적으로 그 배경지를 언어화 하며, 조사를 해 나간다는 점에서 액티브 인터뷰의 일종이라고 할 수 있다. 관찰·인터뷰·해석의 제시에 의한 대화라는 방법의 절충으로 대화적 연구과정의 치밀화를 목표로 하면서, 「만족스럽게 할 수 없다」라고 갈등하면서도 그 장소에 끌리며 관계를 계속해 나가는 보육 실천의 매력에 다가가고 싶다.

인용문헌

Holstein, J. A., & Gubrium J. F.(1995). *The active interview*. Sage.(山田富秋·兼子 一·倉石一郎·矢原隆行(訳)(2004). アクティヴ·インタビュー ─相互行為としての社会調査─ せりか書房).

コダーイ芸術教育研究所(2006). 乳児保育の実際─子どもの人格と向き合って─ 明治図書出版.

古賀松香(2011). 1歳児保育の難しさとは何か 保育学研究, *49*(3), 248-259.

楠見 孝(2012). 実践知と熟達者とは 金井壽宏·楠見 孝(編) 実践知─エキスパートの知性─(pp.3-31) 有斐閣.

村上博文(2009). 乳児保育の環境条件と子どもの変化─保育室の空間構成に関するアクションリサーチ(自由遊びの時間)─ ベビーサイエンス, *9*, 46-63.

Polanyi, M.(1966). *The tacit dimension*. University of Chicago Press.(高橋勇夫(訳)(2003). 暗黙知の次元 筑摩書房).

Schön, D. A.(1983). *The reflective practitioner: How professionals think in action*. Basic Books.(柳沢昌一·三輪健二(監訳)(2007). 省察的実践とは何か─プロフェッショナルの行為と思考─ 鳳書房).

砂上史子·秋田喜代美·増田時枝·箕輪潤子·安見克夫(2009). 保育者の語りに

見る実践知―「片付け場面」の映像に対する語りの内容分析― 保育学研究, *47*(2), 174-185.

Tobin, J.(1988). Visual anthropology and multivocal ethnography: A dialogical approach to Japanese preschool class size. *Dialectical Anthropology, 13*(2), 173-187.

van Manen, M.(1990). *Researching lived experience: Human science for an action sensitive pedagogy.* State University of New York Press.(村井尚子(訳)(2011). 生きられた経験の探究―人間科学がひらく感受性豊かな〈教育〉の世界―ゆみる出版).

山川ひとみ(2009). 新人保育者の1 年目から2 年目への専門性向上の検討―幼稚園での半構造化面接から―保育学研究, *47*(1), 31-41.

全国社会福祉協議会(2009). 機能面に着目した保育所の環境・空間に係る研究事業総合報告書 社会福祉法人全国社会福祉協議会.

동적인 실천지(実践知) 및 전문지(専門知)의 언어 묘사에 도전

오선아(Oh Sun Ah)

1. 1세아 집단보육 장면의 질감있는 묘사

「아아~, 1세아 클래스의 점심 직전의 어수선한 상황이 눈에 선하네~」, 「구로카와 선생님은 개개인의 어린이와 전체 상황에 잘도 대응하고 있구나」, 「만약 내가 그 장소에 있었다면 저렇게까지 세세하게 대응할 수 있었을까~(아마도 저렇게 못했을 것 같다).」 코가 선생의 관찰 에피소드 설명을 읽으면서 그렇게 생각했다. 단 몇 분이었을 보육장면의 묘사에서 「1세아의 집단보육」의 전형적인 모습의 하나로서 간주할 수 있다고 생각했다. 7명의 어린이가 등장하고 각각의 아이의 움직임이 겹치는 공간·장에서 미세한 움직임과 흐름을 일순간에 읽고 판단하고 대응해 가는 보육자의 모습이 눈에 선하다.

코가 선생의 에피소드 기술에서 1세아 보육장면의 질감이 아주 잘 전해져 오는 것은, 무엇보다 연간 계속해서 보육장면을 관찰하고 보육자들과 계속 대화를 해왔던 코가 선생 자신의 '배경지'가 있어 그 공간·시간·사람·물품의 포진과 움직임의 묘사에 연결되어 있기 때문일 것이다. 또한 보육자에게 인터뷰를 행하는 시간이 보육자들에게 내일의 보육에 활용하는 성찰의 시간이 되도록 하는 코가 선생 자신의 「마음의 눈길」이 기술하는 스타일을 만들어낸 것 같다.

2. 탈신체화의 조력자

코가 선생은 「지금, 여기」에 관계하고 있는 1세아 보육자의 영위를 파악하면서, 그 「보육자가 원하는 1세아 보육의 전문성」에 다가가고 싶었다. 이를 위해 채택한 방법은 ① 보육 실천의 모습을 관찰하면서 영상으로 기록하고, ② 그 영상을 바탕으로 그 날 중에 보육자에게 인터뷰를 하면서 이야기를 주고 받고, ③ 또한 모든 것을 인터뷰에서 물을 수 없기 때문에 코가 선생이 해석과 설명을 제시하고 확인하는 조사·분석의 과정을 거치고 있다. 뼈를 깎는 힘든 작업임을 곧 상상할 수 있다! 「대화적」, 「비주얼에스노그라피」와 「액티브인터뷰」라는 표현도 납득이 간다.

이 분석과정 속에서 가장 중요했던 것은 보육자의 동적인 실천지에 다가서기 위한 「탈신체화」 작업이며, 그 작업은 인상에 남는 장면이나 신경쓰이는 장면에 대한 코가 선생의 질문에 의해 시작되었을 것이다. 보육 장면의 배경지를 공유하는 코가 선생이 가진 인상과 의문에 근거하여 질문을 던지고 있기 때문에 코가 선생은 보육자가 탈신체화를 해나가는 데 있어서 강력한 조력자로서 자리매김이 된다.

기록영상을 이용하여 보육자 자신이 행하는 탈신체화 작업과, 관찰자에 의한 새김의 자국이 주어지는 경우의 탈신체화 작업은 어떻게 다를까 하고 문득 나의 호기심이 생겨나지만, 물론 그것은 이 연구의 범위를 넘어서는 일일 것이다.

나도 여러 곳에서 인터뷰를 해왔다. 예를 들면, 어린 시절의 체험과 관련하는 '원풍경'에 관한 인터뷰를 들 수 있다(吳, 2001). 원풍경 이야기하기는 어린 시절의 일상의 체험을 수십 년 지나서라도 특별화 된 것, 일 등을 떠올리며 말하는 경우가 많아서, 어느 정도 탈신체화 된 상태에서의 이야기인 것을 새삼 느낀다.

코가 선생은 보육 장면에 대해 다가서는 조사로서 단순한 인터뷰에는 한계를 느꼈다. 지금 행해지고 있는 매일의 보육 장면은 너무나 일상적인 신체적 영위여서, 그것을 떠올리며 이야기 할 때 "아, 어땠었지?" 라는 대답이 되어 버리는 것도 쉽게 상상할 수 있다. 인터뷰하려고 할 때, 그 내용이 「탈신체화」 되기 쉬운 것들인지의 여부에 따라 면접자의 질문과 소재의 중대성 또한 그 이야기의 추세의 방향이 다르게 흘러갈 수 있음을 새삼 의식하게 된다.

3. 1세아 집단보육의 전문지와 부전감

이 원고를 통해 「일본의(일부라고 하더라도) 1세아 집단 보육」은 어떤 맥락 속에서 어떻게 실천되어지고 있는가 하는 「질감」이 독자인 나에게 잘 전해져 왔다고 생각한다. 또한 관찰 내용과 영상 기록을 공유하면서 인터뷰를 하고 연구자에 의한 보육행위의 해석을 제시함으로써 보육자에게 확인하는 본 연구의 방법과 그 의의는 많은 질적 연구를 하는 사람들에게 좋은 힌트를 줄 것이다.

작은 위화감이 하나 남아 있다. 「더 충분하게 해 주고 싶다」고 바라는 보육사의 「부전감」은 항상 가지고 있는지, 그 부전감은 그 보육사에게 어떻게 작용하는 것인지 하는 것이다. 이것 또한 다른 물음일지도 모르지만.

呉宣児(2001). 語りからみる原風景—心理学からのアプローチ— 萌文社.

이야기하기로 본 원풍경의
개인성과 공동성

오선아(Oh Sun Ah)

South Korea

이야기하기로 본 원풍경의
개인성과 공동성

오선아(Oh Sun Ah)

1. 질적 연구와 나

나는 일본 오차노미즈여자대학(お茶の水女子大学)의 발달심리학 연구실인 무또 다카시(無藤 隆) 교수님의 연구실 소속으로 석사과정을 마쳤다. 대학원 시절이었던 1993년, 어느 수업에서 「필드워크: 책을 들고 거리로 나가자」라는 사또 이쿠야(佐藤, 1992) 교수의 책을 통해 「하향식 방법론(Top‒down)」과 「상향식 방법론(Bottom‒up)」에 대하여 다시 공부할 기회가 있었다. 그리고 당시 무또 연구실에서는 최종적으로는 정량적 연구로 마무리하는 것이 일반적이었으나, 유치원과 보육원 및 가정 등 필드(현장)로 나가서 직접 관찰해 나가는 질적 접근의 발상이나 토론의 분위기가 조금씩 넓혀지는 흐름도 있었다.

이런 연속적인 토론의 과정과 환경 속에서 결정적으로 질적 연구를 본격적으로 하게 된 것은 정작 석사논문을 완성하고 난 후의 일이다. 나자신 또한 익숙한 그대로 석사논문을 쓰면서는 전통적인 양적 연구로 진행하였는데, 1994년 겨울에 1,300인이 넘는 질문지 조사를 끝내고 한밤 중까지 연구실에 쳐박혀 컴퓨터 2-3대를 동원하면서 당시 일본판 통계 소프트웨어인 하루보로 인자분석을 실행하곤 했다. 작업하다 지치면 나의 고향 제주도의 한라산의 평화로운 모습과 골목길에서 놀던 일과 동네 풍경 등을 떠올리고는 기운을 차리는 체험을 하면서, 「자연관과 자연체험이 환경가치관에 미치는 영향」이라는 제목의 석사논문을 양적 통계처리 방식으로 완성해 갔던 것이다(吳・無藤, 1998). 완성의 기쁨도 있었지만 「현재의 가능한 부분만 연구하는 것일 뿐」인 「어쩔 수 없는 타협」과도 같은 아쉬움이 강하게 밀려왔다. 결과적으로 이러한 양적인 연구방법은 통계수치로 검증해서 전체적인 경향을 강력하게 주장할 수 있는 반면, 개개인의 감각이나 개개인이 체험하고 있는 심리적 리얼리티를 포착하기가 어렵다는 한계를 알게 된 소중한 기회가 된 과정이기도 하였다.

1996년부터는 환경심리학분야에서 연구하고 싶다는 희망과 무또 교수님의 추천으로 환경심리학 연구실이 있는 쿠슈대학의 미나미 히로후미(南 博文) 교수님의 연구실에서 박사과정을 하게 되었는데, 이때부터 석사논문에서는 충분히 반영시키지 못한 채 내버려 두었던 느낌과 내용을 「원풍경」, 「장소에의 애착」과 같은 키워드와 함께 다시금 파고들기 시작하였다. 특히 당시의 미나미 연구실에서는 「구체적인 대상과 움직임이 있어 실체가 드러나는 필드」에서 그의 「상황」이나 「맥락」 또는 「현장」에 기반을 둔, 소위 「주체자/당사자」의 「구체적인 모습」을 실마리로 삼아 생각하고 그려내는 것을 무척이나 중요하게 다루는 분위기였다(南, 1994 참조). 이러한 기초와 풍부한 질적 연구의 토양 위에서 많은 영향을 받고 있었던 나는 그동안 화두로 간직해오던 「원풍경」이라는 연구테마에 구체적으로 접근하기 위해 노력했다. 그래서 서로 알고 있는 관계의 사람들과 말을 하고 듣는, 이른바 「서로 이야기하기」 형태로서 원풍경의 「개인 이야기하기」와 「공동 이야기하기」로 가설생성형의 질적 연구방법을 채택하여 박사논문을 쓰기에 이르렀다.

지금도 새삼스럽게 생각되는 건, 석사과정의 지도교수인 무또 교수님이나 박사과정의 미나미 교수님도 전부 양적 연구로 시작한 권위자이셨지만 질적 연구의 필요성을 강조하면서 그 영역에 적극적으로 파고들었던 분들이었다는 점이다. 결국 이 두 분의 교수님은 머지않아 일본질적심리학회를 창설한 5인 중의 주요한 멤버가 되었고, 또한 나도 이 분들의 연구활동을 보며 지냈던 덕분에 자연히 질적 연구로 빠져들게 된 것이 아닌가 하는 생각도 든다.

지금까지의 내 질적 연구활동을 요약하면 다음의 세 가지 방향에서 이루어졌다고 할 수 있다. 「이야기하기로 본 원풍경」(呉, 2011)을 정리하여 지역(마을)만들기에 접목시키는 것과, 일본, 한국, 중국, 베트남의 연구자들과 「용돈을 둘러싼 어린이의 생활세계」에 대한 공동연구를 수행해오면서 어린이의 문화발달을 연구한 것(高橋·山本, 2016), 그리고 일본, 한국, 중국, 베트남의 사람들과 「각 국의 영화를 보고 대화를 계속해 나가는 다문화이해」(山本·伊藤, 2005; 伊藤·山本, 2011)를 기반으로 하는 서로 다른 타자와의 공생을 생각하고 실천을 모색하는 그런 흐름이다.

그리고 나에게 있어서 「질적인」 것이 무엇인가라는 질문에 자문자답을 해보면, 사물/대상과 그 움직임의 실체가 드러나는 필드(현장)에서의 상세한 모습, 무엇인가 계속 변화하는 일련의 상세한 프로세스, 그 현장에 있는 당사자의 감각·관점·리얼리티, 끊임없는 대화의 연속과 실천/삶의 변화 등이라는 키워드로 표현할 수밖에 없을 것 같다. 본 서에서는, 나의 최초의 질적 연구가 되는 「원풍경」이라는 테마를 가지고 서로 이야기하는 방법으로 써낸 논문의 예를 통하여 질적 연구에의 접근을 소개하려고 한다.

일본에서의 원풍경(原風景)은 오쿠노(奧野, 1972)가 쓴 「문학작품에 나

타난 원풍경」이라는 책에서 최초로 쓰여진 용어로서, 유소년기나 청년기에 걸친 자아형성과정에서 체험한 공간·장소·풍경의 이미지이며 작가들의 조형력의 원천이 되는 것이라고도 한다. 나는 큐슈대학에서 미야자키 하야오(宮崎駿) 감독의 작품인 애니메이션 「이웃집의 토토로」(と なりのトトロ)를 소재로 한 미나미 교수님의 원풍경 강의를 들으면서 내 나름의 원풍경 탐색의 길로 들어섰다.

2. 서로 아는 사람들과 이야기하기의 조사·이야기의 흐름을 단절하지 않는 분석을 하고 싶다

원풍경의 개념이나 분석방법 및 그 상세한 결과에 관해서는 吳(2000)와 吳(2006)의 원문을 참조해 주기를 바란다. 吳(2000)에서는 한 사람의 이야기로 개인의 원풍경을 그려냈고, 吳(2006)에서는 같은 지역에 사는 사람들이 같이 모여앉아 이야기하는 데이터로 원풍경의 공동성의 생성과정의 구조를 정리했다. 추가로 吳(2001)에서는 개인 이야기하기·공동 이야기하기·공간성 등을 중심으로 한 박사논문 전체가 게재되어 있고, 한국어판 번역도 나중에 출간 되었다(오, 2016).

나는 한국의 제주도에서 태어나고 자란 사람으로서 질적 접근의 조사를 위해 먼저, 조사대상자도 가능한 한 제주도 사람이면서 서로 알고 지내는 관계로 좁히고자 했다. 1대 1로 행한 조사(개인 이야기하기)에서는 총 10인에게서 이야기를 들을 수 있었고, 나자신을 포함한 4, 5인이 같이 이야기를 나누는 조사(공동 이야기하기)에서는 총 4그룹의 사람들의 이야기를 들을 수 있었다. 그러나 설명개념을 만드는 추상화 작업을 해나가면서 이론을 만들어 갈 때에는 주요한 1인의 이야기 데이터와 1그룹의 이야기 데이터만을 사용해도 충분했다. 데이터를 분석할 때 카테고리화 자체가 목적화·기계화 되지 않도록 항상 연구목적을 의식했고, 이야기 내용 전개의 큰 변화와 이야기 내용의 구체적 소재의 변화, 그리고 몇몇 소재들의 연결축의 변화와 시제(현재·과거형)나 화법(직접·간접화법)의 변화에도 주목하며 협력자들과 마주한 나자신의 느낌도 분석할 때 참조를 했다.

3. 이야기하는 당사자의 리얼리티를 어떻게 전달할 것인가(개인 이야기하기로부터)

자신의 어린 시절의 체험을 기본으로 이야기해가는 가운데 원풍경으로서 「무엇(이야기 내용)」이 「어떻게(이야기하기 방법)」 나타나는가. 이것을 명확히 하기위한 개념을 만들고 그 개념을 이용하여 기술해가는 것이 연구의 첫번째 목적이었다.

중심적인 결과의 요약을 산출한 개념으로 설명한다면, ① 원풍경의 내용으로서는, 「풍경으로서의 이야기(다양한 공간·장소에서의 체험을 바라보는 시점으로서의 이야기)」, 「사건으로서의 이야기(구체적인 공간에서의 체험을 공간과 시간이동 순으로 행위자 입장의 이야기)」, 「평가로서의 이야기(현시점에서 재차 의미부여를 함으로써 과거·현재·미래를 연결하는 이야기)」라고 하는 크게 세 가지의 종류(영역)로 엮어져 있었다는 것, ② 이러한 내용들을 이야기를 할 경우, 그 이야기하는 사람의 체험모드가 수시로 변화하는데, 「풍경회상 타입(하늘을 나는 새의 눈이 되어 천천히 주위를 내려다 보는 것처럼)」, 「행위서술 타입(현재 발을 딛고 있는 지면(현장)에서 당사자로서 연기하는 듯이)」, 「사실설명 타입(담담하게 사실을 나열해가면서)」, 「평가의미부여 타입(이야기하는 현재의 관점에서 재차 의미를 부여해가는)」, 「주장연설 타입(타인에게까지 요구하면서 주장·연설하고 있는 것처럼)」 등 다섯 가지의 이야기하기 타입으로 구분할 수 있었다.

여기서는, 이야기하기(인터뷰)의 일부를 확인해보는, 극히 일부이지

만 이야기한 순서대로 부분적으로 생략하며 내용을 소개한다. 이하의
O는 조사자인 나자신이고, L은 협력자/이야기하는 사람, 그리고 짧은
점선은 하나의 유니트에서의 부분생략, 긴 점선은 복수의 유니트 생략
을 의미하며, O의 감상은 인터뷰 직후나 녹음을 반복해 들어가면서 축
어록을 작성할 때 행한 메모를 기초로 논문집필 중 1999년 재구성한
것이다.

① 풍경으로서의 이야기 :「난 들판을 너무나 좋아했었어~」

O: 어렸을 때의 일 중에 가장 기억에 남는 풍경은 어떤 것이 있어요?
L : 가장 기억에 남는 건 내가 어렸을 적에 살던 곳, 바다의 풍경이야.
  걸어서 5분 … 바다의 소리, 냄새 … 그렇지만 그저 단순한 바다
  의 풍경이 아닌 들녘(들판)의 풍경이라고 하지 않으면 안되는 -,
  아침에 일어나면 자욱한 안개 속에서 …. 뿌우뿌우하는 무적소리
  를 듣곤 했어. 그 소리를 듣고 있으면 무언가 쓸쓸한 기분이 되곤
  했지. 아직 어린아이였던 내가 말야-. (풍경회상 타입)

  들판이라는 개념, 내가 쏘다니는 그 공간은, 나무가 있고, 내창
  (건천)이 있고, 바위들도 있는 … 그런 자연과 일들 모든 것을 합
  한 것이야. 그것을 난 들판이라는 개념으로 설명하고 싶은 거야.
  촌(시골)에 정기적으로 갔었는데, 그 시골은 내겐 완전한 들판의
  전형이었어. 언제나 생기있고 싱싱했지. (평가의미부여 타입)

  이런 것들을 서울이나 어디에 가더라도 찾거나 바라는 상태가
  되곤 했지. 그런 곳에 있으면, 특히나 …자연스럽게 떠오르곤 했
  어. 시골의 휴식처, 피난소, 가족의 구심점과 같은 것을 추구하는
  그런 완벽한 개념으로서의 들판이었던 것이지. 너무나 좋아서 한
  곳에 가만히 있을 수 없었어. 끝. (평가의미부여 타입)

(O의 감상) : 필자의 질문에 의해 이야기가 시작되었지만, 차츰 연상에 연상을 더해가면서 정말로 지금, 눈 앞에서 바다가, 산이, 들판이 보이는 것같은 느낌으로 너무나 차분하게 천천히 말하는 가운데 시간이 완만하게 흘러가는 분위기였다. 듣는 사람인 필자도 그가 이야기 하는 내용과 함께 편안한 감상자가 되어 더불어 원풍경 속을 여행하고 있는 느낌이었다. 그리고 이야기의 한 단락이 끝나는 듯한 잠시 뜸을 들일 때, 그 이야기하기 속에서 몇 번인가 등장하는 「사라봉」과 「동굴」이라는 것에 착안하여 필자가 동굴탐험에 대한 질문을 다시 했다.

② 사건으로서의 이야기 : 「동굴탐험은 영웅적 행위였어~」

O : 사라봉에 갔었다고 했는데, 자주 갔었나요?

L : 초등학교 5학년 때부터 갔었는데, 1년 365일 매일이라는 뜻이 아니라 자주는 갔어 … 어디에 가면 동굴이 몇 개 있다는 소문이 돌곤 하면, 그 곳을 전부 갔다오곤 했어. 사라봉에 있는 동굴은 전부가 본 것 같아 … (사실설명 타입)

O : 동굴 속 끝까지 들어갔어요?

L : 그건 2가지 종류가 있어. 「넌 여기 들어가 본 적이 있어? 들어가 보지 못했지?」「난 저번에 들어 갔었어」하며, 「너도 들어가 봐, 어서 빨리 들어가 봐」하거나 하면, 「싫어, 너 먼저 들어가 봐」하는 상황이 발생해. 「그래, 내가 먼저 들어 간다」고 하면서 내가 혼자 들어 가는 거야. 그것이 영웅이 되는 것이 거든 … (행위서술 타입)

지금은 확실하게 전부 기억하지 못하지만 자연과 같이 생활하는 것, 그런 것이 너무나 좋았어. 그런 속에서 상당한 가능성과 창

조성이 개발되는 것 … 확실히 간직하고 있는 어린 시절의 추억이지. (평가의미부여 타입)

(O의 감상): 구체적인 이야기였기 때문에 필자의 질문도 자연스레 많아졌다. 좀 전의 차분한 분위기는 없어졌다. 어느 사이엔가 말소리의 톤이 높아졌고, 신체의 움직임도 활발해졌다. L은 동굴탐험에 대한 이야기에 열중했다. 벽에 기대어 비스듬히 앉아 있던 자세도 바로 앉은 모습으로 변했다. 동굴탐험이 얼마나 어려운 것인가를 피력하며 자신을 영웅으로서 설명했다.

그의 얼굴은 만족한 듯한, 마치 영웅이 된 것같은 표정이 되었다. 동굴탐험 이야기를 들으면서 필자는 몇 번인가 큰 소리로 웃었다. 재미있었다. 동굴탐험을 하고 있는 소년들의 행동이 바로 눈 앞에 펼쳐지는 것 같았다. 그리고 40세도 넘은 L이, 그렇게 즐겁게 열중하여 자랑스럽게 이야기 하고 있는 그 표정이나 음성과 신체의 움직임들이 마치 어린아이로 되돌아 간 것 같은 모습이 이제도 눈에 선하다. 우습고 재미있다. 동굴탐험의 이야기로부터 하나 둘 화제가 변해갔다. 그리고 차츰 나의 질문은 사라져갔고 질문이 필요 없을 정도로 L은 혼자서 열변을 토해내기 시작했다.

③ 평가로서 이야기 : 「인류문명의 최고의 지향점은 인간과 자연이 관계하는 평화·안정에 있다!」

L: 어쨌든 … 우리들은 집요할 정도로 추구했지. 너무나 좋아해서 추구했지 … 다행인 것은 거기서 순화되어 보다 많은 이야기를 자신과 하게 되었고, 다양한 감상과 새로운 발견을 많이 하게 되었다는 점이었어. (평가의부여 타입)

어린 시절에 좋았던 공통분모를 든다면, 또 동서고금을 막론하고 가장 평화로운 정경이라고 한다면 … 자연인 것, 농촌다운 것, 들판 같은 것 … 바다의 수평선과 잔잔한 파도 …. 그런 것이 대체로 거론되지 않을까 해. 인류문명이 추구해 온 최고의 생활의 지향점이지 않을까 해 … 문명의 귀착점은 사실상 건강과 평화 … (주장·연설 타입)

(O의 감상) : 이 부근에서 녹음이 끝났다. 예상외로 이야기가 크게 전개되었다. 푸르른 하늘과 인류문명 —안락·평화·해방이라는— 어린 시절의 일 등을 하나로 연결하여 이야기했다. 이야기 내용이 완전히 변해버렸다. 이미 자신의 체험에 대한 이야기가 아니다. 가치관·사상을 이야기하고 있는 것 같았다. 이야기한다라기 보다는 강의·연설을 하고 있는 듯한 힘이 들어 간 목소리로 박력을 느끼게 하는 시간이었다. 인간일반·인류에 대한 이야기를 하고 있다. 그렇지만 그 자신의 어린 시절이 그 배경이 되어 연결이 되어 있는 듯하다. L은 열변을 토했다. 필자의 질문은 나오지 않았다.

L은, 「들판」에서의 다양한 체험을 「영혼과의 대화」라고 하거나, 「동굴탐험」을 하는 건 어린이 세계에서의 「영웅」이 되는 것이었다. 이러한 것들 전부는 「자연과 생활」이기도 하고, 이런 체험을 한 자기자신은 「지금, 바람직스러운 사람」이 되었다고 이야기하고 있는 것이다. 나아가 이러한 점들은 자기 개인에 머무는 것만이 아니라, 「인류가 지향해야만 할 방향으로서의 평화나 건강, 안락」이 아닌가 하는 이야기를 했다. L의 원풍경은, L자신의 기반·근거의 바탕이 되는 공간·풍경·장소와 관련된 체험이야기인 것이다. L은 본래 「들판」이라는 키(key) 개념화

되는 여러 장소에서의 체험에 의해 자기자신이 바람직스러운 사람이 되었다는 자기 아이덴티티를 나타내는 자신의 이야기·나의 이야기로서의 원풍경이 되고 있는 것을 볼 수 있었다.

4. 원풍경의 「공동성」은 무엇을 기준으로 어떻게 설명할 수 있는가?(공동 이야기하기로부터)

같은 지역에 살고 있는 사람들과 같이 이야기하는 속에서 무엇을 기준으로 그 지역 사람들의 공동성이 나타나고 있다고 볼 수 있을 것인가. 당시에는 「아직 모르겠다. 해 보면서 찾아내는 수밖에 없다」라는 감각으로 조사에 들어갔다.

이주자들을 포함하여 제주도에 살고 있는 조사대상자 복수의 사람들 속으로 나자신도 참가자로 들어가서 같이 서로 이야기하기 조사를 행하였다. 참가해서 느낀 감상은, 「어쨌든 재미있다!」, 「이 사람들과 무엇인가 더 서로 잘 알 수 있게 되었다!」와 같은 신선하고도 특별한 감각이 생겨났다. 녹음된 내용으로 축어록을 작성한 다음, 개인 이야기하기의 분석을 통해 산출해 낸 「풍경적·사건적·평가적」이라고 하는 개념으로 내용이 구성됨을 결국 확인할 수 있었다.

표 4-1 공동 이야기하기에 걸친 유니트 분석의 예와 개념

유니트	축어록	참가타입
9. 놀이행동의 범위	① 그 때는 사라봉이라고 하면 아주 먼 곳이었어. (영)	화제제공
	② 난 산천단까지도 걸어서 갔지. (금)	부연설명
	③ 산천단까지! (필자)	수락반응
	④ 물론, 볼래(가을철 나무열매)를 따먹거나 했어. (영)	부연설명

	⑤ 우리가 학교 다닐 때는 사라봉, 산천단은 보통으로 걸어 다녔어. (인)	부연설명
	⑥ 그런데 지금 여기 와서보니 숨막혀. 마를 공간들이 없어지고 이 시내에 … (금)	부연설명
16. 내창(건천)	① 예전엔 그 내창이라는 게 말야, 굉장하게 (금)	화제제공
	② 목욕하기도 했고…(영)	부연설명
	③ 응! (인)	수락반응
	④ 내창이 뭔데요? (은)	확인회전질문
	⑤ 강, 작은 하천 … (필자)	부연설명
	⑥ 마른 내(하천)라고 해서 제주도에서는 건천이라고 하는, 평상시에는 그 하천의 밑바닥인 창이 보이기 때문에 …(영)	부연설명
	⑦ 그래서 내창이라고 하는구나. (필자)	수락반응
	⑧ 그럼그럼, 하지만 또 비가 내리면 …(영)	부연설명
	⑨ 거기 물속에 들어가서 놀 수 있어요?(은)	확인회전질문
	이하 생략	

* 9.와 16.은 유니트 구분 번호, 원형숫자는 이야기하는 사람의 순서이고, ( )안은 이 야기하는 사람의 이름, …의 점선은 유니트 내용의 생략을 뜻함.

다음으로, 공동 이야기하기의 축어록을 활용해서 공동성을 포착하기 위한 개념장치를 만들어 나갔다. 축어록을 자세히 들여다 보면서, 특히 이야기하기에 발화자로서 끼어들 때 어떤 입장에서 이야기하기에 참가하고 있는가가 다르다는 것을 알게 되었다. 그것을 검토해서 표 4-1에서처럼 개념장치를 만든 것이 네 가지의 「참가타입」이고, 이 개념장치를 써서 이야기하기 전체에 적용해가면서 들여다 본 것이 그림 4-1로 나타낸 「공동성의 생성과 변용의 구조와 공동성의 레벨」이다.

복수의 사람들이 모여 앉아 어린시절의 체험을 이야기 할 때, 처음에는 「지금, 여기」에 마주한 「개개인」이었다. 처음에는 각각이 「나는」이

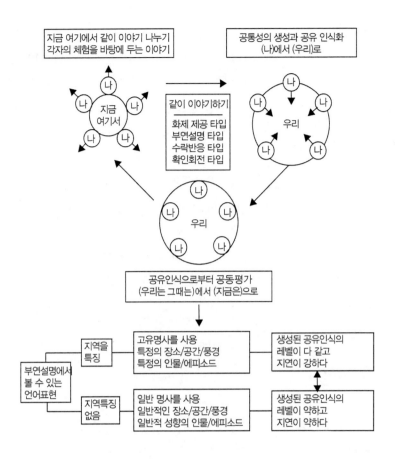

지금 여기에서 같이 이야기 나누기
각자의 체험을 바탕에 두는 이야기

공통성의 생성과 공유 인식화
(나)에서 (우리)로

같이 이야기하기

화제 제공 타입
부연설명 타입
수락반응 타입
확인회전 타입

공유인식으로부터 공동평가
(우리는 그때는)에서 (지금은)으로

부연설명에서
볼 수 있는
언어표현

지역을
특징

고유명사를 사용
특정의 장소/공간/풍경
특정의 인물/에피소드

생성된 공유인식의
레벨이 다 같고
지연이 강하다

지역특징
없음

일반 명사를 사용
일반적인 장소/공간/풍경
일반적 성향의 인물/에피소드

생성된 공유인식의
레벨이 약하고
지연이 약하다

그림 4-1 서로 이야기하기 가운데 나타난 원풍경의 공동성의 생성과 그 레벨

라며 자기의 체험을 말하지만 개인의 「나의 이야기」로만 끝나지 않는
다. 누군가가 자신의 체험을 소재로 하여 이야기를 풀어가면(화제 제공),
그 말에 동의하거나 끼어 들거나 하면서 새로운 내용을 추가하는(부연설
명) 사람이 있다. 또 이야기에 놀라움을 표시하거나 받아들이며(수락반
응) 이해해 가는 사람이 있다. 화제의 내용이나 말/단어 자체를 모르는
사람 또는 더 자세히 알고 싶은 사람은 질문을 한다(확인회전질문). 그리
고 이야기에 나오는 화제나 자기들의 체험을 이해하고 공유하는 우리들

로 변화해 간다.

결국, 「지금, 여기서」 마주하여 어린 시절의 체험을 서로 이야기할 때, 「나와 내」가 어느 틈엔가 「우리」로 그 주어가 변하고, 그 때의 저기 그 장소나 그 때의 저런 체험들이 공유되어 가기 시작한다. 「나는」으로 시작한 「개인 이야기」가 「우리 이야기」로 변해가는 것이다. 이렇게 「개인(나)」으로부터 「우리(공동)」로의 생성과 변화는 부연설명이라는 작용이 가해지는 유니트에서 발생하였다. 거기에서는 「나」로부터 「우리」로 주어가 변화하고, 「공유하는 우리들」과 「색다른 지금의 어린이들」, 「예전의 우리가 체험한 공간·장소」와 「현재의 공간·장소」, 「그 당시의 저기(장소)」와 「현재의 이 장소」 등 대칭적으로 표현되어 나오는 동시에 「그것들을 함께 공유하는 우리들」이라는 새롭게 공유인식화 하는 형태가 되고 있다.

5. 마치면서

위의 제3절에서는 개인 이야기하기로, 제4절에서는 공동 이야기하기로 행한 질적 연구방법의 과정과 분석의 예를 들어 보았다. 먼저, 사람들과 자연스럽게 이야기 할 수 있는 현장의 마련, 이야기하기(인터뷰), 녹음과 축어록 작성, 개념만들기와 이론(가설)의 생성 등을 연이어 시도한 것이다.

원풍경은 단순한 경관, 물리적 장소가 아닌 각 개인의 상기활동과 정동체험과 함께 엮어져 나오는 이야기(네러티브)라는 심리학적 개념으로서 다시 자리매김 되어야 함을 질적 연구를 통해 일단락 되었던 것이다.

즉, 개인 이야기하기에서 나타나는 원풍경이라는 개념은, 그 각각의 개인인 「나」를 근거로 하는 「나의 사적 이야기·나의 아이덴티티」인데, 특히 자기 아이덴티티의 하부로서 「장소 아티덴티티(place identity)」가

맞물리게 된다(Proshansky, Fabin & Kaminoff, 1983). 또, 공동 이야기하기를 행하는 「지금, 여기」에서 지역의 공간·풍경·장소와 관련된 기억이나 체험을 서로 공유해가는 가운데 「우리라는 공감대」가 생성되어 재공유, 공유인식화 해가는 과정은 지역다운 것의 발견이나 깨달음이며, 또한 지역에 사는 사람들과 함께 한다는 공동성(우리라는 공감대)을 빼놓고서는 생각할 수 없는 마을만들기·지역재생활동·커뮤니티운동(傘木, 2004; 西村, 2007; 山崎, 2012) 등에도 커다란 시사점이 된다고 판단된다.

선행의 질적 연구방법과 그의 연구 성과물들을 접하고 연구를 해오는 동안, 물론 양적 연구를 수행해 본 경험 안에서 나는 질적 연구의 매력에 빠진 것을 부인하지 못한다. 특히 서로 이야기하기로 연구의 결과를 도출하기까지 관련 데이타를 무수히 반복해서 검토해 가면서, 국면을 파고들며 심리학·인류학·건축학·조경학 등의 분야에 이르기까지 토론하고 직접 자료를 획득하고 확인하는 과정을 통해 다듬어지는 질적인 연구방법으로의 접근은 소중한 경험이었다. 질적인 연구방법도 양적인 연구방법도 연구목적을 추구하기 위한 수단이지만 나의 개인적인 취향은 질적 연구쪽이 더 큰 듯하다. 「생활자로서의 나」와 「연구자로서의 나」를 분리시키지 않고(분리시키지 못하고) 그 양쪽을 왕복하는 속에서 보게 되는 시점과 함께 연구에로의 물음과 방법을 택하여 탐색하는 것을 더 좋아하고 있는지도 모르겠다.

인용문헌 ────────────────────────────

伊藤哲司·山本登志哉編著(2011). 日韓傷ついた関係の修復ー円卓シネマが紡ぎだす新しい対話の世界 2 京都：北大路書房.
傘木宏夫(2004). 地域づくりワークショップ入門ー対話を楽しむ計画づくり

東京：自治体研究社.

南　博文(1994). 環境心理学―基本はフィールドから学ぶこと　AERA Mook No3 心理学がわかる（pp. 26－27）朝日新聞社.

南　博文(1995). 子どもの生活世界の変容―生活と学校の間―内田信子・南博文(編著) 講座生涯発達心理学3 子ども時代を生きる―幼児から児童へ―第1章(pp. 1－26) 金子書房.

西田幸夫(編)(2007). まちづくり学―アイディアから実現までのプロセス　東京：朝倉書店.

呉宣児・無藤隆(1998). 自然観と自然体験が環境価値観に及ぼす影響　環境教育 7－2, 2－13.

呉宣児(2000). 語りから見る原風景：語りの種類と語りタイプ　発達心理学研究 11(2), 132－145.

呉宣児(2001). 語りからみる原風景：心理学からのアプローチ　東京：萌文社

呉宣児(2006). 地域デザインにおける「原風景」の共同性―理論的・実践的モデルの考察―『MERA Journal(人間・環境学会誌)18, 1－10.

Proshansky, H.M., AFabin, A.K., & Kamionoff, R.(1983). Place－identity: Physical world socialization of the self. *Jaurnal of Environmental Psychology, 3,* 57－83.

佐藤郁哉(1992). フィールドワーク：書を持って街へ出よう　東京：新曜社

高橋登・山本登志哉(2016). 子どもとお金：お小づかいの文化発達心理学　東京大学出版会.

山本登志哉・伊藤哲司(2005). アジアの映画をアジアの人々と愉しむ　京都：北大路書房.

山崎亮(2012). コミュニティデザインの時代―自分たちで「まち」をつくる　東京：中公新書.

구체성과 추상성을 넘나드는 모델

타가키 마사쿠니(田垣正晋)

1. 1990년대말의 질적 연구

나는, 나 자신의 대학원 시절의 연구생활을 떠올려 보면서 오선생의 석사논문이나 박사논문 집필에 관한 에피소드를 읽었다. 오선생과 나는 연구시간이 좀 어긋나는데, 나는 1990년대 말부터 2000년대 초에 대학원생이었다. 재적했던 연구실도 서로 다르지만 나를 기준으로 보면 오선생은 질적 연구에 관한 한 선배와 같은 존재이고, 이야기하기에 관한 논문의 집필에 대해서도 많은 조언을 받은 적이 있다. 그 즈음 심리학 분야에서 질적 연구가 중시되기 시작한 때였는데 필드워크와 이야기하기(네러티브) 또는 라이프스토리 연구가 수업이나 연구회, 학회 등에서 다루어지고 있었다. 그러나 질적 연구를 활용한 사독논문은 주요 학회지를 통틀어 보아도 조금밖에 보이지 않는 정도여서, 나는 질적 연구는 받아들여지기 어렵겠다는 생각을 하고 있었다. 연구자 동료들도 질적 연구의 존재를 알고 흥미를 느끼면서도 당시의 주류였던 양적 연구를 활용해서 학위논문을 쓴 사람이 많았다.

2. 이야기의 내용과 이야기 방식에 주목

이와 같이 질적 연구가 드물었던 현실에서 오선생의 연구는 선도적이었다. 첫째로, 이야기하기의 연구 대상에는 이야기되는 내용자체와 이야기하는 방식, 두 가지가 있다는 것을 제시하고 있다. 뿐만 아니라 여기에 「원풍경」이라는 즉, 시각적 기억을 분석대상으로 하고 있다. 그리고 둘째로 오선생 자신이 기술한 것처럼 대상자 한 사람에 의한 이야기하기(개인가타리)뿐만 아니라 오선생과 복수의 협력자와의 공동으로 이야기하기(공동가타리)를 다루어 가고 있는 것도 주목할 가치가 있는 대목이다. 이야기하기는 말하는 사람의 사고가 반영되어 그 이야기하는 사람의 '내측'으로부터 '외측'에로 표출되는 것으로 포착하기 쉽다. 그러나 오선생은 이야기하기(가타리)가 이야기하는 사람들의 상호작용에 의해 생겨난다는 것을 전면에 내걸었다. 전자의 입장은 라이프히스토리 연구 등에서 흔하게 통용되고 있는 방법이지만, 후자는 이야기하기에 대한 이론적 입장이 충분히 정리되지 못한 당시로서는 참신한 연구였다고 말할 수 있다. 양적 연구가 표방하는 객관성이나 제3자성이 전제되던 시기에 있어서 연구자가 아는 사람을 협력자로 삼고 있는 것도 특기할 만한 일이었다. 현재는 연구자와 이야기하는 사람과의 상호작용을 적극적으로 중시하거나 연구자와 협력자가 연구적 측면 이외에서도 밀접한 관계를 유지하며 행하는 연구가 정착되고 있다. 이것은 오선생과 같은 파이오니아적 연구가 토대가 되어 만들어진 결과라 할 수 있다.

오선생의 연구의 하이라이트는, 개인이야기하기(개인가타리)의 연구에서 도출된 「풍경적」·「사건적」·「평가적」이라는 세 가지의 유형뿐만 아니라, 공동이야기하기(공동가타리)의 분석을 통하여 이 세 가지 이야기하기 유형의 관계를 검토해서 최종적으로 모델그림을 만들어 낸 것이다. 질적 연구에 한정하지 않고 실증적 연구의 데이터 분석에 있어서는, 분류항목과 그 카테고리 사이의 상호작용을 만들어 내는 것에 역점을 두기 쉽다. 오선생의 연구는 여기에 머무르지 않고, 이야기하는 사람의 처한 입장, 설명하고 질문하는 행위, 이야기하기에 있어서의 시간/시제나 장소에 주목하여 모델을 구성하고 있다. 그림으로 제시한 모델을 보면 잘 알 수 있듯이 추상적 정리와 이야기하기로부터 도출된 구체적인 카테고리 쌍방이 균형있게 독자들에게 잘 전달되고 있다. 이러한 점은 야마다(2001) 등의 연구자가 질적 연구의 특징으로서 중시하고 있는 것이기도 하다. 독자들은 추상도를 갖춘 의미의 정리와 구체적인 에피소드를 넘나드는 게 가능하다.

나는 질적 연구가 모델구성을 목표로 해나가면서도, 실제로는 제현상에 대해 두터운 기술에만 그쳐도 괜찮다는 생각을 하고 있었다. 그러나 오선생의 이런 정도의 모델 그림을 보면, 역시 질적 연구가 목표로 삼아야만 하는 것은 모델의 구성에 있지 않을까 하고 다시 생각하게 된다.

3. 지역(커뮤니티) 만들기에의 시사점

자신의 주변에 관한 것을 연구할 때 하나의 과제로서, 자명한 것을 언어화 해야 하는 곤란성이 있다. 나는 일본에 있는 장애인 시책에 관한 주민회의에 대한 연구를 해외의 학술잡지에 투고했을 때, 편집자로부터 일본의 특징을 부각시킬 것을 요청받았다(Tagaki, 2017). 한 마디로 말하기는 좀 어렵지만, 일본의 장애인 시책은 선진국과 비교해서 손색이 없는 것으로 생각하고 있었기 때문에 일본의 특징을 생각해 내기 위해 매우 고생했다.

오선생도 주변의 친숙한 풍경을 연구하면서 비슷한 곤란성을 경험했을 거라고도 보지만, 제주도 출신의 유학생이라는 입장이 분석에 유익했던 것은 아닐까. 즉 내부인의 시점과 외부인의 시점 각각의 특징을 동시에 가질 수 있었지 않았을까 하고 생각되기 때문이다. 전자는 협력자가 이야기하는 것을 섬세하게 해석할 수 있었다는 것, 후자는 이야기되는 내용에 관하여 참신한 감각을 가지고 그 이야기로부터 거리를 유지하며 분석할 수 있었다는 것을 뜻한다.

이러한 점은 국내의 지역연구에서도 잘 나타나고 있다. 결국 연구자가 처한 위치로는, (1) 지역외 출신으로 지역 외부에서 계속 드나드는 경우(예를 들면, Tagaki, 2017) (2) 지역 외 사람이 지역에 장기 체재하는 경우(예를 들면, 기쿠치, 2016) (3) 지역출신이면서도 지역 외부에서 계속 드나드는 경우(예를 들면, 타카기, 2007) (4) 지역출신인 사람이 지역에 살면서 행하는 경우의 네 종류가 있을 수 있다.

연구기관의 분포나 해당 지자체의 의향 등의 사정이 있어서 어떤 유형이 바람직스러울 것인가를 결정하는 것은 어렵지만 각각 연구의 특징이 나타날지 모른다. 이 처럼 오선생의 연구는 방법론으로서 지역만들기에 대한 고찰에도 시사하는 바가 커서 향후의 전개가 또한 기대된다.

菊地直樹(2015). 方法としてのレジデント型研究 質的心理学研究, *14*, 75-88.

田垣正晋(2007). 障害者施策推進の住民会議のあり方とアクションリサーチにおける研究者の役割に関する 方法論的考察 実験社会心理学研究, *46*, 173-184.

Tagaki, M.(2017). Action research on drafting municipal policies for people with disabilities in Japan. Sage Open. http://journals.sagepub.com/doi/full/10.1177/2158244017723050.

やまだようこ(2001). 現場心理学における質的データからのモデル構成プロセス― 「この世とあの世」イメージ画の図像モデルを基に 質的心理学研究, *1*, 107-128.

교실 내 토론에서 나타나는 학생 감정의 역할

도승이(Do Seong Lee)

South Korea

교실 내 토론에서 나타나는
학생 감정의 역할

도승이(Do Seong Lee)

1. 질적 연구와 나

나는 질적 연구에 임할 때에 언제나 조금은 차원이 다른 행복감과 즐거움을 느끼는데, 이러한 감정이 학생들에게도 고스란히 전달되고 논문을 읽는 독자들에게도 전달되기를 바란다. 그 이유가 무엇인지 곰곰이 생각해 보면, 아마도 처음 질적 연구를 접했을 때 즐거웠던 경험들이 나의 뇌리에 박혀 있어서 그 시기로 돌아가기 때문인 것 같다.

나는 박사학위논문을 근거이론(Strauss & Corbin, 1998) 분석법을 사용하여 연구한 질적 연구자이지만, 그 이전까지는 완벽한 양적 연구자였다. 질적 연구와 나의 관계는 양적 연구자인 내가 어떻게 질적 연구에 입문하였는지, 그 과정이 어떠했는지에 대한 이야기이며, 한국으로 돌아와서 근거이론 분석과 질적 연구를 10여 년 강의를 하면서 느낀 점에 대한 이야기이기도 하다.

양적 연구자에서 질적 연구자로

나는 '정서'라는 주제를 연구하기 위해 1993년 미국 유학에 올랐었다. 학창시절의 여러 가지 경험으로 나는 감정, 정서를 연구해보고 싶다는 생각을 하게 되었다. 그 당시 정서에 대한 연구는 미국 심리학에서도 본격적 관심을 가지기 시작한 지 10여 년 정도가 되는 새로운 연구영역이었다. 정서수업을 청강할 때에나, 교수와의 개별 연구를 통해 정서를 탐색할 때에도 내가 다루던 모든 연구는 양적 연구들이었다. 나는 통계와 양적 연구방법을 좋아하고 실험을 하는 과정도 매우 즐거워하는 학생이었다. 정서에 대한 연구결과를 탐독하면서, 미국이나 유럽 학자들이 정서의 속성을 알아내고자 하는 노력과 결과들에 외경감을 가졌었다. 교육심리 박사과정에 진학해서도 많은 양적 연구방법 과목을 수강하였고, 3학기에 걸쳐 정서에 대한 실험연구를 지도교수 Diane, 동료 대학원생과 함께 수행한 경험도 있다. 그때까지 나는 내가 박사학위 논문을 질적 연구방법론을 사용하리라고는 꿈에도 생각하지 않았다.

그러나 돌이켜보면, 그 당시 나의 대학원 환경은 질적 연구로도 손을 뻗을 수 있는 환경이었다. 텍사스대학 교육심리 전공 대학원에서는 질적 연구의 필요성이 이미 받아들여져서 양적 연구와 질적 연구를 함께 수행하는 교수님들이 계셨다. 나의 지도교수 Diane은 언어심리학자여서 질적 연구를 주로 수행하면서 양적 연구도 병행하고 있었다. 내가 질적 연구를 하기로 결심하고 수강한 질적 연구방법론 과목의 Emmer 교수님은 실험연구와 통계과목도 강의하시는 분이었다.

양적 연구에만 집중하던 때에 한번은 Diane 교수님이 나에게 웃으면서 너는 왜 내 언어심리학 과목을 수강하지 않느냐고 물은 적이 었었다. 그때 난 언어를 다루는 것은 내 스타일이 아니고 숫자가 더 좋다고 답했던 기억이 난다. 나는 기존 연구를 탐독하고 연구문제와 가설을 정하고 정교한 실험설계 하에 실험을 수행하고 통계기법을 통해 자료를 분석하여 결론과 논의를 도출하는 과정이 매우 합리적이라고 생각했다. 그리고 질적 연구 논문들로부터 어렴풋이 느껴지는, 연구자가 전면에 나오는 과정에서 나는 두려움을 느꼈었다.

결국 연구에서 중요한 부분은 내가 보고자 하는 현상을 제대로 보도록 돕는 분석도구를 선택하는 일이다. 특히 알고자 하는 현상이 기존 연구에서 많이 이루어지지 않은 신생 영역일 때에는 질적 연구가 그 답이다. 대학원 4년차에 내 박사논문의 주제를 정할 때였다. 여름방학 동안 그 사이 읽었던 논문들을 리뷰하고, 내가 하고 싶은 정서연구의 방향 등을 여러 각도에서 생각해 보았다. 나는 교실 상황에서 학생의 정서를 알고 싶었고, 교실 상황에는 교과내용적인 면도 있지만 사회적인 면도 존재한다는 Green 외(1988)의 주장에 동의하고 있었다. 그러나 이 부분에 대한 선행연구가 많지 않아 탐색이 쉽지 않았다. 특히 학생들이 사회적, 언어적 상호작용을 통해 지식을 구성한다는 사회적 구성주의에 영향받은 나는 교실 토론이 미래에 중요한 교육 현장이라고 생각했다. 그래서 나는 토론 상황에서 학생들의 정서를 알아보고자 하는 연구방향을 정하고 자연스럽게 지도교수와 함께 질적 연구를 하기로 결정을 내리게 되었다.

2. 교실토론에서 학생 경험의 촉진제로서 감정

지도교수 Diane과 함께 한 질적 연구는 즐거운 여행과 같은 행복했던 추억이다. Diane은 내가 질적 연구 자체의 묘미를 온 마음으로 느낄 수 있도록 해주었다.

(1) 자료수집과 분석과정

토론에서 학생들의 정서경험을 알아보기 위하여 우리는 함께 연구를 조심스럽게 기획하였다. 관찰과 인터뷰 자료를 비롯하여 간단한 설문자료(학기초, 학기말, 수업전, 수업후)도 수집하였다. 내가 관찰한 토론수업은 금요일 아침 9시부터 12시까지 수업이었고, 학생들은 졸업 후에 교사가 되고자 하는 학생들이었다. 학생들은 교수가 지정한 학습관련 이론 논문 2-3개를 미리 읽어 오고, 약 20-30분간 교수가 그날의 토론 주제와 요약을 소개한 후에 학생들이 자유롭게 토론에 참여하였다.

학기초에 나는 관찰자로서 소개된 후에 수업관찰을 시작하였다. 지금도 기억나는 경험은, 학기초에 내가 관찰노트에 뭐라도 쓰려고 하면 미국 학생들이 일제히 모두 나를 쳐다보는 경험이었다. 얼굴이나 행동에 표시가 나지 않도록 노력했지만, 난 집에 와서 '내가 너무 행동을 크게 했나'하는 자책이나 걱정을 하기도 했다. 꾸준히 주기적으로 관찰하면서, 학생들도 나를 더 이상 크게 신경쓰지 않게 되었다. 그래서 난 관찰에서 초반에 겪는 내부의 감정적 리액션이 클 수 있고, 지속적으로 참여(prolonged engagement)하여 연구 맥락에 자연스럽게 흡수되었을 때 관찰한 정보가 믿을 만한 자료라는 점을 배우게 되었다.

학생들이 나에게 어느 정도 익숙해진 한 달 뒤부터 인터뷰를 실시하였다. 학생들의 감정을 최대한 생생하게 듣기 위하여, 토론하는 학생들의 비디오를 찍고 3일 이내에 인터뷰를 하였다. 매주 2명에서 3명 정도 학기를 마칠 때까지 토론수업의 16명의 학생들을 모두 인터뷰하였다. 워낙 토론 상황에서의 정서 연구가 부족했기에, 비디오를 멈추고 "이 때에 당신의 생각과 감정이 무엇이었나요?"라고 간단히 묻는 것이 주요 질문이었다. 상황에 따라 탐색적인 질문을 하긴 했지만 주로 학생들이 자유롭게 대답을 이어갔다.

인터뷰 자료분석을 하면서 나는 본격적인 질적 연구자의 길을 걷기 시작했다. 질적 연구에서 인터뷰 자료의 분석과정은 인터뷰 대상자의 세계와 나의 세계가 만나고 상호작용을 하는 과정이었다. 그것은 단편적이고 간단한 과정이 아니라 실제로 사람을 만나고 있는 듯한 역동적인 과정이었다.

　나는 Diane과 주기적으로 만나면서 자유롭게 의견을 나누면서 자료를 분석해 나갔다(expert debriefing). 지도교수와 주기적 만남에서 기억나는 경험을 한 가지 소개하겠다. Mary라는 학생의 자료를 분석할 때였다. Mary는 성적이 매우 우수한 학생이었으나, 토론 내내 주로 다른 학생의 화난 표정에서 부정적 감정을 강하게 느끼는 등 토론의 사회적인 면에 감정의 초점을 맞추고 있었다. Mary의 자료를 본격적으로 분석하고 있을 때 왠일인지 나는 지도교수와의 주기적인 미팅에도 가고 싶지 않았다. 마침 미국 친구들에게 나도 모르게 그 얘기를 하게 되었는데, 친구들은 교수님과 얘기를 해봐야 할 것 같다는 조언을 해주었다. 내가 Mary의 상황과 감정을 장황하게 설명하는 것을 듣고는, Diane은 나에게 "I think you are too attached to Mary(내 생각엔 네가 메리에게 너무 애착을 느끼는 것 같아.)"라고 말씀하셨다. 난 이 말을 듣고 정신이 번쩍 들었다. 나는 자료를 분석하면서 Mary에게 내 감정을 이입하고 있었지만 전혀 알지 못하고 있었다는 것을 깨달았다. 그 당시 미국 사회 분위기(9·11 테러 직후)로 나 역시 좀 우울한 기분이었고, 무의식적으로 내 감정을 Mary에게 이입하여 인터뷰 자료에 나타나 있지 않은 Mary의 상황을 상상하여 말하고 있었던 것이다.

　또한 자료분석이 진행됨에 따라 질적 연구를 이미 수행했거나 양적 연구를 한 대학원 동료들과도 나의 자료에 대해 대화를 하거나 조언을 구하는 과정을 거치게 되었다(peer debriefing). 이 만남들로 인해 나는 연구자가 전면에 나서는 데에 따른 두려움을 극복할 수 있었다. 다시 말해, 나는 인터뷰를 분석하면서 사이사이 느꼈던 손에 잡히지 않는 불분명한 느낌을 크게 개의치 않을 수 있었고, 내 나름의 방식대로 서술하고 정리하는 과정이 아무 문제가 없다는 주체적인 느낌을 가지게 되었다. 나아가 나의 생각을 자유롭게 얘기하면서 자연스럽게 나의 편향을 깨달을 수 있었다. 이러한 편향을 제쳐놓고 자료를 분석하여 토론에서 학생들이 겪는 정서 경험을 그 자체로 최대한 독자에게 전달하고자 노력하게 되었다. 자료수집 과정에서 Prolonged engagement, 자료분석 과정에서 하는 expert debriefing, peer debriefing은 질적 연구의 신뢰성(trustworthiness)을 높이는 방법들이다(Lincoln & Guba, 1985).

(2) 분석결과

근거이론 분석법은 대체로 개방코딩(open coding), 축코딩(axial coding), 선택코딩(selective coding) 단계를 거친다(Strauss & Corbin, 1998).[1] 개방코딩 단계와 축코딩 초기 단계에서, 나는 자료에서 학생들의 감정과 그들의 인지 및 행동이 어떻게 상호작용하는지에 관한 개념(concept), 속성(property), 차원(dimension)들을 찾아낸 후 공통되는 카테고리(category)들을 찾아냈다. 이 단계에서 나는 계속해서 반복적으로 인터뷰 원자료를 리뷰하고 확인하여 더 이상 새로운 개념, 속성, 차원을 찾아낼 수 없을 때까지 계속하였다.

나는 토론 상황에서 학생들의 경험을 감정, 인지, 행동의 측면에서 분류하고, 이들 간의 상호작용을 알아보고, 다양한 관점에서 분석을 하였다. 예를 들어, 같은 수업에 대하여 2-3명의 학생을 인터뷰하였으므로 토론의 공통 상황에 대한 학생들의 정서적 반응에서 유사점과 차이점을 분석하였다. 이 수업 이외의 다른 수업들도 함께 수강하고 있는 「코호트(cohort)」 상황이라 학생들은 다른 학생들의 말하는 습관이나 빈도에 대해서도 특정한 감정적 반응 양식을 발전시키고 있었다. 또 다른 분석으

---

1) Corbin & Strauss(2008)에서는 선택코딩 단계를 없애고 선택코딩 단계의 과정들이 축코딩 단계에 포함되었다.

로 토론에서 정서적이고 인지적으로 풍성하게 경험하는 대표적인 10명에 대한 상세한 묘사(mini portrait)를 추가하였다. 이 묘사는 카테고리를 추출하는 데 도움이 되었고 독자들로 하여금 토론에 참여하는 학생들의 정서적 다양성과 역동성을 알 수 있도록 하였다. 분석결과, 7개의 카테고리와 19개의 하위 카테고리가 추출되었다. 카테고리의 예시로 첫째, 「누군가에게 주의를 집중하는 것은 긍정적 정서와 연관된다」, 하위 카테고리는 「말을 잘 하지 않는 학생(Non-talker)이 말하고자 결심했다면 그 내용은 좋을 거야」이다. 둘째, 「토론의 사회적 측면에 대한 강한 부정적 정서 반응은 토론에 참여하고자 하는 동기와 연관이 있다,」 하위 카테고리는 「Lola에 대한 강한 부정적 정서는 어떤 학생들에게 말을 하고자 하는 동기를 떨어뜨린다,」 「때로는 강한 부정적 정서가 말하고자 하는 욕구를 느끼게 한다: 나는 화가 나. 그래서 무슨 말을 할지 생각해」 등이 있었다. 마지막으로, 「토론 중 느껴지는 강한 부정적 정서(좌절한, 짜증난)의 대안으로 더 이상 듣지 않는 행동으로 이동한다」 등의 카테고리도 추출되었다.

축코딩 후기 단계에서 나는 카테고리 사이의 연결과 관계성을 찾고자 노력하였다. Strauss와 Corbin(1998)이 제안한 패러다임을 적용하여, 토론 상황에서의 학생의 감정, 인지, 행동이 일어나는 조건, 그들의 작용과 상호작용, 이로 인한 결과들을 찾아내고자 했다. 선택코딩 단계에서는, 토론 상황에서 학생 감정과정에 관한 모형과 핵심 카테고리(core category)를 발전시켰다. 나는 카테고리들로부터 이 핵심 카테고리가 자연스럽게 발전되도록 노력하였고, 계속해서 인터뷰 자료로 되돌아가 확인해 봄으로써 가장 포괄적으로 그리고 정확하게 자료를 반영한 핵심 카테고리를 구축하기 위하여 노력하였다. 그리하여 추출한 핵심 카테고리는 「감정: 토론 상황에서 학생 경험의 촉진제」로서 작용한다. 모형은 다음과 같다(Do & Schallert, 2004).

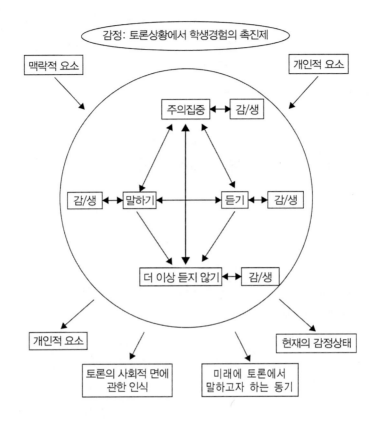

감정: 토론상황에서 학생경험의 촉진제

맥락적 요소

개인적 요소

주의집중 ◄─► 감/생

감/생 ◄─► 말하기 ◄─── 듣기 ◄─► 감/생

더 이상 듣지 않기 ◄─► 감/생

개인적 요소

현재의 감정상태

토론의 사회적 면에
관한 인식

미래에 토론에서
말하고자 하는 동기

그림 5-1 토론상황에서의 학생의 감정과정

　모형에서와 같이, 토론 상황에서 일어나는 네 가지 작용(action) 즉,
주의 집중(attending), 듣기(listening), 말하기(talking), 더 이상 듣지 않기
(tuning out)에 각각 학생들의 감정과 생각이 서로 역동적으로 상호작용
하고 있었다. 이러한 작용과 상호작용들은 이 수업의 맥락과 학생들의
개인 요소의 영향을 받으며, 네 가지의 결과에 영향을 미치고 있다는
것을 알 수 있었다. 네 가지 결과는 내용의 학습, 토론의 사회적 면에
관한 인식, 미래(이후)에 토론에서 말하고자 하는 동기, 현재의 감정상
태이며, 모형에서 제안한 현상은 매 순간, 매 수업, 그리고 한 학기 동

안 지속적으로 나타났다. 본 연구결과는 그 사이 밝혀지지 않았던 토론 수업 상황에서 학생들의 정서의 작용을 보여 주었고, 특히 학생들의 '더 이상 듣지 않기' 행동이 학생들의 부정적 정서에 의해 촉진되어 나타난 다는 점에서도 의의를 가진다.

3. 한국으로 돌아와서, 수많은 질문들

2003년 한국으로 돌아와서 10여 년 동안 질적 연구에 대해 많은 질 문을 받았다. 내가 양적 연구자에서 질적 연구자로 이동을 했고, 질적 연구 중 양적 연구에 근접한 편이라고 알려진 근거이론분석법으로 연구 를 했고, 질적 연구방법을 잘 사용하지 않던 사회과학 영역에 속해 있 기 때문에 많은 질문들을 받았다고 생각한다. 많은 질문에 대해 생각해 보고 대답하면서, 내가 미국 대학원에서는 생각해 보지 않았지만 한국 문화 속에서 연구자들이 고민하는 문제들이 대체로 무엇인지 느낄 수 있었다.

가장 자주 받았던 질문 중 하나는 양적 연구와 질적 연구의 패러다임 차이에 관해서이다. 한국의 사회과학 연구문화에서는 절대적으로 양적 연구가 팽배하였기 때문에, 연구자들은 논리실증주의를 기반으로 연역 적 방식으로 가설을 설정하여 자료를 수집하고, 통계적 방법을 통해 검 증한다. 반면 질적 연구에서는 연구자가 자료 속에서 참여자들의 의미 구조를 찾아가는 귀납적 방식을 택하고, 연구자 자신이 분석의 도구가 된다는 관점이다. 통계기법과 같은 도구에 의존하지 않고 연구자의 눈 으로 자료를 바라본다는 사실 자체가 연구자들에게 무척이나 어렵고 생 경하게 받아들여지고 있었다. 이것은 내가 이전에 가졌던 질적 연구자 가 연구 전면에 나오는 데에 따른 두려움과 연결되어 있다고 생각한다. 다시 말해, 자신의 생각을 잘 드러내지 않고 주변과 화합하는 것이 미덕인 한국 문화에서 연구자가 자신의 눈으로 자료와 상호작용하는 것은 매우 어려운 과정일 수 있다. 좋은 질적 연구를 하기 위해서는 참여자들의 인터뷰 자료와 적극적으로 상호작용하는 것이 필요하다. 이 부분에서 내가 생각하는 가장 중요한 과정은 연구자 노트를 잘 활용하면서 자료에 대해 민감성과 개방성을 키우는 것이다. 연구자 노트에서 자료에 대한 분석도 하지만, 분석을 하면서 겪는 감정적 어려움, 걱정 등도 표현하고, 자신의 세계도 점검하는 것이 필요하다.

질적 연구과정은 상당히 긴 기간을 요구한다. 따라서 이 과정이 연구자 스스로에게 즐거운 과정이 되도록 의식적으로 노력할 필요도 있다고 생각한다. 내 지도교수는 분석과정이 즐거운 과정임을 나에게 가르쳐주기 위해 노력하셨는데, 몇 가지 소개를 하고자 한다. 어느 날 Diane은 검정노트와 야광펜을 사주셨는데, 나는 그 노트에 학생들의 학기 중 정서에 대한 변화를 야광펜으로 정리하면서 매우 즐거웠던 기억이 난다. 하루종일 자료를 들여다 보고 있을 때에는 이런 작지만 색다른 경험은 분석의 재미를 더해준다. 또 다른 경험으로, 우리는 학술지 게재를 위해 논문을 작성할 때에도 유머로 이겨냈다. 논의에서 토론에서 학생들의 감정적 경험으로 인해 어떤 학생들에게 교실 토론은 "maelstrom(엄청난 소용돌이)"이라고 주장하였는데, 심사자는 너무 과한 표현이라며 삭제하기를 권했다. 우리는 이 용어와 문단이 학생들의 감정의 극단적 측면만을 강조했다는 판단 하에 고민 끝에 심사자의 언급대로 이 문단을 삭제하기로 결정했다. 우리는 심혈을 기울여 쓴 글들을 그냥 보내버리는 것이 너무 아쉬웠다. 우리는 그 문단을 프린트하여 지나가는 아는 교수나 학생들에게 한번 읽어보라며 '너무 좋은 문단이 아니냐'며 물었다. 이들은 이내 눈치를 채고 웃으면서 멋진 문장이라는 피드백을 주었다. 우리는 그렇게 웃으면서 열심히 쓴 문단을 보냈었다.

마지막으로, 내가 양적 연구자로 시작하여 질적 연구의 쉽지 않은 문턱들을 자연스럽게 넘을 수 있었던 이유는 내가 속한 연구 커뮤니티 덕분이었다고 생각한다. 질적 연구에서 연구자의 편향을 극복하기 위해 debriefing 과정은 매우 중요하다. 수직사회인 한국에서 학생들은 이 과정을 격식을 차리고 딱딱한 분위기에서 지도를 받는 과정으로 상상하는 경향이 있다. 내 경험에서 보듯이 expert debriefing은 대등하고 자연스럽게 대화를 나누는 과정이다. 문화적으로 학생들은 자연스럽게 교수의 말에 더 무게를 두는데, 질적 연구의 debriefing을 할 때에는 되도록 대등한 관계에서 대화를 하는 것을 권한다. 나아가 질적 연구에 관심이 많은 학생들은 학생들 간 연구 커뮤니티를 형성하는 것을 고려하면 좋겠다. 연구 커뮤니티에 질적 연구자만 있을 필요는 없다. 양적 연구자이건 다른 주제를 연구하는 연구자건 상관없이 서로 조언을 해주는 연구 커뮤니티를 형성하면 다양한 시각을 듣게 되어 더 신뢰받는 질적 연구를 수행할 수 있다고 생각한다.

인용문헌

Corbin, J. & Strauss, A.(2008). *Basics of qualitative research Techniques and procedures for developing grounded theory* (3rd Edition). Thousand Oaks, CA: Sage Publications.

Do, S. L., & Schallert, D. L.(2004). Emotion and classroom talk: Toward a model of the role of affect in students' experiences of classroom discussions. *Journal of Educational Psychology, 96,* 619−634.

Green, J. L., Weade, R., & Graham, K.(1988). Lesson construction and student participation: A sociolinguistic analysis. In J. L. Green & J. O. Parker (Eds.), *Multiple perspectives analyses of classroom discourse:* Vol. 28. *Advances in discourse processes* (pp. 11-47). Norwood, NJ: Ablex Publishing.

Lincoln, Y. S., & Guba, E. G.(1985). Establishing Trustworthiness. In

Lincoln Y. S, & Guba E. G. *Naturalistic Inquiry*, pp. 289−331, Newbury Park, CA: Sage.

Strauss, A., & Corbin, J.(1998). *Basics of qualitative research: Techniques and procedures for developing grounded theory.* Thousand Oaks, CA: Sage Publications.

질적 연구의 즐거움과 배움

편성남(片成男, PIAN Chengnan)

　도선생의 논문으로부터 질적 연구의 학습과정에 걸친 여러 가지 문제와 모습이 다가온다. 먼저 질적 연구에 관심을 갖는 학생들에게 전달하고자 하는 「언제나와 같지 않은 차원을 달리하는 행복감과 즐거움」은 무엇인가. 그건 궁극적으로는 경험한 자밖에 알지 못하는 것이겠지만 「장기적인 탐구」 끝에 돌연히 깨닫게 되는 통찰에 의한 체험 같은 건 아닐까하는 생각이 들기도 한다. 나도 대학에서 강의를 하면서 그런 비슷한 경험을 학생들과 공유하기도 하면서 학생들에게 졸업논문이나 석사논문을 쓸 때 질적 연구를 시도해보라는 권고를 해보기도 하지만 생각하는 것만큼 잘 되지 않는 게 현실이다. 흥미를 가지고 시작해보아도 혼선을 일으키며 결국 질적 연구의 어프로치를 포기하고야 마는 학생들이 많다. 여기에 도선생의 논문에서 언급하고 있는 질적 연구의 탐구나 공부에 대한 어려움이 잘 연결되어 나타나고 있다.

1. 모호성과 질적 연구

　연구라는 것은 결과적으로 뭔가를 명쾌하게 밝히는 과정이라 할 수 있다. 이를 위해 우리 연구자들은 연구를 함에 있어서 무엇인가 확실한 어프로치를 구하게 되는데 특히 양적 연구를 그 준거로서 쉽게 따른다.

양적 연구에서는 문제(가설)를 확실히 만들고 방법 또한 객관적인 것이 좋은 것이라 여겨진다. 그러나 현실, 특히 실천에 관한 경우에는 명확한 문제만 있는 게 아니다. 도선생의 연구가 Green의 연구에서 많은 시사점을 얻으면서도 직접 참고가 되는 선행연구는 적은 것과 같이 동일한 정황이 많고 특히 연구를 시작하는 초기단계에서 모호한 점이 매우 많다. 그래서 연구는 탐색적으로 그리고 창조적으로 수행할 수밖에 없다. 위에서 말한 「장기적인 탐구」라는 것은 참으로 이와 같은 정황을 전제로 하고 있는 것이다.

인간은 불확실성을 싫어한다고 하지만 애매 모호한 문제정황은 연구자의 강한 흥미와 신념에 의해 극복하게 된다. 도선생은 연구노트를 활용한 「인터뷰 자료와의 적극적 상호작용」을 소개하고 있는데 참고할 만한 방법이라고 생각된다. 나는 자주 「데이터에 빠져든다」라는 표현을 쓰는데 연구노트 등 자신이 선호하는 방법으로 데이터를 외재화 해가면서 장시간에 걸쳐 바라보거나 음미해보거나 하는 것이 매우 중요하다고 생각한다. 이렇게 고통스럽게 탐색적으로 연구를 진행해가는 속에서 비로소 자신만의 오리지널리티를 표현할 수 있다. 질적 연구의 즐거움이 「언제나와 같지 않은 차원을 달리한다」라고 하는 것, 바로 이런 점에 있지 않을까 한다.

2. 질적 연구를 행함에 있어서의 문제와 방법

나는, 질적 연구를 행함에 있어서는 문제중심적 사고가 필요하다고 믿고 있다. 방법만을 중심적으로 생각하면 모처럼 흥미있는 문제점에 주목해서도 좋은 연구방법이 잘 보이지 않는 것 때문에 금방 포기하게끔 만들고 만다.

질적 연구방법에 있어서, 연구과제는 문제해결의 지향에 의해 여러가지 전개가 가능하게 된다. 매우 커다란 문제와 그에 따른 추상화, 세부를 파고드는 구체화, 그리고 관련된 문제와의 광범위한 접근 등이다. 도 선생의 논문은 교실의 토론장면에서 보이는 사회적 측면이나 학생들의 정서를 다루고 있지만 「토론상황에서의 학생의 경험 촉진제」로서의 감 정으로 정리하고 있다. 이 연구로부터 새로이 과제를 도출해낼 수 있는 데, 예를 들면 「강한 부정적 정서」가 「말하고자 하는 동기」를 강화시키 거나 약화시키거나 하고 있지만 이런 상반된 결과는 왜 일어나고 있는 지, 또는 각각 어떤 조건을 필요로 하고 있는가 그리고 본 연구에서는 개인을 분석의 기본단위로 하고 있는데 혹시 토론그룹 전체를 분석대상 으로 하면 어떨까 하는 것들이다. 이와 같이 질적 연구에는 그 내부로 부터 고찰을 깊이 해 갈 수 있는 장치가 잠재해 있는 점이 오로지 양적 연구를 행하기 위한 준비단계에서는 보지 못하는 점들이라 할 수 있다. 질적 연구의 어프로치에는 심리학 연구에서 보이는 단편화의 위기를 극 복할 수 있는 가능성이 아주 많이 감추어져 있다.

근거이론으로의 접근은 질적 연구에 있어서 주요한 데이터 분석방법 으로서 자리매김되어 있지만 그 활용에는 꽤 많은 유연성을 필요로 한 다. 양적 연구에 있어서 당연히 요구되는 통계분석이 정확하게 행해졌 는가를 판단하는 것과는 다르다. 본 논문에서는 카테고리 추출 후에 조 건, 기능, 결과라고 하는 패러다임으로 카테고리간의 관계성을 정리하 고 있다. 그러나 이러한 기존의 패러다임의 적용은 KJ법이 강조하고 있 는 밑에서부터 위로 어프로치하는 것과는 매우 다르게 보인다. 결국 다 른 어프로치에 의해서 다른 모델이 제기되는 것으로도 볼 수 있지 않을 까 한다.

이렇게 질적 연구에서는 문제와 방법을 매칭해가면서 항상 새롭게 모 색해가는 자세와 프로세스가 매우 중요하다고 할 수 있다.

3. 연구의 개인화

항상 새로이 탐색하고 모색하는 것은, 연구에서 개인적 경향을 초래한다. 도선생이 최초에 두려웠다고 한 것도 「연구자가 전면에 나타나는 과정」이었다. 그러나 논문에서는 연구의 개인화는 고립화가 아니라는 것을 안다. 연구과정에서는 전문가나 동료와의 의견교류가 필요하고, 논문발표에 이르러서는 편집자나 심사원과의 조정도 필요하다. 유모어로 서로의 의견이 엇갈리는 것을 극복하는 것도 훌륭한 것이라 생각하나, 재판과 같은 현장이 되면 심한 다툼이 되는 일도 각오해야 할 필요가 있을 것이다.

새로운 아이디어는 언제나 개인에 의해 생겨나온다. 질적 연구의 즐거움을 조금이라도 체험해나가면서 그런 어프로치로부터 창조적인 아이디어를 목표로 하는 연구자가 많아지기를 기대해본다.

암환자와 가족들에 관한
질적 연구

정안숙(JEONG Ansuk)

South Korea

암환자와 가족들에 관한 질적 연구

정안숙(JEONG Ansuk)

1. 질적 연구와 나

질적 연구에 대한 나의 관심은 어쩌면 학부시절에 이미 시작되었는지도 모른다. 심리학을 하겠다고 막상 인문학부에 진학해놓고 먼저 언어학에 매료되었었으니 말이다. 한국 속담에 「아 다르고 어 다르다」라는 표현이 있는데, 그 「아」와 「어」가 무엇인지, 정말 다르다면 어떻게 다른지가 궁금했었다. 언어학에 대한 관심은 지속적으로 높았지만, 학부 고학년 때 알게 된 도시 내 빈민 아동의 생활과 발달에 더 마음이 가기 시작해서, 석사학위는 임상심리학을 전공하기로 했다. 그 후 박사학위는 공동체심리학이라는 분야에서 개인의 발달과 행동에 중대한 영향을 주는 요인으로서의 공동체와 그 문화적 맥락 등을 연구하게 되었다. 결국 학부시절부터 관심가졌던 「아 다르고 어 다르다」고 할 때 정말 다른 부분, 바로 그 「뉘앙스」 차이에 대해 이제는 공동체심리학자로서 연구하고 있는 셈이다.

우리 모두는 다르다. 우리의 경험도 모두 다르다. 심지어 같은 현상에 대해서도 사람에 따라 경험의 뉘앙스는 다르다. 각자 자라온 환경에 따라서, 지향하는 가치에 따라서, 오늘의 감정상태에 따라서, 엮여 있는 이해관계에 따라서, 어떤 현상도 동일한 의미를 지닐 수 없다.

어쩌면 그러한 다양성이 변화와 진보의 필수적인 조건이 되는 것일 텐데도 심리학 분야는 다양성의 뉘앙스, 관심 현상의 다양한 경험들, 그리고 그만큼 다른 해석들에 대해 별다른 주의를 기울이지 않고 있었다. 임상심리학에서 익숙하게 사용하는 연구방법인 설문조사는 개인에 따라 다른 경험을 간과한다. 양적 연구방법의 관심이 아니기 때문이다. 임상심리학 또는 공동체심리학 분야에 속해서 연구할 때 나는 연구 참가자들이 수치로 표현해주는 지표들을 열심히 모았다. 나이, 성별, 교육 정도, 월 수입, 직업, 가족관계를 비롯해서 삶에 대한 만족도, 우울감, 불안감, 성격까지도 여러 문항들에 대한 답변을 점수로 변환해서 통계적으로 분석했다. 모인 참가자의 수에 따라서 달라지는 통계적 검증력을 바탕으로, 설문조사의 결과가 통계적으로 유의미한 지를 판단했다. 그를 토대로 결과의 임상적인 함의를 해석했다.

이와 같은 양적 연구방법에는 중요한 전제가 있다: 연구하고자 하는 현상에 대해 알려진 것이 꽤 축적돼 있어야 한다는 것이다. 예를 들면, 한국인의 우울감을 측정하는 데에 CES−D(Center for Epidemiological Studies - Depression)를 사용하기 위해서는 이미 한국어로 번역되어 한국인들 사이에서 타당화된 CES−D 한국어판이 있어야 한다. 즉, 문항별로 측정하려는 내용이 한국문화에 적절하게 언어적인 번역이 이루어져야 하고, 더 나아가 도구의 결과가 몇 점이면 주의해야 되는 정도의 우울감인지 또는 반드시 전문적 도움을 받아야 될 상태인지 등에 대한 기준이 마련되어 있어야 한다. 이와 같은 타당화 작업이 완료되지 않은 도구를 사용할 때에라도, 최소한 지구 상의 어딘가에서는 내가 관심갖는 개념에 대해서 측정을 시도한 적이 있고, 이를 수치화할 수 있는 도구가 있어야 한다. 이렇듯 문헌연구 과정을 통해 나의 관심에 적절한 측정도구를 찾을 수 있을만큼의 연구는 축적되어 있어야 가능한 것이 양적 연구이다.

질적 연구방법은 여러 모로 이와 다르다. 무엇보다도 관심 현상에 대해 알려진 것이 적을 때에는 질적 연구방법을 사용할 수밖에 없다. 예를 들어 이민자 아동들을 가르치는 영어교사들의 심리적 취약성을 연구하고 싶다고 하자. 교사들을 상대로 어떤 심리적 구성개념을 측정해야 될지도 모르는 상태일 수 있다. 이민자 아동들을 주로 대하는 영어교사들이 우리 사회의 주류가 아니고, 따라서 연구관심까지 미치는 일이 적기 때문이다(Trickett, et al., 2012). 즉 해당 교사들의 우울감이나 불안감을 측정하는 것이 무슨 의미가 있는지, 하다못해 우울감이나 불안감이 해당 교사들의 심리적 상태를 알려주는 척도가 되는 변인들인지부터 우리는 알지 못하는 것이다.

따라서 질적 연구를 통해 파악된 결론은 누구에게나 어디에나 적용할 수 있는 정답으로서의 결론이 아니다. 반대로 특수한 환경에서 독특한 경험을 하는 인구를 대상으로 하는 연구들의 경우, 연구의 결론이 해당 인구에는 적용되지만 일반화 하기에는 무리가 있다는 사실을 인정해야 한다. 사실 질적 연구를 사용하는 애초의 연구목적도 일반화가 아니므로, 연구의 전과정에서 이를 인정하게 된다.

다양한 경험의 뉘앙스에 관심이 많은 나는 그래서 질적 연구방법을 선호한다. 시간과 정성은 양적 연구에 비해 턱없이 많이 드는 게 사실이다. 하지만 방대한 자료를 차근차근 분석해서 그 뜻을 해석하려고 노력하고 그 주제를 조직화 하는 길고 긴 작업을 거치고 나면, 연구에 참가해서 당신의 이야기를 솔직하게 풀어내주신 분들의 얼굴이 하나하나 떠오른다. 그분들의 목소리, 특정한 단어를 사용하실 때 찡긋거리던 표정까지 생생하게 떠오른다. 그리고 내가 그분들의 이야기를 학술 논문으로 엮으면서 하고자 하는 궁극적인 기능, 즉, 우리 사회에서 별 관심을 받지 못하기 일쑤인 우리 보통 사람들의 삶, 그 다양한 삶의 모습 자체에 대해 학문적·사회적 관심을 환기하는 기능에 대한 확인, 그 작업이 보람차다. 여러 질적 연구 중 내가 특히 애착을 갖고 있는 한 연구에 대해 다음 절에서 소개하고자 한다.

2. 암환자와 가족보호자에 대한 연구

본 연구는 2017년 2월 현재 정신종양학회지(Psycho‒Oncology)에서 온라인 출판된 상태로, 이 절에서는 요약적으로만 제시하기로 한다. 자세한 내용은 원문을 참고하시기 바란다(Jeong, et al., 2017).

(1) 연구 배경

한국의 의료시스템은 공적 영역이 강한 것 같이 보이지만, 속내를 들여다보면 환자 개인이 부담해야 되는 것들이 많다. 그래서 병원에 입원하자마자 맞닥뜨리는 질문은 "보호자 어디 계세요?"인 실상이다. 그런만큼 환자에 대한 간호가 환자 가족에 의해 이루어지는 경우가 많다. 어떤 이유에서건 가족이 직접 간호를 하기 어려운 상황에서는, 직업 간병인을 가족이 고용해서라도 환자의 간호를 맡을 사람이 병원에 항상 대기하게 되는 현실이다.

그럼 암환자의 경우는 어떠한가? 치료과정이 지난한 암의 경우, 한 환자를 둘러싼 거의 모든 가족구성원이 총동원되어 환자의 간호를 위해 노력하는 것이 한국의 일반적인 가정의 모습이다. 물론 다양한 국가에서 진행된 연구들을 보면 암환자의 가족들이 시간적으로, 재정적으로, 신체적으로, 그리고 심리적으로 적지 않은 어려움을 겪고 있는 것이 일반적이다(Gaston–Johansson, 2004; Glajchen, 2004; Haley, 2003). 그런데 이 「가족」은 주로 배우자였다. 그에 비해 한국은 배우자 1인의 간호로 그치지 않는 편이라, 여러 가족구성원 간 의논과정이 필수적일 것이다.

따라서 본 연구에서는 질적 연구방법으로서의 개별 심층면접을 사용하여, 암환자 가족들이 당면하는 주요한 문제는 무엇이며 이를 해결하기 위해 어떤 노력을 하는가를 알아보고자 하였다.

(2) 연구방법

암을 확진받고 어떤 방식으로건 치료를 시도했거나 치료 중에 있는 성인 환자와 그 가족보호자를 대상으로 하였다. 가족보호자 또한 성인이어야 했고, 병원 내원 시에 동행한 보호자를 대상으로 하였다. 정신병력이 있거나 한국어로 의사소통하는 데에 지장이 있는 분은, 언어적으로 자료를 수집해야 되는 질적 연구의 특성상 모집대상에서 제외하였다.

2013년 9월부터 2014년 6월까지 한국의 대형 암센터 두 곳에서 실시하였다. 각 기관의 연구윤리심사위원회의 승인을 받고 연구를 진행하였다. 협력 의료진 및 병원내 게시판을 통해 연구기회를 홍보하였고, 연구 참가를 희망하는 분들이 책임연구원(필자)에게 연락을 취하도록 하였다. 책임연구원이 연구참가 희망자와 전화통화로 면담시간과 장소를 정해서, 해당 날짜에 해당 장소를 방문하여 면담을 진행하였다. 주로 병원의 회의실 등 조용한 빈 공간을 활용하여, 면담을 진행하면서 비밀보장이 이루어질 수 있도록 노력하였다.

모든 면담은 녹음되었으며, 녹음자료를 연구보조원들이 축어록으로 완성하였다. 이를 토대로 연구팀이 분석을 실시하였는데, 질적 연구방법의 대표적인 분석방법인 근거이론(Strauss & Corbin, 1998)을 사용하여 결과를 분석하기로 하였다. 최초 면담을 모든 연구원들이 함께 분석하고, 이 과정에서 분석의 주요한 기준들을 논의하였다. 나머지 자료들은 일차적으로는 연구원들이 개인적으로 분석을 시도하고, 매주 진행된 연구회의를 통해 모든 팀원들이 항상 논의를 거쳐 추상화 작업을 거듭하였다. 즉, 개방코딩을 개인적으로 진행하기는 하되, 연구회의를 통해 합의점에 도달하는 작업을 동반하였다. 이어서 이루어진 선택코딩 작업은 주로 연구회의에서 공동으로 진행하였다. 지속적인 비교분석을 통해 연구결과의 타당도 및 신뢰도를 확보하기 위해 노력하였다(Miles & Huberman, 1994).

(3) 연구결과

환자와 보호자 13쌍을 비롯해서, 보호자 7인 등 총 33인이 연구에 참가하였다. 총 113개의 주제어가 도출되었는데, 이를 추상화하여 26개의 코드를 완성하였다. 이는 다시 6개의 범주로 묶어졌는데, 코드와 범주들은 표 6-1에 제시된 바와 같다.

표 6-1 코드 및 범주

코드	범주	특성
건강했었음	환자의 건강 및 거주 상태	주보호자 결정에 영향을 주는 조건
성인자녀와 함께 거주		
성인자녀는 출가하고 부부만 함께 거주		
손주들을 돌봄		
직업활동을 했음		
저축이나 연금이 있음		
책임이 불공정하게 분배됨	가족간 관계	
다른 가족들로부터의 지지 부족으로 지침		

가족 내 트라우마		
가족문제에 대해 협조가 잘 됨		
특정 가족구성원에 대한 특별한 애정이 있음		
책임분담에 대해 직접적인 대화는 없음	주보호자 결정	암환자 가족들의 주요 과제
물리적으로 도움이 될 수 있는지를 계산하게 됨		
주보호자들은 다른 방도가 없다고 생각함		
의료적 결정에 대해서는 의료진의 권고를 따름	환자의 적응	변화 및 새로운 역할에 대한 적응
주보호자에 대한 심리적 의존		
직업적 및 사회적 관계가 적어짐으로 인해 자존감 저하됨		
우울		
암재발에 대한 불안		
의료진과의 의사소통	주보호자의 적응	
환자에게 물리적 및 심리적 지지 제공		
최선을 다함		
외로움		
일, 재정, 생활패턴을 재구조화	가족의 적응	
건강문제에 대해 경각심을 갖게 됨		
가족간 유대감이 증가됨		

지속적 비교분석을 통해 도출한 핵심 변인은「삶에 적응하며 살기」로, 암을 진단받자마자 환자는 환자대로, 보호자는 보호자대로, 주보호자가 아닌 가족구성원들은 또 그 나름대로, 암으로 인해 변화하는 상황에 대해 적응을 위한 최선의 노력을 경주하고 있었다. 그 과정을 결과적으로 도식화하면 그림 6-1과 같은데, 이 내용을 정리하면 다음과 같다.

그림 6-1 암에 대한 가족의 적응

"제가 해야죠": 주보호자 결정

암환자와 가족들이 당면한 가장 중요한 문제는, 누가 어떤 역할을 담당할 것인가였는데, 그 과정의 핵심은 누가 주보호자가 되는가였다. 주보호자는 환자의 병원생활, 의료진과의 소통, 그리고 치료방법 결정을 비롯해서, 환자의 식습관 및 생활 관리, 그리고 정서적인 지지까지 감당하는 사람이다.

가족 중에서 성인여자들, 즉 부인이나, 딸, 또는 며느리가 가장 흔한 주보호자였는데, 해당 보호자들은 「나밖에 할 사람이 없다」는 마음가짐이었다. 이는 자원하는 마음으로서의 긍정적인 정서일 수도 있지만, 어쩔 수 없는 상황에서 받는 부담감이 부정적인 결과를 야기하는 경우들도 있었다.

"제가 어머니한테 마음의 빚이 있어요. 잘 해드려야 하는데 제가 그동안 그러지 못했어요. 그래서 이게 기회다 하고 해요."(보호자 G); "다른 수가 있나요 어디. 일을 안 하잖아요. 밖에서 일 안 하는 전업주부잖아요. 다른 가족들은 다 일하니까요. 제가 해야죠 뭐."(보호자 K)
"아주버님이 원래는 가족하고 살았죠, 그러니까 어머니도 모시고요. 아들 하나 딸 하나 있으세요. 근데 아들은 중독문제가 있고요, 딸은 지능이 딸려요. 어떤 때는 어머니 팔이랑 얼굴에 멍이 들어 있다면서 방문간호사가 저한테 전화를 했던 적도 있어요. 아니 사실, 누가 시아주버님을 병간호하고 싶겠어요?! 근데 나 아니면 누가 해요, 이런 가족 상황에서? 아, 진짜

아무 일 없는 것처럼 그냥 신경 끄고 살면 좋겠지만, 그게 되냐고요."(보호
자 N)

가족공동체의 적응

환자 참가자의 대부분은 암 발병 전에 직업활동을 왕성하게 하고 있
었다. 특히 건강에 대해서도 큰 염려 없이 살던 분들이 대부분이었다.
따라서 암 진단 이후 치료하면서 약해진 상태로 직장에 복귀하지 못하
고「환자로서」살아가는 상태인 것이 환자 본인에게나 가족들에게 심리
적인 부담을 야기하고 있었다.

> "나야 뭐 항상 건강에는 자신이 있었지. 암이 뭐라는 거는 알았지만 나
> 랑 상관없는 일이었다고. 잘 먹고 운동하고 건강하게 살았는데 말이야."
> (환자 E)
> "나는 기술이 있었어요. 이게 특수한 기술이라서 정년이라는 나이가 정해
> 진 게 없어. 내가 할 수 있는 때까지 일하는 거야. 근데 수술을 하고 나니
> 까 일을 할 수가 없지. 수술 전이 100이었다면 지금은 50이야. 아니 50도
> 안 돼. 내 원래 하던 정도의 반도 못한다고. 그러니까 그게 힘들지. 나이
> 드는 거야 당연하지만, 뭐 다 그런 거라고 생각하지만. 그래도 말이야. 잠
> 이 안 와. 하루는 아침에 베란다 밖을 보는데, 우리집이 3층인데, 이게 땅
> 이 너무 가깝게 느껴지는 거야(뛰어내리고 싶은 충동을 느꼈다는 말)"(환
> 자 D)

주보호자들은 환자들 간호를 위해 최선을 다하면서도, 신체적·심리
적으로 약해진 환자들에 대해 애잔한 마음을 느끼기도 한다. 암이라는
것이 아직도 사회적인 낙인효과가 있다고 생각하는 한, 보호자는 남편
의 암에 대해 자신이 책임이 있다고 느껴서 친구들에게 털어놓지도 못
하고, 게다가 미혼인 성인자녀들의 혼사길이 막힐 것이라는 걱정에 더
더욱 남들에게 자신의 처지를 호소하지도 못하고 있었다. 비록 종교적
인 힘으로 버티고는 있지만, 환자로부터 조금의 불만이라도 있을까봐

더욱 애쓰는 것으로 보였다.

> "왜, 사람들이 암에 좋다고 하는 것들이 있잖아요. 힘들게라도 구해야죠 그런 거는. 사람들이 민들레가 좋대요. 그래서 강화에 갔어요, 야생으로 자라는 민들레가 많으니까 거기에. 일일이 손으로 뜯어서, 말려서, 그거를 또 갈아요. 음식에 넣으면 티도 안 나게. 티나면 남편이 싫어할까봐. 그랬는데도 남편은 '다른 부인들은 이거도 하고 저거도 하는데 너는 뭐했냐' 할까봐 걱정이에요."(보호자 F)

동시에 온 가족은 암으로 인해, 암재발 가능성에 대한 불안으로 인해, 재정적으로나 심리적으로나 다양한 방식으로 준비되어 있어야만 하는 것들을 위해 노력하기도 한다. 어떤 가족은 암을 같이 이겨냈다며 더욱 공고하게 묶어지는가 하면, 어떤 가족은 암을 상대하는 과정에서 너무 주보호자 1인에게만 의지한 것이 문제가 되어 가족이 붕괴될 위기에 처하기도 한다.

3. 맺는 말

한국의 암환자나 가족보호자들의 경험이 한국상황이나 한국문화에 특수한 것인지 어떤지는 현재 알 수가 없다. 외국에서 진행된 연구들에서도 분명히 가족보호자들은 암환자들을 돌보기 위해 많은 노력을 기울이고 있고 그 과정에서 남들이 잘 몰라주는 어려움을 경험하기도 한다고 보고한다(Proot, 2003; Sandgren, 2010). 하지만 2절에서 소개한 연구의 특징은 기존 연구로서는 알 수 없는 부분에 대해 답하기 위해 질적 연구가 이루어졌다는 사실이다. 즉, 한국에서는 일반적이라고 할 법한 다수의 가족보호자들이 동원될 때 해결해야 될 문제에 대해 진행된 연구가 거의 전무하기에, 경험자들로부터 직접 들어보는 방식을 택했던 것이다.

건강한 가장으로서 기능하다가 갑작스레 위암환자가 되어 무기력해진 자신을 볼 때 드는 자살 충동, 성실하게 우직하게 농사 지으면서 자식들 열심히 키워놨는데 갑작스런 암이라는 소식에 피할 수 없었던 자괴감, 왜 내가 암이라는 위중한 병에 걸려야 하는지에 대한 분노감, 약해진 자신의 모습을 스스로 바라보는 초라함. 이런 다양한 정서가 양적 연구 측정도구에 얼마나 담길 수 있었을까를 자문해보면, 시간과 에너지로는 매우 고비용이지만 그만큼 가치있는 결과를 산출하는 질적 연구를 다시 고집하게 된다.

2015년 노벨문학상을 받은 스베틀라나 알렉시예비치는 소설을 쓰는데에도 다큐멘터리 기법을 응용한 것으로 유명하다. 일간지나 주간지 기사들도 이제는 네러티브 기법을 자주 사용해서 밀도있고 현장감 있는 스토리를 전달하려고 노력한다. 우리 심리학 연구에서도 이제 네러티브 기법, 질적 연구방법을 응용해서 다양한 삶의 이야기들을 뉘앙스와 함께 전달하는 사례들을 더 자주 보기를 희망한다. 결국 심리학이 전하고자 하는 것은 다양한 삶의 이야기들이 아니었던가? 건조한 평균과 변량 분석이 다 전달하지 못하는 삶의 질감을 전달할 수 있는 다양한 기법들이 동원되는 모습을 보고 싶다.

인용문헌

Gaston–Johansson, F., Lachica, E. M., Fall–Dickson, J. M., & Kennedy, M. J.(2004). Psychological distress, fatigue, burden of care, and quality of life in primary caregivers of patients with breast cancer undergoing autologous bone marrow transplantation. *Oncology Nursing Forum, 31*(6), 1161–1169.

Glajchen, M.(2004). The emerging role and needs of family caregivers in cancer care. *Journal of Supportive Oncology*, *2*(2), 145−155.

Haley, W. E.(2003). Family caregivers of elderly patients with cancer: Understanding and minimizing the burden of care. *Journal of Supportive Oncology*, *1*(2), 25−29.

Jeong, A., An, J. Y., Park, J. H., & Park, K.(Available online as of February 2017). What cancer means to the patients and their primary caregivers in the family−accounted Korean context: A dyadic interpretation. *Psycho−Oncology*, *26*(11), 1777−1783

Miles, M. B., & Huberman, A. M.(1994). *Qualitative Data Analysis: An Expanded Sourcebook*. London: SAGE Publications.

Proot, I., Abu−Saad, H.H., Crebolder, H. F. J. M., Goldsteen, M., Luker, K. A., & Widdershoven, G. A. M.(2003). Vulnerability of family caregivers in terminal palliative care at home; balancing between care and capacity. *Scandinavian Journal of Caring Science*, *17*, 113−121.

Sandgren, A., Thulesius, H., Petersson, H., & Fridlund, B.(2010). Living on hold in palliative cancer care. *The Grounded Theory Review*, *9*(1), 79−100.

Strauss, A. L., & Corbin, J.(1998). *Basics of Qualitative Research: Techniques and Procedures for Developing Grounded Theory* (2nd ed.). Newbury Park: SAGE publications.

Trickett, E. J., Rukhotskiy, E., Jeong, A., Genkova, A., Oberoi, A. K., Weinstein, T., & Delgado, Y.(2012). The kids are terrific: It's the job that's tough: The ELL teacher role in urban context. *Teaching and Teacher Education*, *28*, 283−292.

「다양한 경험에 대한 뉘앙스」를 어떻게 묘사할 것인가?

코가 마츠카(古賀松香)

1. 가족의 위기와 마음의 동요를 테마로 한 연구

「다양한 경험에 대한 뉘앙스」에 관심을 가지고 있는 정선생은, 한국에서 암환자의 가족이 그 치료과정에 어떻게 대응해 가는가를 검토하고 있다. 일본의 질적심리학 연구에 있어서도 어떤 질환의 당사자의 투병과정이나 가족의 간호경험 과정은 자주 취급되어지며 질적심리학 연구방법과의 친화성이 매우 높은 테마이다. 심리적 위기상태를 경험한 사람이 어떻게 그것에 대응하고, 동요하면서도 어떻게 극복하며 살아가려고 하는가. 그것은 우리들 개개인에 있어서도 중요한 테마이며 인간의 유연하면서도 강인한 모습에 다가서려고 하는 것이다.

정선생의 논문은 「한국은 배우자 1인의 간호로 국한되지 않고 다양한 가족구성원이 서로 의논해 들어가는 과정이 필수적이다」라고 하는 한국의 가족과 간호문화적 특질을 배경으로 암환자의 가족이 처한 문제를 밝혀보려고 하고 있다. 33명의 심층면접을 가지고 근거이론을 적용하여 분석하고 있는데 여기서 정선생이 말하는, 「다양한 경험에 대한 뉘앙스」가 어떻게 묘사되고 있는가가 가장 흥미를 끌고 있는 점이다. 특히 한국에서는 주보호자의 결정이라는 중요한 문제가 있다고 기술하고 있는 점으로부터 주보호자와 다른 가족구성원 간의 경험에 대한 뉘앙스가 어떻게 다르고, 또 서로 어떻게 중첩되는지, 그것이 가족전체의 간호의 프로세스로서 어떻게 진행해가는가에 대하여 관심이 간다. 거기에는 복잡한 심리적인 동요가 교차하는 프로세스가 상상되며, 질적심리학 연구방법으로 꼼꼼하게 묘사되면 하는 바램이 있다.

2. 「다양한 경험에 대한 뉘앙스」를 어떻게 묘사할 것인가?

여기에서는 정선생 관심의 핵심인 「다양한 경험에 대한 뉘앙스」라고 하는 것은 어떤 모양이었을까? 예를 들면, 주보호자의 결정에 관한 「나 밖에 할 사람이 없다」라고 하는 마음상태에 대하여 「지원하는 마음을 가진 상태로서 긍정적인 정서로 보는 것도 가능」하다는 것과, 한편에서는 「어쩔 수 없는 상황으로 받아들이는 부담감이 부정적인 결과를 초래하는」 경우도 있다는 것, 그 두 가지의 뉘앙스의 차이를 3인의 이야기를 인용하여 기술하고 있다. 어머니에 대한 은혜를 깨닫고 그것을 되갚을 기회로 포착하는 G씨, 다른 가족구성원의 취업상황과 전업주부는 자신밖에 없다고 하는 것으로부터 자신을 납득시켜 가려는 자세를 취하는 K씨, 가족 내의 어려운 상황을 부정적으로 여기면서도 그럼에도 불구하고 관계할 수밖에 없다고 하는 N씨. 그러나 이러한 해석은, 독자인 내가 상상해가면서 읽은 것일 뿐이다. 이런 이야기에 있어서 정선생은 어떤 뉘앙스로 받아들여 어떻게 분석의 프로세스를 거치고 스토리를 짜내었는가에 대해서는 본 연구에서는 명확하지는 않다. 근거이론을 활용하여 분석함에 있어서 어떤 프로퍼티와 디멘숀이 나타나는가, 또한 그것들의 영향관계는 어떻게 나타나는 것인가, 그리고 그것보다 적응 프로세스에 어떠한 뉘앙스의 차이가 발생하는가. 예를 들면, 동일한 「가족관계」가 카테고리로 분류되는 코드 가운데 「책임이 불공정하게 분배되고 있다」라고 부정적 뉘앙스가 감지되는 것과 「가족문제에 관하여 공조가 잘 되고 있다」라고 하는 긍정적인 뉘앙스가 감지되는 것도 있다. 이것들이 갖고 있는 뉘앙스가 그림 6-1의 카테고리들의 관계에 어떻게 영향을 미치고 있는가. 「변화나 혹은 새로운 역할에 대한 적응」의 뉘앙스에 어떤 영향을 입히고 최종적으로는 「주보호자의 적응」이라는 뉘앙스가 어떻게 다른가 등. 본 장에서는 요약된 것으로만 보여주고 있기 때문에 독자로서는 정선생 연구의 상세한 부분을 더 알고 싶어진다.

여기서 깨달은 것은 이야기로부터 상상되는 얼마간의 뉘앙스가 분석과정에서 버려져 간다는 연구가 갖는 어쩔 수 없는 한계라는 측면이다. 코드화나 도식화는 암환자와 그 가족의 「다양한 경험에 대한 뉘앙스」를 묘사하는 데에 어떤 작용을 초래하고 있는가. 질적 연구에서의 중요한 문제이기도 하다.

3. 연구자 자신도 물들여져 있는 문화적 배경을 어떻게 볼 것인가.

또 하나, 정선생의 논문에서 강하게 감지되는 것은 연구자 자신이 깊이 빠져있는 문화적 배경에 대한 민감함을 어떻게 자각하고 다듬어 낼 것인가 하는 점이다. 나자신도 일본의 보육에 깊이 빠져 연구를 하고 있었던 까닭에 당연함이 지나쳐 의식화 하기가 어렵거나 결국에는 분석대상으로 삼는 게 어렵다는 것을 깨닫고 스스로 깜짝 놀라기도 한다. 그것은 다른 영역의 연구자나 이문화연구자와 대화할 때 불현듯 의식되어 오는 포인트이기도 하다.

이번의 테마에서 나오는 것처럼 암이라는 상황을 받아들이는 데에 현재의 일본과의 문화적 차이를 느낀다. 예를 들면, 3.11대지진이 발생한 후쿠시마지역이 껴안고 있는 문제와의 공통점도 느낄 수 있어 매우 흥미롭다. 암이라고 선고받으면 사회적으로 낙인이 찍혔다고 느끼고 친구들에게도 알리거나 밝히지 않으며 미혼의 가족이 앞으로 결혼하지 못할지도 모른다는 두려움을 느낀다는 내용이 기술되어 있다. 그런 문화적 배경이 민간요법의 선택 같은 데에는 또 어떤 영향을 주고 있는가. 본문 중에 야생의 민들레에 대한 이야기가 구체적으로 나오고 있지만 「본인이 알지 못하도록」하는 뉘앙스나 「당신은 아무 것도 하지 않는다」라는 말을 듣는 것을 두려워 하는 것은 어떤 연유로 생겨나는지. 그런 상세한 분석결과는 암을 받아들이는 것과 가족관계, 지역에서 살아간다는 문화적 의미를 생각할 때 매우 유익한 시사점이 도출될 수 있을 것 같다. 앞으로의 연구도 한층 더 발전할 것으로 기대된다.

이야기와 시간과 감동
– 스키마 어프로치로 보는 이야기의 시간 구조 –

편성남(片成男, PIAN Chengnan)

이야기와 시간과 감동
—스키마 어프로치로 보는 이야기의 시간 구조—[1]

편성남(片成男, PIAN Chengnan)

1. 질적 연구와 나

나와 질적 연구와의 관계는 이렇다 할 뚜렷한 출발점은 없지만, 「이야기」는 줄곧 내 연구의 주변에 있었다고 느낀다. 석사와 박사과정의 연구에서도 이야기를 사용하기도 했고, 이러한 이야기에 대한 관심이 자연스럽게 질적 연구로 흘러 갔다고 말할 수 있을지도 모른다.

내가 수 년 간 참가하고 있던 「어린이와 용돈」연구 프로젝트에서는 관찰법, 질문지법, 인터뷰 등 다양한 방법을 이용하여 일본, 한국, 중국, 베트남의 어린이와 부모를 대상으로 용돈 관련 연구를 해왔다(高橋·山本, 2016). 그 중에서 내가 가장 관심을 가진 것은 각 나라의 어린이와 부모들이 말해주는 용돈에 관한 일상적 이야기였다.

---

1) 본 연구는 「中国政法大学校人文社会科学研究项目资资助」를 받아 행해졌다.

나는 법심리학이라는 분야에도 참여하고 있지만, 법의 세계에는 인간의 슬픔, 장렬한 이야기가 많이 있다. 원죄(冤罪)에 대한 이야기이다. 심리학자들은 소위 진술분석 속에서 범행의 이야기에 대해 상세한 분석을 수행하기도 한다(浜田, 2001; 高木, 2006). 경험성의 유무에 초점을 맞추는 진술분석은 그 접근방식에 따라 훌륭한 질적 연구가 되기도 한다.

이처럼 「이야기」는 다른 사람, 테마, 스케일, 상황 및 문화적 배경 등과 관련되어 있다. 이야기를 중심으로 한 다양한 탐구는 나에게 있어서는 중요한 질적 연구의 어프로치가 되어 있다.

2. 이야기와 심리학 연구

「이야기」는 심리학 연구에서 자주 사용되고 있다. 피아제와 콜버그가 도덕성 발달의 연구에서 사용한 이야기는 매우 유명하다. 예를 들어, 「하인츠의 딜레마」는 심리학 책에서 자주 소개되는 이야기이지만, 콜버그는 이런 도덕적 딜레마를 이용하여 일련의 연구를 수행하고 도덕성 발달 단계 이론을 제기하였다(Kohlberg, Levine & Hewer, 1983). 콜버그는 그 연구에서 주로 피험자들의 판단 이유(또는 그 논리)를 분석하고 도덕성의 발달에 대한 인지구조를 밝히려 했다.

그러나 같은 도덕적 딜레마를 이용한 길리건(Gilligan, 1982)은 피험자의 답변을 단순한 이유가 아니라, 그 중에서 다른 목소리(또는 의미)를 알아 듣고 콜버그를 비판했다. 브루너(Bruner, 1986)는 사람의 이야기에 대해 논리실증 모드와 이야기 모드로 구분하고 있는데, 길리건에 의한 콜버그의 비판은 바로 이 두 가지 모드의 대립으로 볼 수도 있을 것이다.

이처럼 심리학 연구에서는 「이야기」에 대한 다양한 접근이 모색되고 있다.

3. 어떤 이야기와의 만남

나는 대학의 '문화 간 상호 이해와 심리학'이라는 강의에서도 이야기를 사용했다. 여러 가지 모색하는 가운데 만난 것이 2010년 제4회 「언제나 고마워요」 작문 콩쿨(아사히학생신문사 주최)에서 최우수상을 획득한 당시 히로시마 시립 나카지마 초등학교 1학년이던 카타야마 유키노리(片山悠貴徳)라는 어린이가 쓴 「나의 아버지의 도시락 상자」[2]이다.

이 작문은 2012년경 중국의 인터넷에서 그 번역문이 돌면서 많은 중국인을 감동시키고 있었다. 강의에서는 작문에서 보이는 '일본다움'에 주목하려고 했다. 그러나 자신이 직감으로 일본적이라고 생각한 감동을 그대로 자신의 어휘로 분석적으로 표현하는 것은 불가능했다. 이 글의 배경에는 저자의 직관과 고집이 작용하고 있다.

4. 이야기의 분석

이 작문은 왜 그렇게 많은 사람들을 감동시킬 수 있었는가. 위와 같이 법심리학 연구에서도 증언이나 자백의 신뢰성을 주장하기 위해 진술자료에 대해서 세부적으로 분석을 행하고 있다. 이 작문을 반복적으로 읽으면서 분석을 시도하는 가운데 도달한 것은 스키마 어프로치(高木, 2006)라는 분석방법의 응용이다. 이 방법은 심리학자들이 진술분석의 실천으로부터 제기된 것이다.

---

2) http://www.sinanengroup.co.jp/sakubun/prize/pdf/vol4/katayama-yukinori. pdf

(1) 분석단위

스키마 어프로치는 이야기의 형식적인 특징에 초점을 맞추고 있다. 분석은 단위의 분할에서 시작하지만, 소위 분석단위라는 것은 「어떤 사물(사람·물건)이 어떤 동작을 수행한다」는 단위를 말한다. 즉, 「행위자(주어) + 행위(동사)」의 형식을 취하고 있으며, 「동작주행위 단위(動作主行為單位)」라고도 부른다. 주어가 명시되어 있지 않은 경우에는 실질적인 주어를 추정하고 삽입하기도 한다.

예를 들어, 작문은 다음과 같이 시작되고 있다.

아버지가 병으로 돌아가신 후 삼 년, 나는 초등학교 1학년이 되었습니다. 아버지께 보고할 것이 있습니다. 분명 아버지가 내려다 보고 있다고 생각하지만, 나는 아버지의 도시락 상자를 빌렸습니다.

이 부분을 분석 단위로 분할하면 「아버지 + 돌아가시다」, 「나는 + 된다」 「(나는) + 있다」, 「(나는) + 생각한다」, 「나는 + 빌리다」라는 5개의 단위가 된다. 이렇게 작문 전체를 분석단위로 분할한다.

(2) 분석단위의 동작주와 행위

이렇게 분할된 단위는 총 42개였다. 또한 분석단위의 동작주와 행위를 분류해 나간다. 먼저 동작주에는 「나」, 「아버지」, 「어머니」, 「도시락」, 「도시락 상자와 젓가락」, 「튀김」, 「시간」을 들 수 있다. 다음으로 행위를 운동행위와 심적행위로 분류한다. 예를 들어, 상술한 「돌아가시다」, 「된다」, 「있다」, 「빌리다」는 신체에 의한 운동행위로 분류하고 「생각한다」는 심적행위로 분류 할 수 있다. 분석단위의 각 동작주와 각 행위를 표 7-1에 정리한다.

이 표에서 알 수 있듯이, 「나」의 행위가 가장 많아 전체의 66.7%를 차지하고 있다. 다음 「아버지」의 행위가 많고 「어머니」의 행위는 2번뿐이다. 도시락 등 다른 사물은 6번이 된다. 분석단위의 동작주로서의 아버지는 6번뿐이지만, 「아버지」라는 말은 작문에서 16번이나 출현하고 있다. 즉, 아버지의 직접 행위가 아니라 「아버지의 도시락 상자」, 「아버지가 보고 싶어요」 등의 형태로 아버지에 대한 생각을 강하게 풍기고 있다.

행위의 분류에서 보면, 「나」 이외의 동작주의 행위는 모두 신체행위나 존재 등을 나타내는 운동행위이다. 「나」의 행위는 운동행위가 16회, 심적행위가 12회가 된다. 심적행위를 더 세부적으로 보면, 「느낀다」나 「생각한다」 등 3회이며 「두근두근하다」, 「외롭다」 등 직접 마음을 표현한 것이 9회로 다수를 차지하고 있다.

표 7-1 각 동작주와 각 행위의 출현 빈도(%)

동작주	운동행위	심적행위	합계
나	16(38.1)	12(28.6)	28(66.7)
아버지	6(14.3)	0	6(14.3)
어머니	2(4.7)	0	2(4.7)
도시락	2(4.7)	0	2(4.7)
도시락 상자와 젓가락	1(2.4)	0	1(2.4)
튀김	1(2.4)	0	1(2.4)
시간	2(4.7)	0	2(4.7)
합계	30(71.4)	12(28.6)	42(100)

(3) 작문에서의 시간의 흐름

이상의 분석단위의 분할에서 동작주와 행위에 관한 기본 정보를 정리했다. 이것은 기존의 스키마 접근방법에 따른 작업이다. 추가 분석을 진행하면 또 다른 시간에 대한 실마리가 보인다. 즉, 동작주의 행위는 어떤 특정 시간에서의 행위이다. 예를 들어 앞에서 언급했던「아버지＋돌아가시다」,「나＋된다」,「(나)＋있다」「(나)＋생각한다」,「나＋빌리다」의 분석단위는 각각 다른 시간대에 일어난 일이다. 이렇게 분석단위 마다 그 시간대를 확정해 가면「아버지가 돌아가시기 전」,「아버지가 돌

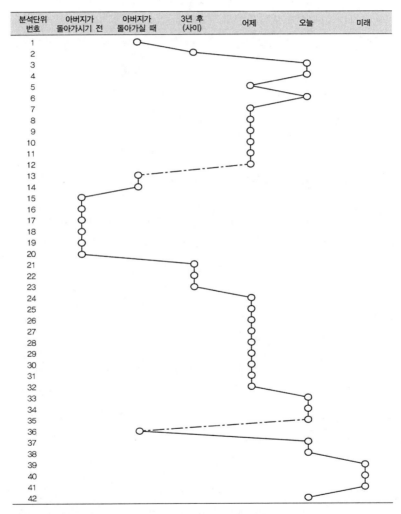

그림 7-1 분석단위로 보는 시간의 흐름

아가실 때」, 「3년 후(사이)」, 「어제」, 「오늘」, 「미래」의 6개의 시간대로 정리할 수 있었다.

그림 7-1은 각 분석단위의 시간대를 나타내고, 작문에서의 시간의 흐름을 나타내고 있다.

이 그림에서 보는 바와 같이, 상황은 주로 '어제'와 '오늘'에 발생하고 있으며 어제가 16회 오늘은 9회가 된다. 그 외에 「아버지가 돌아가시기 전」 6회, 「아버지가 돌아가실 때」 4회, 「3년 후」가 4회, 그리고 「미래」가 3회이다. 그리고 분석단위의 순서에서 이 작문의 독특한 시간의 흐름(또는 시간의 동적 구조)을 볼 수 있다. 상황은 시간순으로 직선으로 가야 되는 것이 아니라 시간의 기복을 이루고 있다.

(4) 시간의 중층 구조

분석단위에 의해 상황의 시간대를 명확하게 파악하고, 또한 시간의 흐름을 나타내는 것이 가능해졌다. 그러나 이야기의 시간은 중층적으로 교차하고 있어 더욱 복잡한 양상을 나타내고 있다.

분석단위의 수에서 알 수 있듯이, 작문에는 '어제'의 것이 가장 많이 적혀 있다. '어제'라는 시간은 또한 「아침」 「열시」 「도시락의 시간」 등 세세하게 구분되어 있으며, 그 속에서 이야기가 전개되어 간다. 예를 들어, 작문에서는 「어제의 도시락은 특별했습니다」 「아직 열시인데도, 도시락 생각만 해버렸습니다」 「그리고 아침부터 기다리고 기다렸던 도시락 시간」 등의 표현이 있다 . 바로 이 미세한 시간에서의 아이의 기분이 더 생생하게 표현되고 있다.

시간은 이렇게 세밀하게 구분될 뿐만 아니라, 또한 서로 연결되어 있다. 「아버지가 병으로 돌아가신 후 삼 년, 나는 초등학교 일학년이 되었습니다」 「그리고 아침부터 기다기고 기다리던 도시락 시간」에서 시간의 연속성을 볼 수 있을 것이다. 그 밖에 「그 때부터 많이 먹어 가라테(空

手)도 열심히 하고 있기 때문에 <u>지금까지</u> 사용하고 있던 도시락으로는 부족하게 되었습니다」라는 표현도 있다. 「언제나」라는 말도 시간의 연속성을 잘 표현하고 있다. 예를 들어, 「… (아버지는) <u>언제나</u> 몰래 나에게만 내가 제일 좋아하는 새우튀김을 많이 주셨습니다」 작문에는 「언제나」라는 단어가 3번 사용되고 있지만 모두 아버지에 대한 표현이었다.

더욱 흥미로운 점은 내장된 시간이다. 예를 들어, 「나는 <u>어제</u> 일을 생각할 때마다 가슴이 두근두근합니다」에서 어제의 일을 생각해서 가슴이 두근거리는 것은 오늘의 「지금」을 말한다. 즉, 오늘 속에 어제가 내장되어 있다. 반대로, 어제 속에 오늘이 포함되는 곳도 있다. 예를 들어 「<u>지금</u> 다시 생각해도 두근거릴 정도로 기쁘고 맛있는 특별한 도시락이었습니다.」 어제의 특별한 도시락을 말하는데 「지금」의 기분이 참조되어 있다. 또한 어제 속에서 가장 먼 시간이 포함되는 곳도 있다. 「어머니가 선반 속에서 <u>아버지가 언제나 일할 때</u> 가지고 갔던 도시락을 꺼내 주셨습니다.」 어제 속에 오래 전의 시간이 자연스럽게 흘러 들어간다.

이렇게 하여 시간은 물리적으로 흩어진 부품으로서가 아니라 「나」에게 심리적 의미가 있는 하나의 묶여진 시간으로 연결되어 있다.

5. 시간에서 무엇을 읽는가

이상, 「동작주행위 단위」를 바탕으로 시간의 흐름과 중층 구조에 대해 분석했다. 이 분석에서 무엇을 읽어낼 것인가. 먼저 시간의 흐름에서 그 의미를 생각해 보자.

(1) 시간의 흐름과 세 가지의 방향

시간의 흐름분석에서는 시간의 기복을 지적했다. 「아버지가 돌아가셨다」에 초점을 두면 시간의 흐름은 세 부분으로 나눌 수 있다. 분석단위로 말하면, 첫 번째 부분은 1~12, 두 번째 부분은 13~35, 그리고 세 번째 부분은 36~42이다. 이 세 부분은 모두 아버지가 돌아가신 것으로부터 시작하지만 각각 다른 시간을 향하여 흐르고 있는 것을 알 수 있다. 첫 번째 부분에서 시간의 흐름은 어제의 사건을 향해 있으며, 둘째 부분에서는 아버지가 돌아가시기 전의 과거의 시간을 향해서 그대로 어제의 사건으로 흘러 간다. 그리고 세 번째 부분에서는 지금에 발판을 두면서 미래를 향해 간다. 이처럼 시간은 「어제」「오늘」「미래」라는 서로 다른 방향으로 향하고 있다.

다른 시간은 다른 사건과 감정을 나타내고 있다. 「아버지가 돌아가셨다」는 것은 외롭고 슬프다. 그러나 어제의 도시락은 특별하며, 과거의 것이 기쁘고 그리고 미래에는 희망이 있다. 외롭고 슬픈 마음은 어제의 특별한 도시락, 과거의 기뻤던 것과 관련지어져, 또한 미래에 대한 희망으로 가슴이 벅차게 된다. 이처럼 시간의 흐름 속에서 아버지의 죽음을 극복해 나가려고 한다. 야마다(やまだ, 2000)는 중요한 사람의 죽음을 수용하는 이야기의 분석에서 그 이야기 구조를 제기하고 있다. 죽음의 이야기, 자신과의 관계, 그리고 죽음을 긍정적인 것으로의 변환과 납득이다. 이 작문의 구조도 이와 유사하다고 할 수 있다.

이야기를 읽는 독자의 마음도 이 시간의 흐름에 따라 「외롭다」-「두근두근」-「외롭다」-「기쁘다」-「외롭다」-「희망」으로 반복되며 흔들린다. 아버지의 죽음에 대한 부정적인 감정의 직선적인 표현이 아니라 부정적인 감정과 긍정적인 감정 사이의 이러한 기복이 독자를 깊은 감동으로 끌어가는 열쇠의 하나라고 생각된다.

(2) 시간의 중층 구조와 연결방법

시간은 흩어져 있는 것이 아니라 다양한 형태로 연결되어 하나의 전체를 이룬다. 시간의 연결방법은 마음의 정리방법 또는 존재방식이기도 하다.

시간의 중층 구조의 분석에서는 미세한 시간과 시간의 연속성과 내포된 시간 등 다양한 시간의 연결방법에 주목했다. 초등학생의 작문이라 그 시간 표현의 다양성에 더 놀라게 된다. 하마다(浜田, 2009)는 이야기 형성에 사건의 순행과 이야기의 퇴행성의 엉킴을 지적하고, 사건에 대한 '이야기'는 바로 그 사건이 끝나고 사후의 관점에서 말해진다는 것을 강조하고 있다. 시간의 중층 구조는 바로 사후의 관점과 역행성이 깃들어 있다.

작문에서 아버지의 죽음은 직접적으로 많이 적혀 있지 않다. 그러나 「나」의 외로움과 슬픔이 강하게 전해진다. 아버지의 죽음에 대한 엷은 기술은 시간의 동적 및 중층적 구조로 두께가 있는 것으로 비춰진다.

6. 마치면서

짧은 작문이지만, 그 분석에 끈질기게 매달린 것 같은 생각이 든다. 이 이야기는 왜 많은 사람에게 감동을 줄 수 있었던 것인가. 작문을 읽고 바로 이 점에 착안하여도 실제로 그 실마리는 쉽게 발견되지 않았다. 「도시락 상자」나 「죽은 자의 것」 등을 키워드로 생각해봐도 개운치 않다. 여러 가지 시행 착오를 하는 가운데, 또 다른 '눈물'[3]이라는 제목의 중국 초등학생의 작문을 만났다. 마찬가지로 부모의 죽음을 말한 작문으로 부모의 질병, 빈곤, 부모의 사망, 부모에 대한 생각이 쓰여 있고, 가장 슬픈 작문으로 감동을 불러일으키고 있다. 두 작문을 나란히 놓고 읽어봄으로써 「부모의 죽음」이라는 공통 주제와 이야기의 「시간의 요

---

3) http://tieba.baidu.com/p/3947401053

소」의 차이가 눈에 띄었다. 두 개의 작문을 비교 분석하고 각각의 문화적 특징을 탐색하는 데까지는 못가지만 본 원고에서 「시간의 구조」에 대해서 내 나름의 분석으로 파고들 수 있었다.

「이야기」는 독자에 의해, 연구자에 의해 다양하게 읽고 분석할 수 있다. 이 논문에서는 이야기의 구체적인 내용이 아니라 시간적 요소에 대해 고찰하였고 분석기법으로서의 의미도 커졌다고 본다. 물론, 이 작은 이야기의 분석과 진술분석에서 체험성의 유무를 감정하는 것과 같은 심리학적 분석이 이어져 나갈 수 있기를 희망하고 있다.

인용문헌

Bruner, J. S.(1986). *Actual minds, possible worlds*. Cambridge, MA: Harvard University Press.(田中 一 郎(訳)(1988). 可能世界の心理 みすず書房)

Gilligan, C.(1982). *In a different voice*. Harvard University Press.

浜田寿美男(2001). 自白の心理学 岩波書店

浜田寿美男(2009). 私と他者と語りの世界―精神の生態学へ向けて― ミネルヴァ書房

Kohlberg, L., Levine, C., & Hewer, A.(1983). Moral stages: *A current formulation and a response to critics*.

高木光太郎(2006). 証言の心理学―記憶を信じる，記憶を疑う― 中央公論新社

高橋登・山本登志哉(2016). 子どもとお金―お小遣いの文化発達心理学― 東京大学出版会.

やまだようこ(2000). 人生を物語る ミネルヴァ書房.

작문이라는 작은 이야기의 가능성

오키시오(하라다)마리꼬(沖潮(原田)満里子)

1. 작문이라는 이야기를 소재로 한다

언어를 주된 도구로 하는 질적 연구에서는 사람들의 이야기와 스토리는 중심적인 소재로 되어 있으며, 그 중에서도 자신이 수집한 데이터를 분석하는 질적 연구가 많이 나타난다. 편선생은 지금까지 수많은 질적 연구에 관계해 왔고, 상당량의 데이터, 그리고 이야기에 접해 왔던 분이었을 것이다. 그런 그가 이 책의 논고에서는 일본의 초등학교 1학년이 쓴 작문형태의 이야기를 데이터로 분석하고 있다. 지금까지의 아시아 각국에 관한 연구를 소개하는 것이 아니라, 이 작문분석을 선택한 것도 그만큼 편선생에게는 이 카타야마 유키노리(片山悠貴徳) 어린이의 이야기와의 만남이 인상적이었던 것이다.

또한 독자 중에는 1,200자라는 이렇게 짧은 문장에 대해 어디까지 분석할 수 있을까 하는 불안이 스쳐간 사람도 있었을지도 모른다. 그러나 편선생은 스키마 어프로치를 이용함으로써 훌륭하게 동작주와 행위, 그리고 시간을 축으로 한 이 텍스트의 분석을 전개하고 있다. 편선생의 논고에도 있는 것처럼 스키마 접근법은 법심리학의 진술분석, 이른바 재판이나 조사의 상호 작용의 분석에 주로 이용하기 위해 개발된 분석방법이다. 진술분석에 사용되는 이 방법을 초등학생의 작문분석에 이용한 것은 매우 흥미롭다. 지금까지 많은 질적 연구에 참여해 온 편선생이기에 가능했던 분석방법의 선택이었을 것이다.

2. 시간을 어떻게 포착할것인가

처음에 편선생이 한 것은 행위의 주체인 동작주와 그리고 그 행위의 분류이다. 거기에서는 작문의 저자인 '나' 이외의 동작주의 심적 행위는 그려져 있지 않은 것을 알 수 있다. 즉「느낀다」나「생각한다」,「쓸쓸하다」라는 심적 표현은 '나'의 것만으로 이 작문에 표현되어 있다.

다음으로 편선생은 시간의 흐름을 분석하고, 작문에서는 시간이 한 방향으로 흐르는 것이 아니라 중층적으로 교차하고 있는 것을 밝혔다. 그러면서도 이야기에 대한 명료하지 않은 부분을 느끼게 하지 않고 독자가 '나'의 모습을 쉽게 상상할 수 있는 것은 '어제' '아침' '10시'라는 미세한 시간의 표현이 그 마음의 리얼함을 전하는 데에 도움이 되고 있는 것은 아닐까 하고 나는 생각했다.

또한 시간의 큰 흐름으로서 작문에는 3개의 구분이 있으며, 각각 아버지가 돌아가신 것을 시작으로「어제」「오늘」「미래」라는 다른 방향으로 가고 있다고 한다. 그리고 각각 아버지의 죽음에 대한 부정적인 감정과 긍정적인 감정 사이의 기복이 표현되는 것이 독자에게 감동을 주는 첫번째의 열쇠가 되어 있다고 한다. 또한 많이는 등장하지 않는 '나'의 아버지의 죽음이 시간의 동적 및 중층 구조로 두께가 있는 것으로 비추어져 '나'의 외로움과 슬픔을 전하고 있다는 점도 두 번째의 감동의 열쇠라고 편선생은 밝히고 있다.

3. 작문을 어떻게 읽는가?

다른 입상 작품을 읽어 보니 가족을 위해 일을 열심히 하는 아버지와 어머니, 언제나 웃는 얼굴로 보살펴주는 할아버지와 할머니에 대한 감사의 마음을 직설적으로 쓰여있는 것이 많은 듯 느꼈다. 그 중에서도 「나와 아버지의 도시락 상자」라는 감사의 전달방법이 다른 작품과는 조금 다른 부분에 독자가 감동하는지도 모른다고 느꼈다. 작문에서는 아버지의 도시락 상자를 사용할 수 있는 기쁨, 그리고 성장한 자신을 아버지에게 보고드리는 '나'의 강인함을 엿볼 수 있다. 그러나 종반에 "하나님께 부탁할 수 있다면, 또 한번 ~ 모두와 살고 싶습니다"라고 아버지가 없는 현실에 대한 외로움이 문득 나온다. 여기서, 그러고 보니 그는 아직 초등학교 1학년이었던 것이고, 어려서 아버지를 잃은 그의 외로움이 솔직하게 표현되는 구절에서 나는 가슴이 먹먹해져버렸다. 그리고 마지막은 도시락을 빌려준 것에 대한 아버지에 대한 감사로 마무리되어 있다.

「작자의 죽음」이라는 발트에 의한 말이 있듯이, 이야기는 쓰는 사람의 손을 떠나면 독자의 해석에 맡겨지게 된다. 또한 이야기는 독자에 의해 해석이나 느껴지는 것도 달라진다. 그래도 많은 사람들에게 감동을 주었다는 이 이야기에는 역시 뭔가 독자의 마음을 흔드는 까닭이 있다는 것이다.

4. 이야기의 가능성

편선생은 그 감동의 열쇠를 훌륭하게 분석하고 있다. 게다가 처음에 쓴 것처럼 불과 1,200자가 되지 않는 짧은 문장에 포함된 감동의 열쇠를 정성껏 주의를 기울여 모아내고 있다. 이것은 우리의 일상에 넘쳐나는 다양한 이야기가 질적 연구에 매우 중요한 소재가 될 가능성을 내포하고 있다는 것을 우리에게 가르쳐 주는 것이다. 마지막으로, 중국에서도 화제가 됐다는 '눈물'이라는 작문 "나와 아버지의 도시락 상자"와의 비교분석을 본고의 속편으로서 어딘가에서 써 주실 것을 간절히 바란다. 편선생이 말로 표현하는 것이 어려웠던 '일본다움'을 꼭 읽어보고 싶다.

'지주의 죽음'과 구술사 연구

하강혜(何江穗, HE Jiangsui)

China

'지주의 죽음'과 구술사 연구

하강혜(何江穗, HE Jiangsui)

1. 질적 연구와 나

나의 질적 연구 경력은 1997년 가을에 공식적으로 시작된다. 당시 나는 북경대학의 손립평(孫立平) 교수의 「20세기 하반기의 중국 농촌 사회의 변천에 관한 구술자료 수집계획」이라는 연구프로젝트(郭于華 · 孫立平, 2002)에 참가했다. 이 프로젝트는 중국의 동북, 서남 등 지리적 · 문화적으로 다른 여섯 지역에서 각각 하나의 마을을 필드로 하여 1940년대부터 중국 농촌의 다양한 변천을 실제로 경험한 일반 주민에게 인터뷰를 하는 것이었다.

북경대학의 구술역사 연구프로젝트는 1996년부터 2003년까지 진행됐다. 그동안 수십 명의 대학원생들이 잇따라 연구에 참가하게 되었고, 또한 중국 사회학의 재건도 기본적으로 끝나고 있었다. 연구에 참여한 대학원생들의 이론적 지향은 다양했고 구술자료의 평가도 각각 달랐다. 구술자료를 역사 현장으로 되돌리는 기본 자료라고 평가해 주민들이 경험한 사회 변천에서 국가 권력의 사회 하층부에 대한 작은 실천을 검토하는 연구(李康, 1999)가 있었고, 또한 구술자료가 보여주는 것은 주민들이 현재에 행하고 있는 과거의 이해임을 강조하며, 구술사 연구는 그 중에서 국가 권력의 실천 결과로서의 사람들의 심리 상태에 주목해야 한다는 지적(李放春, 2000; 姚暎然, 2003)도 있었다. 또 다른 연구에서는 구술자료를 일종의 내러티브 텍스트로 간주하여 주민들의 구술 텍스트는 현대적인 '시간', '사건'이 교차하고 있기 때문에 역사적인 사건 계열로 넣어 평가하는 것은 어렵다는 지적도 있다(方慧容, 1997).

이와 같이, 북경대학의 구술사 연구에 참여한 학생들은 구술자료를 바탕으로 중국 농촌의 사회 변천을 고찰한다는 연구 지침을 따르면서 각각 실증주의(positivism), 해석주의(interpretivism) 구성주의(constructionism)적 연구 패러다임을 취하고 있었다. 나 자신이 구술역사 연구에서 체득한 점이라고 하면 이 세 가지의 연구 패러다임이 동일한 연구프로젝트 내에서 생겨나게 한 긴장 관계이다.

본 고에서 사용되는 것은 북경대학 구술사 연구프로젝트가 섬서성 기촌(陝西省驥村1))에서 수집한 구술자료와 문자자료이다. 1969년 봄에 기촌에서 일어난 지주 마종태(馬鐘泰)와 그의 아내의 사망 사건의 세부 사항과 마을 사람들이 이 사건에 대한 다양한 이야기를 정리하면서 역사의 환원, 마을 사람들의 이야기와 과거의 사건에 대한 이해를 연결하고 다른 패러다임이 구술역사 연구에서 생겨나는 서로 당기는 힘을 조화롭게 하는 것을 시도한다. 물론, 이 시도는 각각의 서로 당기는 힘을 제거하는 것이 아니라 그것을 분명히 함으로써 구술사 및 질적 연구방법의 검토를 목적으로 하는 것이다.

---

1) 驥村은 가상의 지명이다. 중국에서는 대상지에 가상의 지명을 사용할 수 있다.

2. 「지주의 죽음」과 구술사 연구의 실천

「지주의 죽음」은 기촌에서 일어난 하나의 비극이었다. 섬서성 북부의 황토 고원에 위치한 이 마을은 중국 공산당의 토지 개혁시기의 「전형적인 마을(전형촌)」이었다. 중국 공산당 간부인 장문천(張聞天)은 한 때 이 마을에서 조사를 행한 적이 있다(张闻天, 1942). 1980년대부터 90년대에는 미국과 일본 학자들도 이 마을에 주목하게 되었다(Rawski, 1986; Esherick, 1998; 深尾 등, 2000). 그외에 마오쩌둥(毛沢東) 등 중국 공산당의 지도자들이 전쟁 기간 중에 넉 달 동안 이 마을에 체류한 적도 있었고, 공산당 역사 연구자료에도 기촌에 관한 기록이 남아 있다(赵振军, 1988). 따라서 기촌의 현장 조사는 1940년대부터 중국 공산당의 전형적인 마을로서의 사회 변천을 고찰할 수 있을 뿐만 아니라 기존의 여러 나라의 연구성과도 참조할 수 있었다.

본문에서 논하는 기촌의 지주 마종태의 죽음은 많은 마을 사람들이 그 것에 대해 언급하고 있었으며, 또한 마을의 행운과 불운의 상징으로 여겨지고 있었다. 마종태는 누구인가. 그는 어떻게 자신의 삶을 마친 것인가. 그는 왜 마을의 상징으로 간주되었는가. 이러한 문제는 우리가 구술사 및 질적 연구방법을 고찰하기 위한 시작이기도 했다.

(1) 마종태(馬鐘泰)의 죽음

마종태의 생애에 관해서는 기촌의 마씨 지주 가족의 후손이 2003년에 편찬한 「마씨 가족지」(pp. 244-245)에 한 항목 100문자도 안 되는 기록이 있다. 이 기록에 의하면, 마종태는 1908년에 태어나 북경대학 화학학부를 수료했다. 1940년 마종태는 지방 정부의 파견 기관인 지역 전서 건설과의 유일한 직원이었지만, 이 시기는 중국 공산당이 기촌 지역을 장악했을 무렵이다. 위 가족지에 기록된 것을 보면 그는 그 후 기촌 소재의 공립중학교에서 교편을 잡게 되지만 얼마 지나지 않아 지역 전서로 되돌아 간다. 1949년 중화인민공화국이 성립된 후 마종태는 연안과 서안의 공장, 정부 부처와 연구소 등을 전전한다. 가족지에는 「문화 대혁명」 중에 박해를 받아 무고하게 죽었다고 마지막으로 기록되어 있다.

가족지에서는 마종태가 성인이 되어 마을에서 생활한 시간은 짧았던 것을 알 수 있다. 하지만 그에 대한 마을 사람들의 기억과 이야기는 매우 선명한 것이었다. 1930년대에 태어난 어느 주민은 「마종태는 문화 소양도 있고, 고운 글씨를 쓸 수 있는 사람」이었다고 회상했다. 당시 머슴의 아들이었던 이 사람에게는 마종태의 글씨는 매우 인상적이었을 것이다. 가족지가 마지막에 간단히 언급하는 마종태의 죽음은 마을 주민들에게는 평생 잊지 못할 일이었다. 마종태와 그의 아내 가홍범(賀鴻範)은 1969년 초봄에 기촌에서 비극적으로 그 인생을 끝마쳤다.

문화 대혁명이 시작되고 나서 1969년 1월, 오랫동안 마을에서 떨어져 있던 마종태와 그의 아내는 일터에서 기촌으로 송환되었다. 송환 서류를 본 사람은 아무도 없지만, 그가 왜 돌아왔는지를 이해하는 것은 어렵지 않았다. "마종태의 의형은 마명방(馬明方)이다. 마종태는 서안에서 일을 하고 있었지만, 그 계급 신분 때문에 문화 대혁명 중에 송환된 것이다." 이렇게 말한 것은 당시 갓 스무살이 지난 마을의 청년 조직에도 참여하고 있던 주민이었다. 여기에서 말하는 「계급신분」이란 우선 마종태가 기촌 마씨 지주 가족의 일원이었음을 가리킨다. 그의 아버지는 중국 공산당이 1942년에 실시한 조사에서 지주로 인정되어 있었다. 그러나 주민들이 말하는 계급신분은 이뿐만이 아니었다. 많은 사람들이 이야기 중 마종태의 의형 마명방에 대해 언급하고 있지만, 이 의형이야말로 지역에서 가장 먼저 혁명에 참여했던 한 사람이며, 1930년대부터 줄곧 공산당 고급 간부로 건국 후 섬서성의 당서기, 조직부 부부장을 역임하고 있었다. 그러나 문혁이 시작되면서「배신자」「반혁명」으로 비판을 받게 된다. 마종태의 가족 사정을 더 잘 아는 사람들은 국무원 사무국에서 일하는 그의 딸과 문화부에 근무하는 사위에 대한 이야기도 했다. 이전 같았으면 비호와 편의를 제공해 주었을 친척들이 문혁의 시기에는 마종태가 송환되는 이유가 된 것이다.

마종태의 사촌 동생의 회상에 따르면, 기촌으로 돌아왔을 때 마종태의 상황은 그렇게 나쁘지 않았다. "낮에는 노동에 종사하고 매일 저녁에는 비판투쟁회가 열렸다." 이 사촌 동생의 설명에 따르면, 비판투쟁회는 그래도 견딜 만한 정도로, 주로 언어적 비판이지만, 가끔 치욕적인 행위도 가해졌다. 상기의 청년 조직 참가자들은 후에 인터뷰에서 비판투쟁회의 모습에 대해 "마씨 지주 8, 9명을 일렬로 세워, 징이나 꽹과리를 울리면서 종이 모자를 씌워서 행진하게 했다"고 이야기했다. 또한 "겨울에 신발과 양말을 벗기고 눈을 넣은 쟁반에 맨발로 서 있게 하여 벌을 받도록 했다"는 말도 했다. 그러나 이것은 그 후에 접하게 되는 것과는 비교가 되지 않는다.

마종태가 마을로 돌아온 한 달 후 해방군의 공병부대가 기촌 부근에서 전쟁 대비 공사를 하기 위해 마종태의 집에 묵게 되었다. 2000년에 실시한 인터뷰에서 아직도 그 집에 살고 있는 주민은 "당시 한 중대의 병사들이 여기에 머물고 있었으며, 창고용으로 쓰던 굴을 화장실로 개조하려고 했다"고 말했다. 해방군은 그 공사 중에 뜻하지 않게 한 꾸러미의 장부를 발견했다. 장부에는「누구누구가 언제, 어느 정도의 토지를 빌려 지대가 얼마만큼 상환되지 않았다」라는 것이 쓰여져 있었고 그 외에 권총 커버도 찾아냈지만, 권총은 발견되지 않았다. 마종태에게 있어서는 말 그대로 불운이었다.

문화혁명 때에 청년 조직에 참여했던 한 사람은 "마종태에게 폭력을 행사했던 때는 얼음이 얼 정도는 아니었지만, 그래도 추웠다. 밤에는 마종태 한사람만을 투쟁 대상으로 했다"고 말했다. 비판 투쟁위원회의 조직원들은 "권총 커버는 있는데 권총은 왜 없는가"라고 말하며 마종태에게 권총을 내놓으라고 요구하고 그 「대여기록장부」에 대해서도 죄를 인정하라고 강요했다. 이 마을 주민은 그 장부가 "마종태가 남긴 것인지 아니면 그의 아버지가 남긴 것인지도 모르는 일이고, 또 마종태가 장부의 존재를 알고 있었는지 여부도 분명하지 않다"고 말한다. 하지만 마을의 일부 젊은이들은 폭력으로 마종태를 위협했다. 주민의 이야기에서 "마종태는 목에 다섯 근의 추를 걸고 서 있었다. 마을의 18세 정도로 보이는 홍위병이 쇠파이프를 가지고 그를 때렸다." "비판투쟁회에서의 폭력으로 마종태는 일어서지 못할 정도로 타격을 받았다." "그는 키가 크고 체격도 좋았지만 비판투쟁회가 있었던 때에 이미 망가지고 말았다."

1969년 4월 28일 투쟁회는 아직 쌀쌀한 야외에서 진행되었다. 맞아 쓰러진 마종태는 투쟁회가 끝난 후에도 그대로 현장에 남겨졌다. 다음 날 아침, 주민들은 마종태가 죽어 있는 것을 발견했다. 사람들에게 「아주 조신하다」는 말을 듣던 마종태의 아내 가홍범도 그로부터 하루 뒤에 집 우물에 몸을 던져 죽어 있는 것이 발견되었다.

(2) 「마종태의 죽음」에 관한 구술사 연구

마씨 가족의 후손들이 편찬한 두 권의 가족지 이외에, 그 지역의 공문서나 마종태의 후손을 비롯하여 마씨의 가족들이 쓴 작품으로 마종태의 죽음에 관한 기록은 찾아볼 수 없었다. 만약 기존에서의 구술사 인터뷰가 없었다면 마종태의 비극은 역사 속에 파묻혀 있었을 것이다. 구술자료는 어둠 속의 섬광처럼 역사 속의 「이름없는 자」(infamous men)에게 빛을 비추어주는 가능성을 보여주었다(Foucault, 1979).

그러나 이 빛이 무엇을 비추고 있었는지는 확실하지 않다. 앞 절에서 명확한 시계열과 사건의 전후 논리에 따라 마종태 부부의 죽음을 말하고 있지만, 마을 사람들의 이야기 사이에는 다양한 모순과 애매함이 보였다. 예를 들면, 마종태의 사망 원인에 대해 한 주민은 「마종태는 맞아 죽은 것이 아니고, 사람에게 당한 것도 아니다. 딱 한번의 투쟁회를 견딜 수 없어 음독 자살한 것」이라고 말했다. 당시 마종태에게는 독약의 입수 경로가 없었기 때문에 이와 같은 설명은 매우 의심스럽다. 하지만 마을 사람들이 말하는 많은 내용에 대해 그 진위를 증명하는 것은 상당히 어렵다. 예를 들어, 어떤 주민은 「대여기록장부」는 마종태가 옮겨 적어 창고에 숨겼다고 말했지만, 우리가 앞 절에서 파악한 것은 「확실치 않다」라고 하는 신중한 말투였다. 사실 앞 절에서 다룬 내용은 단지 일부 사람들의 말이며, 다른 이야기도 많이 그리고 다양하게 존재하고 있었다.

주민들 사이에서 나타나고 있는 이야기의 차이는 구술사 연구의 신뢰성(reliability)을 해치면서 구체적이고 생생한 구술자료가 사건에 대한 완전한 이야기로서가 아니라 서로 연결하는 것조차 안 되는 조각에 불과하다는 더 큰 문제가 있다. 앞 절에서 우리는 마종태의 풍체와 당일의 날씨에 대한 설명을 기록했지만, 주민 중에는 마종태의 사망한 시간, 장소에 대해 완벽하게 그리고 명확하게 말할 수 있는 사람은 한 명도 없었다. 방혜용(方慧容, 1997)이 지적하듯이, 구술사 인터뷰를 정리하여 만들어진 텍스트는 시간, 전후 맥락, 상황이 모호하거나 뒤섞인 내러티브의 조각이다. 어떤 주민은 마종태에 대해 말하기 전 수십 분 간 계속 1940년대의 토지개혁을 말하고 있었다. 원래 국민당을 위해 일을 하고 있었지만 토지개혁 때 공산당에 투항한 어느 마씨 지주를 언급했을 때, 이야기는 자연스럽게 마종태로 옮겨갔다. 그 둘 모두가 문혁에서 비판투쟁되었기 때문이다. "마윤전(馬潤田)이 투항해 온 것은 45년인가 46년이다. 그러나 그 후 그의 지주 신분을 인정하고 계급투쟁을 했다. 내 기억으로는 해방군이 마을에 주둔했을 때 마종태에 대해서도 비판투쟁을 벌였다. 그도 이전에는 마을을 떠나 일을 하고 있었다." 이 주민은 계속 마종태의 비판투쟁회에 대해 말하기 시작했고 그 투쟁회에서 해방군 장교의 발언까지 현장감 있게 흉내었다. 그러나 이 비판투쟁회가 토지개혁에서 20여 년이 지났다는 것은 자각하지 않는 것 같았다. 면접관이 당시 그 시간의 차이를 알아차리고 마종태의 비판투쟁위원회가 열린 시기를 묻자 "그것은 58년인가 59년 이후 61년이었는지는 확실하지 않다. 어느 쪽이라 해도 58년의 대약진이 지난 후이다"라는 대답으로 인해 그 때까지의 생생한 기술은 의문시 되기 시작했다. 실제로 주민들의 이야기에서 마종태의 사망 일자는 「수수께끼」와 같았다. 많은 사람들은 문화혁명을 기준으로 생각했지만, 가끔 1940년대의 토지개혁 운동으로 착각하는 사람도 있었다. 더 정확한 시간을 생각해내려고 하는 사람도 있었다. 예를 들어, 앞 절에서 비판투쟁회가 있었던 날의 날씨를 언급했던 주민은 「68년 겨울부터 69년 초, 또는 69년의 겨울」이라고 했다. 이 대답은 확실하기도 했고 또한 애매하기도 했다. 우리가 마종태 부부의 묘지를 찾아 그 묘비에서 확인된 사망 날짜는 1969년 4월 28일이었다.

구술 역사연구는 사람의 과거에 관한 이야기를 연구의 중심으로 자리매김하고 있다. 그러나 위와 같이 구술자료의 분석에는 다중적인 진실의 존재와 그 사이에 존재하는 서로 당기는 힘이 부각되고 있다(Appleby et al., 1995). 인터뷰를 통해 수집한 구술자료는 이야기하는 행위에서 보면 그 자체가 모두 진실이고, 인터뷰 상황 내내 화자의 과거에 관한 이야기하기이다. 이러한 과거에 관한 이야기하기의 기초가 되는 것은 화자의 과거에 대한 진정한 기억이다. 물론 사람들은 다른 상황 속에서 기억의 「진실」에 대한 첨삭을 가하기도 한다. 진정한 기억은 또한 화자 자신의 경험에 근거한 것이다. 기억과 경험의 관계는 시간의 추이와 함께 불확실한 것이 된다. 더 곤란한 것은 같은 상황에서도 사람들의 견문에 차이가 발생하는 것이다. 마종태의 비판투쟁회 대해 말하면, 기존 사람들의 구술자료는 그 이야기 안에서 얻을 수 있다 해도 기억력이 강한 사람은 30년 후에도 많은 세부 사항을 정확하게 기억하고 있었다. 또한 30년 전 그 현장에서도 마종태의 사촌 동생, 문혁 때의 청년 조직 참가자, 그리고 다른 마을 사람들은 각각 다른 견문과 감상을 분명하게 가지고 있었을 것이다.

따라서 구술자료로부터 「객관적 진실」로서의 과거로 거슬러 올라가는 것은 이야기와 기억과 경험의 장벽에 직면하게 되며, 구술사 연구의 4중의 「진실」 - 객관적 진실, 경험의 진실, 기억의 진실, 이야기의 진실 - 에 신중하지 않을 수 없다. 또한 3중의 「진실」 - 경험의 진실, 기억의 진실, 이야기의 진실 - 에는 경험자·기억하는 사람·이야기하는 사람의 각각의 상황에 걸친 이해의 진실이 포함된다. 과거의 그 상황에서도 사람의 생각이나 말이나 행동은 그 사람의 상황에 대한 이해를 나타내고 있으며, 과거에 관한 기억과 이야기하기도 몸담고 있는 각각의 상황에 대한 이해에 관련된다. 내가 구술사의 현장 연구에서 강하게 느낀 것은, 주민들은 연구자와 점차 친해지고 또 신뢰관계를 구축하게 되면, 마종태의 비극을 말할 때에 더욱 더 자신의 감상에 젖어드는 것이었다.

그외에 구술사 연구에서 주의해야 할 점은 3중의 「진실」과 그에 상응 하는 이해진실 사이에 끊임없는 구성의 서클이 존재하고 있다는 점이다. 과거에 관한 이야기하기는 그 때의 과거에 관한 진정한 기억에 근거하면서 동시에 「과거에 관한 기억」의 구성에 참여하고 있으며 (Halbwachs, 1980), 이야기하기와 회상은 또한 그 때마다 「과거의 경험」을 구성하게 된다. 기촌 사람들이 행하는 마종태의 죽음에 관한 이야기하기는 사람들의 바로 그 비극에 대한 기억을 환기하고 또 그 기억을 재구성하고 있다. 왜냐하면 매번 이야기하기가 일정한 상황에서의 마종태의 죽음에 대한 재체험 - 이야기하기와 기억의 층에서의 체험 - 이기 때문이다.

정리하면, 과거의 객관적 진실을 추구하려고 할 때, 구술사 연구는 경험의 진실, 기억의 진실, 이야기하기의 진실 및 이 3중의 「진실」이 지닌 「진실의 이해」에 직면하게 된다. 이러한 다중의 진실 사이에 존재하는 서로 당기는 힘이야 말로 구술사 연구의 매력이라고 할 수 있다. 「과거」에 대한 다중의 진실을 이해하는 것이야말로 우리들의 사회 생활에 있어서의 「과거」의 의미를 밝힐 수 있을 것이다.

3. 구술역사 연구와 질적 연구방법의 고찰

이상의 사례 연구에서 구술사 연구는 보통 사람들의 과거에 대한 이야기를 기록하고 있는 것을 알 수 있다. 이것은 또 다른 역사 쓰기의 가능성을 제시할 뿐만 아니라 구술자료 중 다른 유형의 진실이 공존하고 있음을 보여주고 있다. 다른 진실의 공존은 질적 연구방법을 고찰하기 위한 관점을 제공한다.

질적 연구에서는 서로 다른 방법론에 대해 논의가 되고 있다(Lincoln & Guba, 2000). 구술역사 연구는 실증주의, 해석주의, 구성주의 등 다른 패러다임이 반드시 대립하는 것이 아니라는 것을 가르쳐준다. 이들 패러다임은 하나의 연구에서 공존이 가능하며, 또 서로 결합시켜야만 한다. 구술사 연구자는 이야기하는 사람의 이야기 방식의 분석을 통해서만 이야기하는 사람이 이야기하기 가운데서 전달하려고 하는 이해를 파악하는 것이 가능하고, 과거의 경험까지 거슬러 올라갈 수 있다.

다음으로 구술사 연구는 주로 인터뷰를 통해 데이터를 수집하기 때문에 질적 연구방법으로서의 인터뷰 방법이 직면하는 과제를 부각시켜 준다. 오픈식이든 폐쇄형이든, 인터뷰는 연구자와 그 대상자들과의 담화이며(Fontana & Frey, 2000), 양자의 관계는 그 담화에 영향을 미친다. 구술사 연구에서는 장기간의 필드워크와 같은 대상에게 여러 번 인터뷰를 하는 것이 그 사람의 연구에 협력을 하게 되는 것으로 알려져 있다. 그러나 구술사 연구로 보는 다중 현실은 대상자의 이야기와 역사의 진실을 직접 동일시 할 수 없다는 것을 말해 준다. 인터뷰 데이터 분석에서는 트라이앵귤레이션(triangulation) 및 결정화(crystallization)(Janesick 2000)의 방법을 가지고 사회적 지위가 다른 대상자에게 인터뷰하거나, 동일한 대상자에게 다른 관점으로 다른 인터뷰 소재로 서로 검증하거나 할 뿐만 아니라 관찰과 문자자료 등 다양한 질적 자료를 가지고 인터뷰를 보충하고 검증할 필요가 있다.

다른 또 하나의 역사 쓰기방식으로서 구술사 연구는 보통 사람을 연구의 중심에 둔다. 구술사 자료로서 수집된 것은 보통 사람의 과거의 경험뿐만 아니라, 그 이야기로부터 그들이 어떻게 역사의 의미구조를 이해하고 있는가를 연구하는 것도 가능해진다. 보통 사람들의 역사의 이해는 「객관의 진실」로서의 역사 및 국가·시장 등의 힘에 의해 「구성」되는 역사보다 중요하다고 말할 수는 없어도 또한 그만큼 중요하다고 할 수밖에 없다. 실제로 보통 사람의 이해를 파악하는 것은 지금을 살아가는 「과거」와 과거의 영향을 받고 있는 「지금」에 대한 중요한 어프로치가 되고 있다. 우리는 기촌 사람들의 구술사 연구를 통해 「지주의 죽음」 사례를 기록하는 것이 가능했고 일반 주민들의 사회 혁명과 사회 변천에 대한 이해를 탐구할 수도 있었던 것이다.

인용문헌 ───────────────────────────────

Appleby, J., Hunt, L., & Jacobs, M.(1995). *Telling the truth about history.* Norton.

Esherick, J.(1998). Revolution in a feudal fortress: Jicun, Mizhi County, Shaanxi, 1937−1948. *Modern China, 24*(4), 339−377.

Foucault, M.(1979). The life of infamous men. In *Power, truth, strategy*(pp. 76−91). Feral Publications.

Fontana, A., & Frey, J.(2000). The interview: From structured questions to negotiated text. In N. K. Denzin, & Y. S. Lincoln(Eds.), *Handbook of qualitative research*(pp. 645－672). Sage.

深尾葉子・井口淳子・栗原伸治(2000). 黄土高原の村―音・空間・社会― 古今書院.

Halbwachs, M.(1980). *The collective memory*. Harper & Row.

He, J.(2006). The death of a landlord: Moral predicament in rural China, 1968－1969. In Esherick, Pickowicz, and Walder (Eds.), *The Chinese Cultural Revolution as history*(pp. 125－152). Stanford University Press.

Janesick, V.(2000). The choreography of qualitative research design: Minuets, improvisations, and crystallization. In N. K. Denzin, & Y. S. Lincoln(Eds.), *Handbook of qualitative research*(pp. 379－400). Sage.

Lincoln, Y., & Guba, E.(2005). Paradigmatic controversies, contradictions, and energing confluences. In N. K. Denzin, & Y. S. Lincoln(Eds.), *Handbook of qualitative research*(pp. 191－215). Sage.

Madsen, R.(1984). *Morality and power in a Chinese village*. University of California Press.

Rawski, E. S.(1986). The Ma landlord of Yang－chia－kou in late Ch'ing and republican China. In P. B. Ebrey, & J. Watson(Eds.), *Kinship organization in late imperial China*, 1000－1940(pp. 245－273). University of California Press.

方慧容(1997). "无事件境"与生活世界中的"真实"―西村农民土地改革时期社会生活的记忆― 北京大学社会学系硕士论文.

郭于华(2011). 倾听底层―我们如何讲述苦难― 广西师范大学出版社.

郭于华(2013). 受苦人的讲述―骥村历史与一种文明的逻辑― 香港中文大学出版社.

郭于华, 孙立平(2004). 诉苦――种农民国家观念的形成机制― 景天魁(主编)中国社会学年鉴1999－2002(pp. 276－279) 社会科学文献出版社.

李放春(2000). 历史, 命运与分化的心灵―陕北骥村土改的大众心态― 北京大学社会学系硕士论文.

李康(1999). 西村十五年: 从革命走向革命―1938－1952年冀东村庄基层组织机制变迁― 北京大学社会学系博士论文.

李猛(1998). 拯救谁的历史 二十一世纪, *49*, 128－133.

孙立平(2000). '过程—事件分析'与当代中国国家—农民关系的实践形态— 清华社会学评论 特辑 1(pp. 1－20) 鹭江出版社.

姚映然(2003). 受苦人—骥村妇女对土地改革的一种情感体验— 北京大学社会学系博士论文.

张闻天(1942/1994). 米脂县骥村调查 张闻天选集传记组等(编) 张闻天晋陕调查文集(pp. 123－287) 中共党史出版社.

赵振军(1988). 中共中央在陕北 解放军出版社.

중국의 구술사 연구에서 나타나고 있는 몇 가지 의문

이토 테츠지(伊藤哲司)

하강혜(何江穗) 선생이 쓴 「지주의 죽음」과 구술사 연구를 흥미롭게 읽었다. 1997년에 하선생은 「20세기 하반기에 걸친 중국 농촌 사회의 변천에 관한 구술자료 수집계획」이라는 북경대학의 연구프로젝트에 참여했다고 한다. 당시는 아직 젊은 연구자 아니면 대학원생 이었을까. 이러한 연구프로젝트가 있었다는 것 자체를 나는 모르고 있었고 그것이 또한 「국가 권력의 실천 결과로서의 사람들의 심리 상태에 주목해야 한다」는 지적이 당시 있었다는 것에 조금 놀랐다. 1966년부터 1976년경까지 계속된 문화 대혁명(문혁)에 대한 되돌아 보기나 반성이라는 의도도 담겨 있었던 것일까. 「봉건적 문화, 자본주의 문화를 비판하고 새로운 사회주의 문화를 창출하자」는 개혁 운동으로서의 문화혁명은 결과적으로 국내의 대혼란과 경제의 심각한 침체를 가져 왔다고도 전해진다.

그 문혁의 어둠에 묻혀 가고 있었던 기촌의 지주·마종태의 죽음에 하선생은 주목했다. 많은 마을사람들이 조사 속에서 언급했다는 이 사람(및 그 아내)의 죽음, 그의 죽음에 관한 기록은 부족하고, 가족사에 남겨진 기록은 「문화 대혁명 중에 박해를 받아 무고하게 죽었다」라는 간단한 것이었다 한다. 그러나 「마을의 상징」으로도 간주된 그의 죽음을 둘러싼 마을 사람들의 이야기를 통해 그의 존재가 시대를 넘어 되살아 난다. 그런 것이 국가의 의도에 반하지 않는 형태로 가능하게 된 것은 바로 질적 연구의 결실이라고 해도 과언이 아닐 것이다. 이 같은 성과가 「재건도 기본적으로 끝난」 중국 사회학에서 탄생했다는 것이다.

그러나 이 하선생의 논고를 읽으면서 몇 가지 납득이 가지 않고 의문을 갖게 하는 부분이 있다. 지면의 제한으로 쓸 수 없었는지도 모르지만 그런 이유만은 아닌 것 같다.

우선 첫 번째 의문은 기존이라는 것이 가명(지어낸 이름)이라는 것이다. 「섬서성 북부의 황토 고원에 위치한 이 마을은 중국 공산당의 토지 개혁 시기의 전형적인 마을이었다」라는 이 마을에 대한 설명이 옳다고 해도 거기까지 쓰면서 왜 실명으로 쓸 수 없었던 것일까(인용된 선행 연구에서도 동일하다). 마을을 특정할 수 없는 형태로 쓰지 않으면 안 되는 사정이 있었다고 해도 「섬서성 북부의 황토 고원에 위치한 이 마을」이라 하면서 마을을 좁혀나갈 수 있게 하는 표현은 왜 나오는 것일까. 혹은 이러한 설명 자체도 어쩌면 잘못된 것이 아닌가 하는 의구심을 품게 하고, 원래 이 「마종태의 죽음」이라는 것도 '실제의 이야기'인가 하는 회의조차 들게 한다. 가명으로 하는 것에는 어떤 국가의 의도가 작용하고 있는 것인가.

두 번째 의문은 「주민들 사이에 볼 수 있는 이야기의 차이」를 지적하고 고찰까지 하면서 「라쇼몬(羅生門)」 문제에 대한 언급이 없는 이유는 왜일까 하는 점이다. 구로사와 아키라(黑澤明) 감독의 일본 영화 「라쇼몬」(1950년, 원작은 아쿠타가와 류노스케의 芥川龍之介 「藪の中」)은, 거기에서 그려진 어떤 살인 사건을 둘러싼 당사자들의 이야기가 아주 어긋나는, 모순되는 이야기 임에도 불구하고, 거기에 하나의 진실이 있다고 믿고 해석하려고 한다는 것을 우리에게 알려 주고 있다. 영어 등에서도 'Rashomon'이라는 용어가 이런 종류의 연구에서 같은 의미로 사용되기도 하는데 중국의 학계에서는 그다지 알려져 있지 않다는 것인가.

세 번째 의문은, 이 연구프로젝트에 참여한 학생들 속에 실증주의·해석주의·구성주의 패러다임을 각각 취하는 사람이 있고, 그것이 큰 긴장 관계를 낳았다라고 말하면서도「전혀 대립하는 것이 아니」라「하나의 연구에서 공존 가능」하며, 또한 더 나아가「서로 결합시켜야 한다」고 하선생은 쓰고 있다. 하지만 그렇게 간단하게 조합시킬 수 없는 것이기 때문에 이즘(주의)이며 패러다임인 것이 아닌가. 만약 그들을「조합할」수 있다고 한다면, 그 실례를 알고 싶은 생각이 든다. 동일한 이야기를 다른 패러다임으로 풀어 보는 것이 가능할 지도 모르지만, 그것은「병존」이라고 말할 수는 있어도「조합」되는 것으로는 고찰하기 어렵다.

그리고 4번째 의문은 이「지주의 죽음」의 사례가 중국 사회에서 사회학적으로, 혹은 역사학적으로 무엇을 조명하고 있다는 것인지 필자의 생각이 명확하게 언급되어 있지 않은 것이다. 그것을 밝히기 위해서는 왜, 이 사례가 여기에서 다루어졌는가를 언급해야 할 뿐만 아니라 그외에 다른 어떤 사례가 있었는지를 밝힐 필요가 있으며, 그 가운데에서 이 사례가 어떤 질적인 특징을 가지고 있는가 하는 것을 명확하게 하는 것도 요구된다. 다시 말하면, 이 샘플이 무엇을 대표하고 있는가에 대한 언급이 필요한 것이다. 본론에는 그것이 없다.

이러한 의문은 일단 본인에게 듣지 않으면 해결되지 않을 것이다. 하선생은 이 논고를 중국어로 써서, 그 번역을 읽은 내가 일본어로 코멘트를 해도 좀처럼 빨리 전달할 수 없다는 아쉬움이 있다. 그러나 이러한 문제에 진지하게 임하고 있는 연구자가 중국에도 있다는 것을 알았다 (아마도 하선생 혼자라는 것이 아니라, 더 많은 사람들이 있을 것이다). 언젠가 어떻게 해서든 논의할 기회를 갖고 싶다.

중국에서의 질적 연구의
윤리적 과제

이효박(李曉博, LI Xiaobo)

중국에서의 질적 연구의 윤리적 과제

이효박(李曉博, LI Xiaobo)

1. 질적 연구와 나

　질적 연구라고 말하면, 나의 경우 아무래도 내러티브 인콰이어리 부터 시작하지 않으면 안된다. 2004년 일본에서 쓴 박사논문은 이론의 논고를 중심으로 한 것이 아니라, 한 사람의 일본어 교사의 스토리의 서술을 중심으로 했다. 당시는 객관적인 언어의 규칙이나 언어사용 상황 연구가 정통적이었는데, 필자가 소속해 있었던 연구 커뮤니티에서도 스토리가 연구로 성립될 수 있는 것인가 하는 지적이 종종 있었다.

　그리고 2004년에 일본에서 무사히 박사학위를 취득하고 중국으로 돌아왔다. 당시 중국에서는 질적 연구라는 말이 교육학과 사회학, 언어 교육학 등의 학술지에서 볼 수 있었지만, 대부분은 연구방법론의 소개였다. 실제로 연구조사에 기초하여 스토리를 중심으로 한 연구는 아직 없었다. 필자가 준교수가 되기 위해서 교사의 실천적 지식을 스토리로부터 탐색한 2편의 질적 논문을 심사위원에게 제출하고 심사를 받을 때 '이것은 일본어 교육의 연구가 될 수 있는지 의문이기 때문에 불합격 처리합니다'라고 했다. 보편성과 대표성 등을 중시하는 중국의 연구자에게 소인원 연구 대상자의 스토리의 서술을 중심으로 한 질적 연구가 어떻게든 마음을 움직이고 가치있는 것인지 인식하도록 하는 것이 질적 연구자들의 사명일지도 모른다.

2. 중국의 질적 연구의 윤리 문제

최근 몇 년 간 중국에서, 교육학·사회학 등의 연구분야에서는 주류라고는 말할 수 없지만, 질적 연구방법을 취하는 연구가 증가하고 있음을 본다. 특히, 사회학이나 소수 민족 교육과 일반 교육학 등의 분야에서는 중국의 급속한 사회 발전에 따른 사회와 교육 사이의 모순과 문제 등을 주제로 하는 질적 연구가 많다. 그 중 중국 농촌지역의 교육과 사회 상황 등을 질적 방법으로 조사하는 연구가 최근 많아지고 있다. 예를 들어, 돈벌이를 위해 이주한 부모와 함께 도시에 나온 농촌 어린이의 도시 학교에서의 정체성 연구, 그리고 부모가 돈벌이로 이주를 하여 농촌의 「집에 남아있는 아동」에 대한 연구, 그리고 농촌 아동들의 퇴학 현상 등에 대한 에스노그라피 연구 등이 있다. 또한 남성 교사의 행복에 관한 내러티브 인콰이어리, 중학교 여교사의 교육 신념에 관한 연구, 유치원의 남성 교사의 성장 등의 질적 연구도 주목을 받고 있다. 이외에도 심리학의 연구분야 및 외국어 교육 연구분야에서도 최근 질적 연구방법을 취하는 연구가 많아지고 있다. Ouyang(2011)이 중국의 앞으로의 질적 연구의 발전상을 '비온 뒤의 죽순'이라는 말로 비유하고 있는 것처럼 향후 중국의 질적 연구의 발전을 기대하도록 하고 있다.

그러나 질적 연구를 하는 과정에서 매우 중요한 윤리적 문제를 더 많은 중국의 질적 연구자들은 심각하게 생각할 필요가 있다.

이령(李玲, 2009), 문운(文雯, 2011) 등은 질적 연구의 윤리문제의 개념 소개, 구미 등의 나라에서의 발전 및 심사제도의 소개, 또는 「연구 대상」을 보호한다고 하는 윤리문제를 절차상의 문제, 그리고 도덕 수준으로 파악하고 있다. 황영영·반뇌명(黃盈盈·潘绥铭, 2009)은 사회학의 입장에서 「윤리문제는 도덕의 수준만으로 머무를 것이 아니라, 방법론, 그리고 더 구체적인 방법 조작의 수준에서 생각하고 연구해야만 한다」고 지적하고 있다. 이러한 윤리문제에 대한 연구는 앞으로 중국에서의 질적 연구에 유익하다는 것은 말할 것도 없다. 그러나 윤리문제는 이론적인 것이 아니라 질적 연구를 행하는 과정에서 일어나는 실제적인 문제이다. 따라서 윤리문제를 연구과정과 결부시켜 구체적인 연구 사례를 통하여 반성하고 탐구하고 분석할 필요가 있다고 생각한다.

다음은, 필자가 박사 논문을 썼을 때 일어난 어떤 사건에 대해 서술하고 그것을 윤리라는 각도에서 반성하고 분석을 시도해 보고자 하는 것이다.

3. 료코(涼子) 씨에게 상처를 입혔다

료코 씨는 내가 일본에서 내러티브 인콰이어리라는 질적 연구방법으로 쓴 박사 논문의 연구 참가자이다. 필자의 박사 논문 중에서 유학생에게 일본어를 가르치는 료코 씨의 일본어 교사로서의 전문성에 대해 논하는 장이 있었다. 애초에 왜 이 장을 쓰려고 생각했었던가.

필자는 료코 씨의 활동 현장에 1년 가까이 참여관찰을 하고 다양한 대화, 인터뷰를 가졌다. 그 중에 료코 씨가 항상 '자신은 전문적인 일본어 교사라고 말할 수 없다'라는 말을 했다. 필자는 이 말이 궁금했다. 왜, 료코 씨는 자신이 전문적인 일본어 교사라고 말할 수 없다고 생각하는 것인지. 료코 씨는 무엇을 기준으로 자신의 일본어 교사로서의 전문성을 판단하는 것인가 등 이에 대해 필자는 료코 씨에게 단도직입적으로 물어 본 적이 있다. 거기서 료코 씨는 어떤 선배의 선생님께서 말씀하시기를 일본어를 도구라고 한다면 도구를 어떻게 다룰 것인가 하는 부분만이 일본어 교사에게 주어진 일이라고 했다고 한다. 그에 대하여, 료코 씨가 그 선배에게 도구를 취급하는 과정을 서로 같이 의지한다든가, 함께 보고 간다든가, 그런 것도 중요하지 않은가라고 하자 선배는 그것은 학습자와 교사의 관계 구축인 것이며 기술은 결코 아닐 것이라고 말했다고 한다. 그로부터 료코 씨는 자신은 분명 일본어 교사의 프로는 아니구나 하는 생각이 들었다고 한다. 또한 료코 씨는 자신의 생각과 수업방식은 지금까지의 동료 선생님들과는 상당히 다르기 때문에 자신의 수업은 동료 선생님에게 보여줄 수 없다고 말한 적이 있다. 왜냐하면 자신의 수업을 동료 선생님에게 보여주면 자신이 '(학생들에게) 무시 당하고 있다'고 말할 지도 모르기 때문이라고 했다.

필자가 이런 대화에서, 그리고 료코 씨가 연구에서 협력을 받는 과정에서 느낀 것은, 료코 씨가 일본어 교사로서 자신감을 갖지 못하고 자신을 전문적인 일본어 교사로서 자리매김을 못하는 원인은 '기술 중심'의 선배 교사와 동료 교사 등으로 구성되어 있는 직업적 '커뮤니티'의 탓이라고 생각했다. 그리고 어느 쪽인가 하면, 료코 씨는 이 커뮤니티에서는 '약한 입장'에 놓여 있다고 생각했다.

연구가 진행되어 박사논문 작성이 끝날 무렵, 필자는 료코 씨를 위해 선배 선생님과 동료 선생님들에 대한 반론으로 그녀가 훌륭한 전문적인 일본어 교사임을 논하고 싶어 참을 수가 없었다. 오히려 그런 것을 연구자에 부과되는 의무와 책임이라고까지 생각하고 있었다. 자신의 논점을 세우기 위하여, 필자는 이론을 인용하기도 하고, '강한' 동료들에게 둘러쌓인 커뮤니티에서 '약한' 입장에 처한 료코 씨의 실천이야말로 훌륭한 전문 일본어 교사가 해야 할 실천이라고 이론 정연하게, 그리고

'기분 좋게' 논박할 수 있었다. 솔직히 말하면, 글을 다 썼을 때의 달성감은 컸다. 자신이 쓰고 싶은 것을 드디어 써냈기 때문이다. 그리고 료코 씨가 읽으면 분명 기뻐하고 납득해 줄 것이라고 굳게 믿었다.

그런데, 결과는 전혀 반대였다. 료코 씨는 내가 쓴 이 장의 전신인 리서치 텍스트를 읽은 후, 의외로 그때까지 드러낸 적이 없었던 불쾌한 표정을 보였다. 그러나 어디가 무엇이 잘못되었는 지에 대해서는 말하지 않았다. 그리고 이후 며칠 동안 료코 씨는 필자를 피해 다녔다.

도대체 무슨 일이 일어난 것인가. 어떤 점이 료코 씨의 기분을 상하게 한 것인지. 중국인으로서 내가 일본인인 료코 씨를 이해하는 것은 역시 무리인 것인가와 같은 충격을 받고 많은 생각을 해보았지만, 서둘러 박사 논문을 쓰고 싶었기 때문에 진도를 늦추면서 이러한 문제를 놓고 차분히 생각하지 못했다. 료코 씨와 서로 충분한 대화도 하지 않았다.

단지 필자의 직감으로는, 필자가 료코 씨를 '약한 자'의 입장이라고 해석하고 동료 교사들을 '가해자'와 같은 '강한 자'라고 해석한 것 때문에 료코 씨가 상처받은 것이 아닐까라고 느꼈다. 그리고 이러한 직감에 따라 리서치 텍스트를 다시 작성했다. 고쳐 쓴 리서치 텍스트에서 필자는 이러한 관점을 최대한 억제하도록 단어를 삭제하거나 단락을 조정하기도 했다. 결과로서 료코 씨는 납득해 주었지만 역시 어딘가에 료코 씨는 아직도 신경이 쓰이는 듯한 느낌이었다.

그리고 필자가 박사 학위를 받고 중국으로 돌아온 2년 후, 료코 씨가 중국을 방문해 필자와 만났다. 그때 필자는 료코 씨에게 다시 당시의 일을 말하며, 그 장에서 료코 씨가 왜 불쾌하게 되었는지 그런 걸 무시하고 서둘러 박사 논문을 쓴 데 대해 매우 죄송하게 생각하며, 지금은 후회하고 있다는 것을 솔직하게 고백했다. 그러자 료코 씨는 아주 큰 소리로 "그래요! 당신은 그것을 무시해서는 안 되었어요!"라고 밝게 말했다. 그리고 료코 씨는 당시 이 장을 읽고, 상처받아, 만약 내러티브 인콰이어리가 이 같은 연구방법이라면 납득할 수 없다고까지 생각했다고 한다. 필자는 당시 료코 씨가 이렇게까지 상처 입었었다는 것을 알고 정말 미안하다고 생각할 뿐이었다.

도대체 어떤 것이 잘못되었고 료코 씨에게 상처를 주었는가?라고 단도직입적으로 료코 씨에게 물었더니 료코 씨는 명확하게 답하지 않았다. 단지 '뭔지 잘 모르겠지만 그 전까지 장에서의 '료코 씨'는 자기라고 알겠는데, 이 장에서의 '료코 씨'는 내가 아니라 '이선생의 료코 씨'가 되었다'라고 말했다.

그리고 여담이지만, 료코 씨가 "2년 동안 계속 내 마음에 숨어 있던 불쾌함이 당신의 이 한마디로 없어졌어요!"라고 하하하 웃으며 말해준 것을 지금도 감사하고 있다.

4. 이해의 어려움

필자가 그 장에서 행한 료코 씨에 대한 해석은 표면적으로 보면 료코 씨의 '언동'을 기반으로 한 것이었다. 예를 들어, 료코 씨가 계속 자신의 실천에 '자신이 없다'고 말을 하거나 자신의 실천을 '동료 교사들에게 보여 수 없다'고 말하고 있다. 그것을, 나는 료코 씨가 자신의 교사로서의 전문성, 그리고 자신의 실천에 대한 이해와 해석이라고 생각했다. 그러나 료코 씨는 자신의 교사로서의 전문성, 그리고 자신의 실천에 대해 다른 생각이 있었을지도 모른다. 또 자신을 '약한 사람'이라고 생각하지 않았을지도 모르고, 그렇게 받아들여지는 걸 원하지 않았을지도 모른다. 필자가 나빴다는 것은 그것에 대해 료코 씨와 충분히 서로 논의하지 않고, 혹은 신중하게 생각하지 않고 나 자신의 이해를 '진실'이라고 믿고 써버렸다는 것에 있었던 것은 아닌가 하고 생각한다.

그렇다고 해서, 원래 필자로서의 내가, 료코 씨라고 하는 '주체'가 이해하고 있는 것을 어디까지 '정확하게' 이해할 수 있을까. 이것은 내러티브 인콰이어리를 포함한 질적 연구의 과제이다. 질적 연구의 이해와 해석은 결국 연구자와 연구 참여자 간의 간주관성에 귀결된다. 질적 연구자가 이해하려고 하는 대상은 이해를 가지고 있는 주체이며, 자신의 경험과 말과 행동에 대해 자신의 해석을 가지고 있다. 이러한 연구 참가자를 연구자가 어떻게 그 이해와 말과 행동과 기호의 의미를 '바르게' 이해하고, 또 어떻게 연구 참가자의 경험을 어떤 '이론'이라는 틀에 추상화·분류하여 연구로서 정리할 수 있을 것인가는 질적 연구의 간주관성의 딜레마이며, 이해와 해석의 딜레마이기도 하다(鄭慶潔, 2011).

여휘(呂徽, 2004)는 진리는 객관적 세계와 사회적 세계, 그리고 주관적 세계가 서로 조화로운 결과라는 하바마스의 관점을 인용하고 있는데, 이 관점에 근거하면, 진리라고 하는 것은 결국 '주체들끼리' 커뮤니케이션을 통하여 도달한 합의로 귀결할 수 있다는 것이 된다. 즉, 화자와 청자 사이의 대화에 의문이나 불일치의 인식이 있으면 세 가지의 유효한 '요구'에 근거하여 의사소통을 하고 결국 '합의'에 도달하는 것이 최선이라 한다. 그 세 가지 '요구'는 '정당성 요구'(rightness validity claim), '진리성 요구'(truth validity claim), '성실성 요구'(sincerity validity claim)이다.

이 가운데에 화자의 청자에 대한 충분한 배려, 화자 자신의 언명(言明)행위의 결과에 대한 배려와 화자의 청자에 대한 책임이 포함된다. 이 것은 의사 소통행위의 배려 윤리, 책임 윤리이기도 하다. 즉, 의사소통을 한다(연구의 경우: '연구를 한다')는 것은 오직 진리를 언명하는 객관주의적인 행위가 아니라, 화자와 청자가 합의에 이르는 것을 목표로 진리성 요구와 정당성 요구, 그리고 성실성 요구 등이 포함된 커뮤니케이션 행위이다. 본 연구의 경우 필자는 자신에 속한 주관적 세계에 따라 '진리성 요구'를 목표로 해보려고 했던 것이지만, 그것은 료코 씨의 주관적 세계의 '성실성 요구'와의 사이에서 어긋남이 발생한 것이었다.

5. 마치면서

　필자의 경우로 말하면, 처음에는 료코 씨의 반응을 중시하고 연구의 진도를 늦추어, 료코 씨와 충분히 그것에 대해 의사 소통을 하고 2명이 '합의'할 수 있는 해석에 도달해야 했다. 료코 씨의 반응을 존중하고 또 그것에 신중하게 대응하는 것은 도덕 수준의 윤리이다. 하지만 어떻게 료코 씨를 이해하는가 하는 문제는 분명히 '주체와 객체라는 관계'로서 강조된 연구방법론 수준의 윤리문제가 아니라 존재론적 윤리학의 문제이다. 필자가 료코 씨를 어디까지 '바르게' 이해할 수 있는지는 질적 연구에 얽혀 있는 존재론적인 난제이다. 하지만 어렵다고 해서 그것을 무시하거나 회피해서는 물론 안 되는 것이다. 비록 필자처럼 처음에는 이 문제를 충분히 인식하지 못하고서 연구가 끝난 2년 후에 료코 씨와 다시 이야기하고 또한 본 원고처럼 12년 전 나 자신이 '진리성 요구'로 내었던 결론의 과정을 다시 되돌아 보며 음미하고 반성을 하는 것도 당시 그 장의 진리성에 입각한 언명에 대해 이제 다시 료코 씨와 이해의 합의에 도달하기 위한 커뮤니케이션의 행위라고 이해할 수 있을 것 같다.

　이처럼 도덕 수준의 윤리와 절차상의 윤리문제를 넘어 실제 연구과정에서 일어나는 윤리적 문제에도 심각하게 대응하는 것이, 중국의 질적 연구분야에서 앞으로 노력해야 할 방향일 것이다.

인용문헌

Ouyang, H.(2011). Bamboo shoots after rain: Educational anthropology and ethnography in mainland China.

In K. Anderson—Levitt(Ed.), *Anthropologies of education: A global guide to ethnographic studies of learning and schooling*(pp. 255−278). New York: Berghaln Books.

黄盈盈·潘绥铭(2009). 中国社会调查中的研究伦理—方法论层次的反思— 中国社会科学, *2*, 149−162.

鄭慶潔(2011). "主体间性—干预行动" 框架—质性研究的反思谱系— 社会, *3*, 224−241.

文雯(2011). 英国教育研究伦理的规范和实践及对我国教育研究的启示 外国教育研究, *8*, 87−91.

李玲(2009). 论质性研究伦理审查的文化适应性 比较教育研究, *6*, 7−11.

吕微(2004). 反思民俗学, 民间文学的学术伦理 民间文化论坛, 3−8.

방법론으로서의 조사 윤리

타가키 마사쿠니(田垣正晋)

1. 연구자 - 협력자

나는 이선생의 논문에서 이선생과 료코 씨와의 에피소드에 주목하고
싶다. 연구자와 협력자와의 관계가 '윤리문제'로 논의된 경향이 짙지만,
방법론의 문제로 고찰하는 것이 질적 연구의 발전에 기여하는 지식과
견문을 창출할 수 있다고 생각한다. 윤리문제라는 관점만으로는 연구자
가 협력자를 착취한 것이 아닌가, 아니면 협력자에 의한 데이터의 확인
을 의무화 해야 하는가 등과 같은 논의로 흐르기 쉽다. 이선생 논문의
3과 4를 읽으면, 이러한 관계성을 연구의 목표라고 하는 질적 방법의
이론적 과제로 검토해야 할 것을 가르쳐 주는 것 같다.

이선생의 에피소드에는 세 개의 요점이있다. 첫 번째는 이선생은 료
코 씨가 뛰어난 일본어 교사임에도 불구하고 동료들 중에서는 그것이
인정되지 않았다는 것을 우려하고 료코 씨의 실천의 우수성을 논문에서
보여주고자 한 것이다. 두 번째는 이러한 기술은 료코 씨가 '약한' 자이
며 동료는 '강한' 자라는 도식이 되어 료코 씨가 이에 대해 강한 위화감
을 가졌다고 이선생 자신이 예상한 것이다. 동시에 료코 씨 자신은 이
러한 이선생의 도식에 명확하게 동의를 표하지 않은 상태라는 것, 본문
을 읽는 한에 있어서는 그렇게 보인다. 세 번째는 박사 논문을 마친 후,

저자인 이선생과 료코 씨가 이러한 점에 대해 서로 이야기를 나누고, 료코 씨는 웃었고 이선생은 이런 주고받음에 감사했다는 것이다.

2. '약한' 사람에 대한 강점의 강조가 갖는 위험성

위의 에피소드는 일본어 교사로서의 료코 씨와 동료에 대한 분석이 '약한 자'와 '강한 자'라는 도식에 갇혀 읽혀져 갈 위험성이 있음을 알려 준다. 물론 질적 연구 자체는 어느 쪽인가 하면 사회적 소수자라는 '약한 자'에 더욱 착안하여 그런 사람들의 강인함과 인생의 풍요로움을 나타내왔다. 대상 설정이 이루어지지 않은 경우, 연구 자체가 시작되지 않기 때문에 연구를 시작하는 시점에서는 '약한 자'라는 설정을 조작적으로 행하는 것은 부득이한 일이다. 하지만 질적 연구의 조작적 설정이 연구의 방향성과는 달리 협력자에게 '약한 자'라는 라벨을 고정시켜 버리는 일도 있을 수 있다. 그렇지만 한편, 사회적으로 높이 평가되고 있는 '강한 자'의 '약함'이나 위대한 업적과는 서로 모순되는 부분에 초점이 맞추어지기도 한다. 예를 들어, 에릭슨은 학문상으로는 생애발달심리학이나 임상심리학에 큰 영향을 끼쳤음에도 불구하고, 장애를 가진 자신의 아이에게는 냉정한 태도를 취했다는 것이 그에 관한 전기적 연구(Friedman, 2000)에서 밝혀졌다. 이러한 연구는 위인의 명예를 훼손한다는 말은 해도, '강한 자'와 '약한 자'라는 관계성의 관점에서 비판하는 것은 별로 없을 것이다. 이 아이와의 관계성이 그의 업적에 영향을 미쳤다는 해석도 가능하다.

나는 '약한 자'와 '강한 자'라는 도식이 생겨나지 않도록 하는 방법을 생각해 내지 못하지만, 연구자들은 이렇게 읽혀질 가능성을 염두에 두고, 강함과 약함, 또는 대상으로 삼는 사물과 현상에 대한 부정적·긍정적 측면 쌍방 모두를 균형있게 기술하는 것이 중요할 것이다. 나 자신의 논고에서 언급했듯이, 신체장애인의 삶의 이야기의 연구에서는 장애인의 양가(兩価)적 측면을 중시해 왔다(田垣, 2014).

3. 논문이 완성되어도 연구는 계속될 수 있다

이선생의 논문 3에 나타난 두 사람의 위화감과 주고받는 내용을 읽고 나는 이선생 논문이 박사 논문 전체의 속편인 것은 아닌가 했다. 위화감은 저자 자신에 의한 고찰이고 료코 씨의 말은 그 분석에 대한 응답이다. 종종 연구자와 협력자의 상호 작용은 연구 프로젝트에 국한된 것이 아니라, 오랫동안 지속된다고 한다(杉万, 2006). 각각 긴 인생을 살고 있으며 연구가 계기가 되어 관계가 시작된다. 연구 프로젝트는 그 일부분이고 연구 논문 또한 그 한 장면이라고 할 수 있다. 이렇게 생각한다면 이선생의 박사 논문 자체가 완성되었다 해도 저자와 연구 협력자의 교류가 계속되는 한 엄밀하게는 연구가 끝나지 않았다고 해야 한다. 료코 씨의 위화감 검토 자체가 이선생의 박사 논문에 대한 고찰이며, 이 코멘트 논문은 이선생의 박사 학위논문에 대한 것이기도 하다.

이선생은 연구자와 협력자 사이에 완전한 '이해'가 아니라 서로의 합의를 목표로 하는 과정이라고 쓰고 있다. 나는 이 견해에 찬동하면서도, 불(不)합의의 합의도 있을 수 있다고 덧붙이고 싶다. 협력자가 '난 그렇게 생각하지 않지만, 당신(연구자)이 보면 나에 대해서 그렇게 보인다는 것은 알 수 있었다'라고 하는 것처럼 말이다. 불합의의 합의에 대한 다른 견해가 있을지도 모르지만, 연구자와 협력자의 관계성은 연구된 상태의 존재형태에 대한 논의로 이어지는 것은 확실하다. 일련의 에피소드는 학술적 고찰이 되어 있지 않기 때문에, '후기'에 지나지 않는다고 간주될지도 모른다. 하지만 이런 논의 자체가 중요한 것이다. 그 이유는 연구자와 협력자의 연구윤리에 관한 절차가 학술 논문의 '방법'에 기술되어 있는 것은 해당 프로젝트의 데이터 수집을 위한 주요 절차 및 내용이라는 것을 의미하고 있기 때문이다. 이선생의 논문은 이러한 점을 다시 한번 고찰하게 하는 계기가 되었다.

Friedman, L. J.(2000). *Identity's architect: A biography of Erik H. Erikson.* Cambridge, MA: Harvard University Press.(やまだようこ・西平直(監訳)(2003). エリクソンの人生 上・下―アイデンティティの探求者― 新曜社)

杉万俊夫(2006). コミュニティのグループ・ダイナミックス 京都大学学術出版会

田垣正晋(2014). 脊髄損傷者のライフストーリーから見る中途肢体障害者の障害の意味の長期的変化―両価的視点からの検討― 発達心理学研究, 25, 172－182.

'세상 바꾸기'와 '다시 세우기'의 관점에서 보는 대만의 기부문화

이부흔(李勇昕, LEE Fuhsing)

Taiwan

제10장

'세상 바꾸기'와 '다시 세우기'의 관점에서 보는 대만의 기부문화

이부흔(李勇昕, LEE Fuhsing)

1. 질적 연구와 나

2011년 3월 11일 동일본 대지진이 일어났다. 일본의 지진, 쓰나미, 후쿠시마 제1 원자력발전사고에 의한 전대 미문의 피해가 전 세계에 충격을 주었다. 지진 재해 직후 대만의 미디어는 일본의 피해 상황에 주목하며 연일 보도하고 있었다. 지원활동을 하기 위해 대만의 NPO와 NGO는 피해 지역으로 몰려 들었다. 동시에 대만 사회가 동일본 대지진에 기부한 금액은 220억 엔을 넘어 세계 제일의 고액이라고 주목받았다.

나는 2011년부터 일본과 대만의 재해지의 부흥과정을 연구해 왔다. 일본에서 현지 조사를 할 때 '대만이 일본을 도와줘서, 고마워'라고 자주 감사의 인사를 받았다. 또한, '왜, 대만은 이렇게 친절한 것인가'하는 말을 일본인에게 들었다. 대만인의 문화로서 기부는 당연한 일이지만 일본사람들에게는 그렇지 않다는 것도 알게 되었다. 그래서 대만의 기부문화는 어떻게 형성된 것인지, 대만인이 기부하는 이유는 무엇인지, 그리고 대만이 일본에 고액의 기부금을 보내는 의의는 무엇인지 생각하게 되었다.

본 연구는 이상의 문제의식을 밝히기 위해 인터뷰 조사 및 문헌 수집 등의 질적 연구방법을 취했다. 지금까지 기부의 이유와 동기에 관한 연구는 양적 연구가 압도적으로 많다. 그러나 양적 연구만으로는 기부라는 실천에 관련하는 사람들의 이야기의 의미를 깊이 있게 탐구할 수 없다. 질적 연구는 겉보기에는 복잡하고 산란한 이야기를 논리적으로 읽어냄으로써 그 문제에 대한 답을 떠오르게 한다. 나는 이러한 질적 연구의 방법에 매력을 느끼고 있다.

본 고는 이 질적 연구 접근법을 이용하여 대만의 기부문화를 논한다. 우선, 대만 사회의 역사와 국제관계, 정치, 경제, 신앙 등 다양한 요소를 파악한다. 그리고나서 부흥론의 '세상 바꾸기'지향과 '다시 세우기'지향이라는 두 개의 틀을 이용하여 대만인의 기부에 관한 이야기하기와 그 동기를 고찰하고자 한다.

2. 대만의 기부 사정

대만과 일본의 기부습관을 비교하면 상당한 차이가 보인다. 대만의 2015년 세계 기부지수는 43이며, 세계 랭킹 145개국 중 35위이다.[1] 같은 해의 연간 GDP는 5,235억 달러로 세계 26위이다. 1인당 GDP는 16,942달러로 세계 36위이다. 한편, 일본의 2015년 세계 기부지수의 랭킹은 102위이며, 연간 GDP는 4조 1,232억 달러로 세계 3위, 1인당 명

---

1) 2015년 세계기부지수.

목 GDP는 32,485.55달러, 세계 26위이다.[2] 즉, 대만의 수입과 경제발전은 일본에 뒤지지만, 대만의 기부습관은 일본보다 발전되어 있다고 말할 수 있다.

기부금의 범위는 넓기 때문에 본 고는 재해 대응과 부흥에 깊게 관련되는 재해기부금을 중심으로 논의한다. 국내의 막대한 재해에 대해 1999년 9월 21일 집집(集集) 대지진(2,415명 사망, 11,306명 부상)에서는 약 1.39조 엔의 기부금이 있었고, 2009년 8월 9일의 모라콧 태풍(69명 사망)은 약 963억 엔의 기부금이 있었다. 그 후, 2014년 고웅(高雄)에서 일어난 대규모 가스폭발 사고(25명 사망, 267명 부상)에서는 170억 엔을 넘는 기부금이 모였다. 또한 2016년 2월 대만 남부 지진(115명 사망 , 45명 중상)에서는 약 141억 엔의 기부금이 있었다.

국외 기부금의 금액이 항상 상위인 대만은 최근 세계에서 주목받고 있다. 제1절에서 언급한 바와 같이, 동일본 대지진에 대해 대만이 세계 1위의 고액인 220억 엔을 기부했다. 그 후, 2016년 4월 구마모토 지진에 대해서도 2.2억 엔을 보냈다. 일본뿐만 아니라, 2015년 네팔 지진 후 대만은 세계에서 두 번째로 많은 약 2.2억 엔을 송금했다. 흥미로운 것은 동일본 대지진에의 220억 엔을 넘는 기부금은 대만 국내의 재해에 대한 기부금 총액과 비슷한 정도의 액수이다.

대만의 연구자·임(林, 2011)은 대만인을 대상으로, 대만 적십자사에 기부하는 동기에 대해 설문 조사를 실시했다. 그 결과, 피해 정도와 기부 금액에 정(正)의 상관 관계가 있는 것으로 밝혀졌다. 또한 다른 나라의 선진 정도가 높을수록 기부 의욕은 낮아진다. 그러나 임의 설명은 대만이 선진국 일본에 고액의 기부금을 보낸 현상과 모순되고 있다.

채(蔡, 2013)는 언론보도 기사, 설문 조사를 바탕으로 대만인의 동일본 대지진에 대한 기부 동기를 조사했다. 그 결과, 대만인은 일본에 빈

---

2) 世界経済のネタ帖 http://ecodb.net/ranking/imf_ngdpd.html(2016.10.25자)

번하게 관광여행을 다니고 있으며, 일본기업과 비즈니스 관계를 구축하는 등 긴밀한 교류가 이루어지고 있는 점이 기부의 이유라고 했다. 또한 당시 대만의 매스미디어에 의한 지진재해에 관한 보도의 과잉으로 일본 피해 지역의 비참한 이미지가 구축된 것이 대만인의 기부행위를 촉구했다고 한다. 그러나 위의 기부 동기는 대만 사회에 있어서 어떤 의미가 있는지에 대해 더 깊이 고찰할 필요가 있을 것이다. 대만 국내의 기부습관의 조성과정에는 대만의 독특하고 복잡한 사회적 배경이 깊이 관계하고 있다.

3. 대만 사회에서의 기부의 이유와 과제

(1) 기부의 이유

대만에서의 기부의 이유는 신앙, 역사, 정치환경, 매스미디어의 영향 등이 깊게 관련되어 있다고 생각된다. 다음의 네 가지 측면에서 검토하겠다.

① 신앙면 - 인과 응보의 신념

대만의 종교 신앙은 주로 불교, 도교이다. 기독교, 천주교, 몰몬교, 이슬람교 등도 있다. 종교에 대한 관념은 관대하며 신앙심도 강하다고 볼 수 있다. 기본적으로 하느님, 절에 기부하는 습관도 고대로부터 전승되어 왔다. 대만인에게 기부의 이유를 물으면 불교 용어의 '인과 응보'에 가까운 대답이 많은 것 같다. 즉, 좋은 행동을 하면 좋은 일이 돌아올 것이라는 강한 믿음이, 사회에 침투해 있는 것이다.

② 역사면 - 고립된 국제적 지위

대만 국제관계의 위치는 애매하고 복잡하다. 역사에서도 대만이라는 섬이 1개의 국가로 인정된 적이 없다. 타국의 통치권의 교체로 민족도 다양하다. 17세기 대항해시대의 네덜란드 및 스페인의 식민지화까지 원주민3)이 대만에서 거주하고 있었다. 1660년대 이후 청나라에 합병되면서부터, 대륙에서 대만으로 이주한 인구가 증가했다. 1895년 청일전쟁 이후부터 1945년까지, 대만은 일본의 식민지가 되었다. 전후, 중화민국 정부가 대만의 통치를 인수했다. 그 후, 중화민국의 국민당과 중국 공산당이 내전을 일으켜 그에 패배한 국민당이 대만으로 도망쳐왔다. 국민당이 대만을 중화민국의 기지로 삼고, 언젠가 중국 본토로 귀환하여 대륙 반격을 하겠다고 선언을 했다. 당시 중화민국이 공산당 중국 정부와 대항하기 위해 중국 정부와 국교를 맺고 있는 나라와의 국교를 속속히 단절했다. 그 때문에 현재 대만과 국교가 있는 나라는 21개국 밖에 없다. 또한 1970년대 이후 유엔에서 중화민국으로서의 나라의 주권을 인정받지 못하고, 국제적으로 고립된 상태가 현재까지 이어지고 있다. 한편, 중국으로부터는 합병을 강요받고 있는 등 외교적으로 불안정한 상황이다. 그러한 외교적인 배경에서 호혜의 정신을 중시하는 경향이 생긴 것으로 생각된다. 즉, 다른 나라를 원조하고 있으면, 만일의 경우에 그 답례로 해외로부터의 지원을 받을 수 있다는 경향이 있다.

③ 정치면 - '약한 정부' 대 '강한 민간'

역사적으로 대만은 국제적으로 고립하고 국내에서도 중국인, 대만인의 각각의 국가 주권에 대한 정체성은 분열되고 있다. '중국 귀환'을 주장하는 사람이 있는가 하면, '대만인은 대만인 그대로 정착해 나갈 것'

---

3) '원주민'은 대만의 소수민족인데, 대만에서는 '원주민'이라고 칭하고 차별적 용어가 아니다.

이라고 주장하는 사람도 있다. 정치체제에 대해서는 국민당과 민진당이라는 두 갈래의 의견을 대표하는 양당이 있다. 국민당의 이념은 중국으로 돌아가는 것에 있지만, 민진당은 대만이 대만의 주권을 가지는 것을 주장한다. 선거는 일본인의 상상을 초월할 정도로 뜨겁다. 대통령, 국회의원, 도·시, 읍면동의 수장, 대표, 의원은 모두 직접선거로 뽑힌다. 투표율은 70%를 넘는다. 많은 대만인은 자신의 선거권으로, 국가, 사회를 개혁할 수 있는 힘이 있다고 믿고 있다. 그러나 최근 국민당 정권에서도 민진당 정권에서도 대만의 불경기와 치솟는 부동산, 빈부격차의 심화 등 사회문제를 해결하지 못하고 있다. 대만인은 이러한 약한 정부에 이미 실망의 마음을 가지고 있다. 의지가 되지 못하는 정부에 대해 대만의 민간은 상대적으로 강한 행동력을 가지고 있다. 이 특징은 재해 대응의 장면에서 잘 보인다. 예를들어, 2009년 8월의 모라콧 태풍에서 정부 대응의 무능함을 드러냈다. 정부에 대한 불신이 높아지는 가운데, 민간, NPO, 기업이 신속하게 구호활동을 하거나 물자제공을 하고 모금을 하는 등 다양한 수단을 쓰며 활약했다.

④ 매스미디어면 – 재해와 시청률

대만은 뉴스 프로그램의 시청률 획득 경쟁이 매우 치열하게 이루어지고 있으며, 이같은 '과당 경쟁'(山田, 2011)의 영향으로 대만 언론은 상업주의, 센세이셔널리즘으로 가는 경향이 강하다. 그 중 재해와 같은 돌발적인 사건은 보도 프로그램이 시청률을 높이는 절호의 기회이다. 막대한 재해의 직후 연일 뉴스 프로그램에서 취급하고, 또한 공익광고를 반복해서 내보내기도 한다. 동일본 대지진의 경우 언론의 과도한 보도로 일본이 회복할 수 없다는 비참한 이미지를 구축한 것이 기부행동으로 이어졌다는 점을 채(蔡, 2013)가 지적하고 있다. 즉, 방재 대국이라는 일본의 이미지가 흔들린 것이다. 미디어는 재해지의 모습을 보도할 뿐만 아니라 사회에 기부행위를 적극적으로 호소한다. 예를 들어, 뉴스 프로그램은 정치인, 기업주, 연예인 등 유명인의 기부금액을 랭킹 형식으로 공표하고 있다. 또한 동일본 대지진 일주일 후, 2011년 3월 18일에 5개의 방송국이 연계하여 공동으로 대형 자선 프로그램 '상신 희망'(희망을 믿는다)을 방송했다. 정치인과 연예인이 나서서 기부를 호소함으로써 3시간 이내에 33.7억 엔을 모았다.

(2) 기부의 과제

이렇게 개인적으로는 좋은 일을 하면 좋은 일이 있다는 신념을 바탕으로 또한 사회적으로는 고립된 국제적인 지위, 계속 변동하는 정권, 정부에 대한 불신과 지나치게 센세이셔널한 미디어 환경이 대만의 기부문화를 조성했다고 할 수 있다. 그러나 그 속에서 많은 과제가 존재하고 있다. 아래의 두 가지 점으로 설명한다.

① 재난 피해자의 주체성을 빼앗는 '부흥'

기부는 후원자가 금전을 일방적으로 원조받는 자에게 교부하는 행위이다. 그 속에서 무의식적으로 권력과 지배관계가 발생할 수 있다. 게다가 원조받는 쪽이 이러한 선의에 반항할 수 없게 되어버린다. 더 나아가 이러한 지배적인 관계는 피해자의 주체성을 빼앗는 위험이 도사리고 있다. 예를 들어, 모라콧 태풍 직후 NPO가 부흥주택을 건설하고 무료로 피해자들을 이주시켰다. 그 의도는 피해자에게 위험한 곳으로부터 떨어져 더 나은 생활을 보내라는 것이다. 그러나 많은 문제가 발생했다. 예를 들어, 피해자의 주거에 대한 희망과 생계가 경시되었다. 또한 재해 이전의 커뮤니티가 부흥주택에 의해 해체되고 원래의 생활로 돌아갈 수 없게 되었다. 이러한 피해자의 주체성을 무시하고 일방적으로 피해자의 생활을 개선하려고 하는 '세상 바꾸기'(제5절에서 자세히 설명) 정책은 성공했다고는 말할 수 없었다.

② 기부금의 운용 계획성의 결여

대만 정부, 지원 조직의 기부금 운용 상황, 무계획성은 오래된 문제
이다. 특히 재해 직후 방대한 기부금을 가진 지원조직, 단체는 피해자
에게 현금을 나눠주는 일이 자주 보인다. 하지만 그것은 산업의 부흥에
는 도움이 되지 않는다. 대만의 연구자 이와 왕(李와 王, 2011)은 일본
의 부흥 사례를 참고하여 기부금을 지속 가능한 사업에 투입해야 한다고
지적했다.

4. 기부행위의 사회적 의미와 동일본 대지진

이상, 대만의 기부문화의 배경과 그 과제에 대에 설명했다. 이후 대만
인의 기부행위에 대한 2개의 이야기를 구체적으로 소개하고 기부라는
실천의 사회적 의의를 고찰하겠다.

(1) 사례 ① - A씨 「더 나은 세상이 되었으면 한다」

A씨[4]는 필자의 대만 친구이다. A씨는 타이베이 시내 거주 30대의 여
성 회사원이고 한 달에 20만 엔 정도의 월급을 받고 있다. 그녀는 기부
에 열심이다. 그녀의 지금까지의 기부 대상은 국내외 재해, 아프리카 어
린이, 곤궁자들, 버려진 개, 그리고 박쥐 보호조직 등 다방면에 이른다.
2015년 11월 8일 필자가 그녀에게 인터뷰했다. 그녀의 기부의 이유는
다음과 같다.

---

4) A씨는 필자의 대만 친구인데, 풍부한 기부습관을 가지고 있어서 중국어로 1시간
정도의 인터뷰를 실시했다. 일본어로 번역은 필자가 했다.

자신의 월급은 적지만 세상에는 나보다 불행한 사람, 또는 지켜야 할 동물에 대한 정보가 들어 오면 불쌍해서 도와주고 싶은 마음이 생긴다. 물론 기부금만으로는 근본적인 문제를 해결할 수 없다는 건 알고 있다. 그러나 피해자나 동물이 죽어 버릴지도 모르니까 돈으로 도와주고 싶다. 또 다른 이유는 더 나은 세상이 되었으면 하는 것이라고나 할까…

(2) 사례 ② - W씨「한시라도 빨리 원래의 생활로 돌아갔으면 좋겠습니다」

다음의 사례는 2014년 3월 10일 아사히신문 조간에 게재된 투고기사이다. 투고자는 대만인 일본어 학교 학생 B씨 20대이다. 투고기사를 인용한다(밑줄은 필자).

〈제목「대만인인 나 동북지방에 지금도 기부」〉

2012년 대만에서 오사카로 유학을 왔습니다. (중략) 지진 직후 대만의 뉴스에서 지진 영상을 보고 이와테(岩手) 현에 있는 세계 최대의 방파제가 견디지 못해 마을로 쓰나미가 덮쳐 들어간 것을 알았습니다. 후쿠시마 원자력 발전소가 폭발할 우려가 있다고 전해졌습니다. 무섭고 도저히 현실이라고는 생각되지 않았습니다.
　그로부터 3년이 지났습니다만, 동북지방 재해 지역의 모든 분들은 어떻게 지내고 있습니까? 처음 1년간은 자주 보도되었지만 정보는 점점 적어지고 있습니다. 오늘도 눈이 내릴지도 모릅니다. 피해 지역에서 생활하는 여러분은 제대로 따뜻한 곳에서 살고 있습니까? 아직 어느 정도의 사람들이 가설주택에 살고 있습니까? 지진과 쓰나미는 평생 잊지 못할 악몽일 거라고 생각합니다. 나는 지금도 편의점의 모금함에 동전을 넣습니다. 한시라도 빨리 원래의 생활로 돌아갔으면 좋겠습니다.

이 두 개의 사례는 대만인이 기부 목적과 의미를 각각 표현하고 있다. 두 개의 사례의 공통점은 기부는 세상을 향한 주장과 희망을 표현하는 수단이라는 것이다. 이 점에 대해서, 대만국립사범대학 매스커뮤니케이션 연구소 부교수 호기정(胡綺貞)[5]은 '많은 대만인은 자신이 관심을 갖는 정치, 사회, 문화 등의 의제에 대해 기부를 하는 것은 사회적 책임의 실천이라고 생각하고 있다'고 지적했다. 흥미로운 것은 두 가지 사례가 기부대상에 대한 주장과 희망이 다른 지향으로 나타나는 것이다. 사례 ①의 A씨의 기부는 '더 나은 사회가 되길 바란다'라고 현재 상황을 개선하고, 더 나아가 사회 혁신을 달성하기 위한 미래에로의 지향이다. 한편, 사례 ②의 유학생 B씨의 기부의 지향은 동일본 대지진의 이재민에게 새로운 생활이 아니라 '본래의 생활로 돌아갔으면 좋겠습니다'라는, 과거의 상태를 목표로 회복하기를 바라고 있다. 이 두 개의 기부 실천의 지향은 나카이(中井, 2013) 및 야모리(矢守, 2009)가 제기하고 있는 일본의 재해 복구에서 '세상 바꾸기'와 '다시 세우기'의 두 가지 지향을 이용하여 고찰할 수 있다고 생각한다.

5. '세상 바꾸기' 지향과 '다시 세우기' 지향

'세상 바꾸기'는 에도시대에 출현한 말이다. 재해 전 사회의 부패, 쇠퇴에 대해 화(禍)를 복으로 바꾸는 개념이었다. 즉, 발본적인 '새롭게 다시 고치기'라는 뜻이다(中井, 2013). 구체적인 예로, 1923년 관동대지진 후, 고토 신페이(後藤新平)가 제안한 '제도(帝都) 부흥계획'이 있다. 재해를 계기로 도시화를 향해 폭넓은 도로의 건설, 공공 용지의 구획 정리 등 재해 전에는 못했던 것을 실시했다. 그러나 이러한 발본적인 방식은 당시의 일본인 등에게 맹렬한 비판을 받아 결코 성공했다고는 말할 수 없었다.

---

5) 2015년 11월 7일의 인터뷰 내용.

일본에서는 '세상 바꾸기 노선은 다시 세우기 노선에 비해 더 약하며, 더 환상적이다'라고 나까이(中井, 2013)는 지적하고 있다. 야모리(矢守, 2009)가 나까이(1982)의 말을 인용하여 '가까이있는 것, 구체적인 것에서 출발한다는 것이 다시 세우기 노선의 근본 원리이다'라고 설명했다. 부흥과정에서 피해 지역은 '이전의 생활', '원래의 모습' 등 계획적으로 복구, 부흥하는 것을 목표로 하는 지향이다. 또한 '방재 대국'인 일본은 다음 언제 도래할지 모르는 재해를 향해 지금까지의 재해를 철저하게 검토하고, '재해대책기본법', '이재민생활 재건지원법' 등 정책을 면밀하게 하고 법을 제정했다. 하드웨어 측면과 피난 훈련, 재해대응 매뉴얼 등의 소프트웨어 측면에서 세계 방재를 리드하고 있다.

대만은 일본과 대조적인데, '다시 새우기' 지향에 비해 발본적으로 새롭게 다시 고치는 '세상 바꾸기'의 지향에 가까울 것이다. 제2절에서 언급한 바와 같이, 대만은 역사상 연이어지는 외래 독재정권의 지배를 받아왔다. 현대 사회에서는 국민당과 민진당의 정권교체가 심하다. 재해복구의 경우를 가지고 말한다면, 모라콧 태풍의 부흥 주택의 예처럼, 피해자는 새로운 생활을 강요받는다. 또한 항상 변혁이 있는 대만 사회는 정부보다 사람들 자신의 힘을 믿고 있다. 사례 ①과 같이 '더 나은 세상이 되었으면 한다'라고 하며 자기 힘으로 재앙을 복으로 바꾸겠다는 믿음이 강하다.

'세상 바꾸기' 지향이 강한 대만 지원단체와 '다시 세우기' 지향이 강한 일본 사이에서 기부금의 용도에 대한 차이가 발생하기도 한다. 대만인에게는 모라콧 태풍 피해자에게 무조건 지원하는 것이 당연한 일이기 때문에, 일본의 이재민이 장시간 지원을 기다리며 대출을 받아 자력으로 마을을 재건한다는 것은 이해하기 어려웠다. 동일본 대지진 이후 대만의 지원단체가 일본의 한 피해 지역에서 초등학교를 무상으로 세우는 것을 제안했지만, '자립 갱생하는 것이 장기적으로 보면 일본인의 '자존심'으로 이어진다'라고 하는 현지 주민들에 의해 거절당했다(金子, 2011).

그러나 대만에 완전한 '세상 비꾸기' 지향만 있는 것은 아니다. 현재의 대만 사회는 지금까지 분열된 정체성, 주권을 다시 구축하려고 하는 과정 중에 있다. 사람들은 정착되어온 대만의 민주주의를 기반으로 대만이라는 땅에서 안심하고 살아 갈 방향을 모색하고 있다. 즉, 발본적인 '세상 바꾸기'를 수용해 왔던 대만인은 계획적인 '다시 세우기' 지향을 목표로 하고 있다. 그 '다시 세우기' 지향의 모델은 일본이다. 대만인 속에서는 항상 안정적이고 질서정연한 일본을 의식하고 있다. 예를 들어, 동일본 대지진 직후 대만 인터넷에서는 피해 지역의 질서와 NHK보도의 냉정함을 칭찬하며 대만 언론 및 지원단체의 무질서를 비판했다.

사례 ②의 B씨가 투고기사에서 자신의 기부를 피해자에게 더 나은 생활이 되어 주었으면 또는 대만과 일본의 우호 관계를 연결하는 '세상 바꾸기' 지향의 '화를 복으로 바꾼다'와 같은 발본적 발상은 보이지 않는다. 오히려 B씨는 동북지방의 현황(눈, 추위, 가설 주택)을 염려하고 피해자에 '한시라도 빨리 원래의 생활로 돌아갔으면 좋겠다'는 일본인의 본래의 생활('다시 세우기' 지향)을 긍정한다.

대만이 동일본 대지진에 기부했다는 것은 리얼한 일본이 아니라 대만 사회가 상상하는 '다시 세우기' 지향의 모델로서의 일본이라고 해도 과언이 아니다. 대만 미디어에 의한 동일본 대지진에 대한 과열 보도가 일본은 회복할 수 없다는 이미지를 구축했다. 하지만 '다시 세우기' 지향의 모델로서의 일본이 회복이 안 되면, 대만 사회의 '다시 세우기' 지향에로의 기대가 손실될 우려가 있다. 대만의 동일본 대지진에 대한 기부금이 대만 내부의 재해에서 모금된 총액과 동일한 수준인 이유는 여기에 있는 것이 아닌가 한다. 동일본 대지진에 대한 기부행위는 단순히 해외 지원활동뿐만 아니라, 대만 사회의 안정적인 발전을 추구하기 위한 사회 실천으로 파악되어진다.

본 고는 '세상 바꾸기' 지향을 결코 부정적으로 간주하고 있지 않다. '세상 바꾸기' 지향에는 대만인의 독특한 역동적인 힘을 보여주고 있다.

대만 사회에 다양한 사회 문제를 해결하기 위해 일본이 보여주는 안정적인 질서정연한 '다시 세우기'의 지향과 대만 본래의 '세상 바꾸기' 지향을 잘 활용하고 통합하는 것이 향후의 과제와 도전이 아닌가 한다.

인용문헌

朝日新聞社(1879-2016). 記事データベース「聞蔵II ビジュアル」 1879-2016 年 http://database.asahi.com/library2/(情報取得2016/10/25).

金子昭(2011). 東日本大震災における台湾・仏教慈済基金会の救援活動—釜石市での寄付金配布の取材と意見交換から— 宗教と社会貢献, 1(2), 73-80.

李宗勳・王文君(2014). 我國政府災後重建的合理社福角色與風險分擔之實證研究 10 警察行政管理學報, pp. 2, 1-39.

林秀芬(2011). 國人重大災害募捐行為之研究—以中華民國紅十字總会為例— 国立政治大学経営管理研究所修士論文.

中井久夫(2013). 新版 分裂病と人類 東京大学出版会.

蔡弘澤(2013). 國際災難事件捐款行為之影響因素初探—以東日本大震災為例— 中国文化大學新聞暨傳播學院新聞學系修士論文.

山田賢一(2011). 自由化による過当競争が招く事業免許紛争—台湾衛星テレビチャネルの事例から— 放送研究と調査, 61(9), 94-101.

矢守克也(2009). 防災人間科学 東京大学出版会.

문화로서의 기부행위

이토 테츠지(伊藤哲司)

필자인 이부흔(李阜昕) 선생은 방재심리학 등의 분야에서 오랫동안 일본에서 활약을 하고 있는 출중한 젊은 연구자이다. 동일본 대지진 이후 피해 지역 중 하나였던 이바라키현 히가시이바라키군 오아라이마치(茨城県東茨城郡大洗町)와 깊은 관계를 맺고, 자주 방문하여 오랫동안 필드워크를 전개하고 있다. 이바라키대학에 근무하는 나도 몇 차례 오아라이마치에 몇 번 동행한 적이 있는데, 애니메이션 「가루빤/ガールズ & パンツァー(Girls und Panzer)」붐이 일고 있는 오아라이마치에서 이선생은 2번째로 유명한 대만인이 되었다고 나는 생각한다(처음에는 '가장 유명한 대만인'이라고 말했었는데, 이씨가 말하길 '가장 유명한 대만인은 테레사 텐입니다'라고 했다). 방재 게임 '크로스 로드' 오아라이 편의 작성·실천을 비롯해 마을 사무소와 상가의 사람들, 어업 관계자 등 많은 오아라이의 사람들과 좋은 관계를 만들고 원전 사고의 풍문 피해문제를 '라쇼몽 문제'로 파악한 좋은 논문도 있다(李·宮本·近藤·矢守, 2014). 그녀가 거리를 걸으면 "아, 이상!!"이라고 부르는 소리가 여기저기서 들린다.

그렇게 일본의 지역에 들어가 익숙한 관계를 만드는 감각을 갖고 있는 이선생이 이번에 저술한 것이, 이 논고이다. 대만사람들이 대체로 '친일'인 것은 잘 알려져 있으며, 일본인에게 대만은 가장 가까운 '외국'의 하나이다. 많은 일본인이 대만 관광을 즐기고 있고, 음식도 맛있고,

사람들도 대체로 부드럽다는 것을 실감하고 있다. '하나의 중국'이라는 명분 때문에 일본은 대만을 '국가'로 인정하지 않고 있으며, 대만과 일본은 '국교'가 없다는 것을 거의 의식하지 않은 채, 일본인들은 대만의 야시장(나이트 마켓)을 방문해 보고 싶다고 생각하기도 한다.

그러나 대만은 '친일'만으로 말할 수 없다. 과거 일본이 식민지로 지배했던 지역이기도 하며, 영화 '시디크 바레(Seediq Bale)'(2011년, 일본 공개는 2013년)에 그려진 것처럼 일본 통치시대의 1930년(쇼와 5년) 시디크족에 의한 항일 폭동인 우서(霧社) 사건이 일어났다. 초등학교의 운동회가 그 무대가 되어 지배에 불만을 품고 있던 시디크족 사람들이 일본인만을 습격한 것이 이 사건이다. 거의 동시대 대만의 농업 수리사업에 크게 공헌한 하타요이찌(八田與一) 같은 일본인도 있었지만 2017년에 들어 그의 동상의 머리부분이 잘리는 사건이 일어났다. 그래도 일본어 세대라는 연배의 대만인들은 일본의 교육을 받은 것, 일본인 선생님에게 신세를 진 것을 오히려 긍정적으로 말하는 사람도 적지 않다.

이러한 일본에 대해 의외로 복잡한 사정을 내포하고 있는 대만이 동일본 대지진 때에는 세계에서 가장 많은 기부금을 모았다 한다. 그 배경에 대하여는 이선생의 논고에서 엿볼 수 있다. 거기에는 우선 신앙, 역사, 정치 환경, 매스미디어의 영향의 네 가지가 있다고 지적하고 있다. 즉 '인과 응보의 신념', '고립된 국제적인 지위', '약한 정부 대 강한 민간', '재해와 시청률' 등이다. 굳이 일본과 크게 다른 점은 무엇인가 생각해 보면 역사(고립된 국제적인 지위)와 정치 환경('약한 정부 대 강한 민간')인가.

특히 흥미로운 것은 정치 환경이다. 2014년 3월에 학생과 시민이 입법원을 점거한 사회 운동(해바라기 학생운동)은 같은 해 11월 지방선거에서 국민당의 대패, 마잉주(馬英九) 국민당 주석의 사임으로 이어졌다. 한편 일본에서는 2015년 여름에 안전보장관련법안에 반대하는 학생과 시민들이 국회의사당 앞 등에서 반대의 목소리를 높였지만 결국 법안은 통과되어 큰 정변으로 직결되지 않았다(이 글을 쓰고 있는 2017년 7월 현재, 다른 문제도 얽혀있어 정당지지율이 크게 내려가고 향후의 정세는 아직 파악되지 않는 상황이지만). '의지가 되지 않는 정부에 대해 대만의 민간은 상대적으로 강한 행동력을 가지고 있다. 이 특징은 재해 대응에 대한 피해대응의 장면에서 잘 나타난다'고 이선생은 지적하고 있다.

그리고 기부행위에 대한 두 가지 이야기가 소개되어 '사회적 책임의 실천'이라고 생각되는 기부행위가 거기에 다른 지향, 즉 '세상 바꾸기'와 '다시 세우기'로 나타난다고 한다. 전자는 대만, 후자는 일본에서의 지향으로 간주하지만, 발본적인 '세상 바꾸기'를 해온 대만인은 계획적인 '다시 세우기' 지향의 장점을 발견하고 그것을 받아들이려 하고 있다. 그 '다시 세우기' 지향의 모델은 일본이다라는 지적은 흥미롭다. 그리고 대만인이 보고 있는 것은 리얼한 일본이 아니라 대만 사회가 상상하는 '다시 세우기' 지향의 모델로서의 일본이라고 한다.

그 부분은 나에게는 피부에 와닿지 않지만 일본에 대한 어떤 종류의 동경과 그와는 대조적인 자부심과 프라이드라는 것이 얽혀 있는 것일까. '친일' 일변도로는 말할 수 없는 대만의 사정에 미루어보면 그런 것에도 생각이 미친다.

기부라는 행위가 '문화'로까지 되어 있다는 대만. 이 '문화로서의 기부행위'라는 단면으로도 대만과 일본뿐만 아니라, 비슷하면서도 다른 동아시아의 다양성을 읽어낼 수 있는 열쇠의 하나인 것 같은 생각이 든다.

李旉昕·宮本匠·近藤誠司·矢守克也(2014). 羅生門問題」からみた被災地の復興過程—茨城県大洗町を例に— 質的心理学研究, 14, 38-54.

국제결혼 가정에서의 어머니의 모어 계승에 대한 가치관
- 대만의 인터뷰에서 나타나는 현황과 과제 -

황완천(黃琬茜, HUANG Wan-Chien)

Taiwan

국제결혼 가정에서의 어머니의 모어 계승에 대한 가치관
-대만의 인터뷰에서 나타나는 현황과 과제-

황완천(黃琬茜, HUANG Wan-Chien)

1. 질적 연구와 나

대만의 국제결혼에 대한 문제에 관심을 갖게 된 계기는, 십수 년 전에 한 친구로부터 동남아 출신 여성과 결혼한 뒤 아내와 커뮤니케이션이 잘 되지 않았고, 또 아내가 갑자기 집을 나가 버리는 바람에 이혼을 하고 자신과 가족이 함께 육아를 하고 있다는 사례를 들었던 데 있다. 이 말을 들은 나는 친구의 작은 아이가 불쌍하다고 느꼈고 그러한 국제결혼에 대해 부정적인 인상을 갖게 되었다. 그 이후 그 아이의 습관들이기와 교육은 어떻게 하면 좋을까 하는 걱정과 관심이 생겼고, 대만의 국제결혼에 관한 연구를 시작했다.

처음에는 조사를 위해 많은 질문지 항목을 만들었지만, 실제로 동남아 출신 여성 배우자를 만나 이야기를 들으면, 질문지 조사로는 조사

대상자 본인의 생각과 감정을 이해하기 어렵다는 것을 알았다. 그래서 방법을 바꾸어 반구조화 인터뷰법을 활용했더니, 예상 외로 그 조사 대상자는 육아뿐만 아니라 대만에 와서 어떤 어려움이나 문제에 마주쳐왔는가 하는 것까지 숨기지 않고 나에게 말해 주었다. 그때부터 인터뷰를 통한 질적 연구야말로 사람의 마음에 다가갈 수 있다고 믿게 되었다. 동남아시아로부터 온 배우자들을 접하면 접할수록 그녀들의 좋은 인간성이 많이 보여 나자신이 과거에 갖고 있던 부정적인 인상도 긍정적인 것으로 바뀌었다.

본 고에서는 대만의 국제결혼에서 생기는 새로운 과제를 소개한다. 약 13~15%가 국제결혼이라는 대만의 문제, 특히 언어와 문화의 계승에 대한 문제를 바탕으로 국제화에 대해서 생각하는 것은 의의가 있는 것이 아닌가 한다.

본 고에서는 국제결혼의 선진국인 대만의, 어머니의 모어 계승에 초점을 맞추어 그 나라에서 마이너리티인 언어와 문화의 계승 문제에 대해 파악해 가고자 한다.

2. 다언어 다문화의 대만 사회와 국제결혼

현재 대만의 인구는 약 2,300만 명으로 국민의 대다수를 차지하고 있는 중국 본토로부터의 이민과 17세기 중반에 복건성(福建省)과 광동성(広東省)에서 건너 온 민남인(閩南人), 객가인(客家人) 및 전후 국민당 정권과 함께 중국 각지에서 온 '외성인'(外省人)이라고 불리는 사람들, 그리고 본래 대만에 살고 있던 10여 종족의 원주민인 소수민족 등으로 이루어진다(詹, 1996; 稲垣, 2005). 전후 국민당 정권이 등장한 이후, 대만의 '국어'는 중국어로 강제되었기(藤野, 2008) 때문에 공공장소에서는 중국어밖에 사용할 수 없었다. 그 언어정책이 1987년 계엄령에 의해 해제

되었다. 그 후, 2000년 민진당이 집권한 후 대만에 원래 존재하던 '향토 언어'가 등장하기 시작했다(陳, 2008). 현재 대만 사회에서는 중국어는 물론 민남어(閩南語/별칭 '대만어'), 객가어(客家語), 각각의 원주민어의 사용이 일반적이며, 다양한 언어를 혼합하여 사용하는 상황도 빈번하다.

또한 최근의 국제화에 따라 대만에서는 국제결혼이 급속히 증가하고 있다. 50~60년 전부터 대만의 사회 경제적 변화와 여성의 사회 진출이 시작되고(黃, 2015c) 또한 수십 년 전부터는 대만에는 여성의 미혼화, 만혼화, 비혼화가 진행되고 있다. 이러한 사회 정세 속에서, 일부 대만 남성은 결혼이 어려워지고 또한 후계자 부족 문제로 결혼 상대로써 대만 여성뿐만 아니라 외국 국적의 여성도 그 대상이 되고 있다. 그 중에서도 동남아시아와 중국 본토 출신의 여성, 즉 '외국 국적'의 배우자와의 국제결혼을 필요로 하는 사례가 2000년 경부터 급증했다. 현재 그 현상은 조금 완화되고는 있지만, 국제결혼으로 인한 외국인 배우자의 수는 48만 명에 달하고(台湾戸政司, 2013) 그 아이들인 '신대만의 아이들'(新台湾之子)은 20만 명을 넘어 섰다(教育部統計処, 2015). 그러나 4, 5년 전만 해도 대만 사회는 그녀들과 그 모어와 문화를 수용하지 않았었던 것으로 보인다(黃, 2012, 2014, 2015b).

3. 억압된 '외국 국적' 배우자의 모국어

상술한 바와 같이 당시 대만 사회는 그녀들에게 부정적인 비판이 많았다는 것뿐만 아니라, 그 남편과 자녀에게까지 나쁜 영향을 미치고 있었다. 그 영향의 하나로 이들의 언어의 문제가 있었다. 또한 이 문제를 언론이 크게 보도한 영향으로 '외국국적' 배우자는 모어사용이 억압되어 모어는 금기로 간주되었다(張, 2004; 夏, 2005). 그리고 그것은 그 후 어머니의 모어가 자녀의 초기 언어발달에 나쁜 영향을 미치는 것은 아니라는 연구가 많이 행해져 왔음에도 불구하고, 대만 사회는 그 고정관념을 좀처럼 바꾸지 않았다. 공공장소뿐만 아니라 '외국국적'의 배우자는 가정에서도 모어를 거의 사용하지 못하는 상황이, 이이다(飯田, 2008)와 황(黃, 2012, 2014), 설(薛, 2015) 등의 연구에 의해 밝혀지고 있다.

그러나 이러한 '외국국적' 배우자의 모어가 억압되는 상황이 4, 5년 전부터 서서히 호전되어 왔다. 그 전환점으로서 교육부(일본문부과학성에 해당)와 내정부(일본총무성, 외무성에 해당)가 2012년에 「전국 신주민 횃불 프로그램(全国新住民火炬計画)」을 만들어 시행하면서 '외국국적' 배우자의 모어와 문화를 지원하는 다양하고 구체적인 활동을 초등학교에 도입하기 시작한 것이라고 말할 수 있다(黃, 2015a, 2016a). 또한 그 무렵부터 대학에서 동남아시아 언어의 교육과정을 속속 마련하고, 기업도 동남아 언어를 할 수 있는 인재를 노리고 모집한다는 보도가 많아져 동남아시아의 여러 언어가 점차적으로 주목받게 되었다고 생각한다. 그 때문에 최근 대만에서는 확실히 동남아시아의 언어가 중요한 위치로 자리매김된 것으로 재인식할 수 있다.

4. 어머니 자신이 생각하는 모어 계승 - 43명의 인터뷰에서 -

이렇게 생각하면, 대만의 국제결혼 가정의 동남아 출신의 어머니가 자녀에게 모어를 계승하고 있는지의 여부와, 그 현황을 파악하는 것은 중요하다. 다시 말하면 4, 5년 동안 동남아시아 출신의 어머니가 자신의 모어에 대한 의식이나 인식 또는 가치관이 어떻게 변화하고 있는지 어머니 자신의 언어로 검토하는 것이 필요하다고 생각한다. 황(黃, 2016b)은 선행연구(黃, 2012, 2014)를 근거로, 대만에서 43명의 어머니 한 사람 한 사람에게 반구조화된 인터뷰를 실시했다. 인터뷰 대상의 어머니의 출신지 등은 표 11-1과 같다.

표 11-1 동남아시아 출신의 어머니에 대한 페이스 시트(黃, 2016b, 간략화)

출신국	사람수	평균연령 (범위)	결혼연수의 평균(범위)	아이덴티티			본문중의 CODE번호
				출신국	대만	어느쪽도 아니다, 반반	
베트남	21	37.4 (31−46)	12.5(9−17)	11	8	2	V1−V21
인도네시아	9	37.9 (34−45)	13.7(10−17)	4	4	1	I1−I9
타이	5	40.0 (37−45)	18.2(10−24)	5	0	0	T1−T5
캄보디아	5	32.4 (31−33)	11.8(10−13)	5	0	0	C1−C5
미얀마	2	43.5 (38−49)	23.0(17−29)	2	0	0	B1−B2
필리핀	1	42.0	17.0	1	0	0	P1
합계	43	37.6 (31−49)	13.9(9−29)	28	12	3	

인터뷰에서 들은 이야기를 바탕으로 모어의 계승에 대한 어머니의 가치관·의식을 '계승형', '변화형', '포기형'으로 분류했다. 본 고에서는 '계승형' 중에서도 모어 계승에 대한 높은 의식이 있고 또한 적극적으로 행동하고 있다고 생각되는 어머니('높은 의식−적극적 행동')와 높은 의식이 있음에도 불구하고 행동으로는 소극적인 어머니('높은 의식−소극적 행동')을 대비시키면서 고찰한다. 또한 어머니의 갈등이 잘 나타나 있다고 생각되는 '변화형'에 대해서도 언급한다.

(1) 계승형 패턴 I : 높은 의식 적극적 행동

이번에 인터뷰를 한 동남아 출신의 어머니 43명 중 모어 계승에 대한 높은 의식을 가지고 실제로 집에서 자녀에게 모어로 이야기하거나 의도적으로 모어를 가르치고 있는 어머니가 15명 있었다(표 11-2).

첫째로, 어머니의 가치관으로 보이는 것은 「언어의 가치에 대한 긍정」이다. 동 남아시아 출신의 어머니는 자녀에게 모어를 가르치는 것이나, 아이가 모어를 배우는 것은 '일에 도움이 된다(V4, V9, V13, T3)', '언어 능력은 하나의 기능이다(B1)', '언어를 많이 쓸 수 있으면 좋다(V21, T2)', '모국으로 돌아갔을 때 편리하다(V7)'. 또는 '자녀가 무료로 모어를 공부할 수 있다(V1)'라는 가치가 있다고 생각하고 있었다.

표 11-2 '계승형' 어머니의 가치관과 의식(黃, 2016b 일부 수정)

(1) 높은 의식 적극적 행동으로 계승	
가치관	구체적인 예
① 언어가치의 긍정	【해당하는 어머니의 코드번호 : V1, V4, V7, V9, V13, V21, I1, T2, T3, B1】 • 언어를 많이 할 수 있으면, 일하는 데 도움이 된다고 생각하니까, 아이에게 어릴 때부터 모어를 가르치고 있다. 아이가 또 하나의 언어가 된다면, 또 하나의 기능을 갖는 것이라고 생각한다(B1 어머니).
② 인간관계	【해당하는 어머니 코드번호 : V1, V4, V5, V6, V7, V9, V11, V13, V21, I1, T2】 • 아이와 베트남어로 커뮤니케이션을 하는 것은 중요하다. 그 (아이)는 거기(베트남)로 돌아가면 커뮤니케이션을 할 수 있다. 가족뿐만 아니라, 거기서 어디에서도 커뮤니케이션을 할 수 있다. 편리하다(V7 어머니).
③ 아이덴티티	【해당하는 어머니 코드번호 : V1, V5, V9, V21, T3, B1】 • 아이가 당신을 인정하면 (당신을) 받아들인다. 그러나 아이가 당신의 모어를 공부하지 않는 경우, 당신을 받아 들이지 않는다고 생각한다(V1 어머니).
④ 모어의 사회환경	【해당하는 어머니 코드번호 : V6, I6, T1, T2】 • 인도네시아로 돌아갔을 때, 가끔, 응~인도네시아는 '배화(화인을 배척, 차별하는 것)'한다. 그리고, 세관은 심술부리며 기분나쁘게 할 경우, 너(자기의 아이)는 글자를 읽을 수가 있어서, 상대(세관)의 말이 바른가 어떤가를 판단할 수 있다라든가 …. 아이가 세관에 속임 당할까 걱정된다. 인도네시아어를 할 수 있으면, 세관에 속임당하지 않는다.(←인도네

시아는 '배화'라서, 세관에서 화인을 거칠게 대하고, 돈을 내도록하는 일이 종종 있는 듯하다.)(I6 어머니).

(2) 높은 의식 소극적 행동으로서의 계승	
가치관	구체적인 예
① 대만가족의 반대	【해당하는 어머니 코드번호 : V12, V15, T4, C1, C5】 • 전에 시어머니와 함께 살았을 때 , 시어머니는 아이가 대만에서 중국어만이 아니라 대만어(閩南語)도, 또 영어공부도 필요하지만 … 캄보디아어는 여기서는 도움되지 않는다고 말했다(생각했다). 사실은, 나는 시어머니가 정말 걱정했던 것은, 혹시 모어를 가르치면, 언젠가 캄보디다로 데려 가버릴것이 아닌가 라는 것이었다고 생각한다. 그렇게, 그 안심감이라는 문제였다(C1 어머니).
② 개인의 문제	【해당하는 어머니 코드번호 : V2, V10, I2, T4, C1, C3】 • 아이는 어릴 때, 나에게 모어를 가르쳐 달라고 요구했지만, 어디서부터 가르쳐야 할 지 몰랐다. … (생략) 그 후, 나는 일하느라 바빠서 … 집에서부터 캄보디아어를 거의 말하지 않게 되었다(C3 어머니).
③ 모어학습환경	【해당하는 어머니 코드번호 : V17, V19, I7】 • 아이가 어렸을 적에, (모어로) 말했지만, 그 후, 더 이상 통하지 않았기(때문에), (그래도)나중에, 나는 베트남으로 돌아가면, 그(아이)를 놀러 데려가서, 베트남에서의 커뮤니케이션은, 그는 할머니로부터 배웠다. 그(아이)는, 거기에 가서, 친구들로부터 배우면 , 말할 수 있다. 할머니에게 자기 스스로 배웠다(V17 어머니).
④ 아이의 학습의욕	【해당하는 어머니 코드번호 : V10, V15, P1】 • 집에서 간단한 말은 한다. '샤워를 한다', '밥을 먹는다'라든가. 그래도, 아이가 좋아하지 않아서, 그 정도만 쓰고 있다. 정식으로 모어를 가르치지는 않는다(P1 어머니).

두 번째는 '인간관계'이다. '모어로 어머니의 가족과 고국의 사람들과 커뮤니케이션을 하는 것은 중요하다(V5, V7, V11, V13, V21, T2)', '자녀와 가족이 모어로 커뮤니케이션을 하면 거리가 한층 더 가까워진다(V1, V6, V9)', '자신의 감정을 전달한다(V4)'라고 하면서 모어로 커뮤니케션을 하는 이점을 들었다.

세 번째는 '정체성'이다. '모국어를 가르치는 것은 어머니의 책임이다

(T3)', '어머니는 X나라 사람이니까 아이들에게 모어를 가르치는 것은 당연하다(V5, V9)', '아이는 어머니의 모어를 배움으로서 어머니를 이해할 수 있다(V1)'라고 하는 자신의 정체성을 꼭 아이도 계승해 줬으면 한다(V21)는 어머니가 있었다.

4번째는 '모국의 사회 환경'이다. '대만에서 모어를 가르치는 일을 하기 위해 자녀들에게 모어를 가르치는 것은 당연하다(V6, T1)'고 하는 모어를 가르치는 사회적 역할을 갖고 있는 어머니가 있었다. 한편, '아이가 모어를 할 수 있게 되면 고국에 갔을 때 속임을 당하지 않는다(T2)', '모국에 중국배척(排華)문제가 있기 때문에 모어를 계승하는 것은 중요하다(16)'라고 하는 모국의 사회나 정치문제에 관한 의식이 있는 것도 고찰된다.

(2) 계승형 패턴Ⅱ: 높은 의식 소극적 행동

다음으로 동남아시아 출신의 어머니 43명 중 13명의 어머니는 모어 계승에 대해 중요하며 소중하다는 높은 의식을 갖고 있으나 몇 가지의 사정과 원인으로 적극적으로 자녀에게 모국어를 가르치지 않고 있거나, 혹은 가정에서 모어를 별로 사용하지 않는다고 했다(표 11-2).

첫 번째의 가치관으로서 '대만 가족의 반대'를 들 수 있다. 시부모가 자신의 모어를 '이상한 말'이라고 여기거나 대만에서는 자신의 모어가 필요하지 않다고 생각해버리는(V12, V15, T4, C5) 것, 그리고 장래에 손자손녀를 만날 수 없게 될까봐 걱정된다(C1)는 이유 등의 가족 내 반대가 있었고 남편의 반대(V12)에 의한 경우도 있다.

두 번째는 '개인의 문제'이다. '일이 바쁘다(C3, V2, C1, V10)', '어머니 자신의 공부를 위해(C1, T4)', '모국어를 가르치는 방법을 모르겠다(C3)', '모국어를 학습할 시기의 배려(I2)' 등으로 아이에게 모국어를 가르치는 것과 말하는 일이 서서히 없어져 갔다.

세 번째는 '모국어 학습환경'이다. 어머니(V17, V19, I7)는 자신이 모어를 가르치는 것이나 말하는 것보다 오히려 모국의 모어 언어환경에서 자연스러운 흐름에 맡겨 모어를 습득하는 것이 빠르다라고 하는 모어 계승에 대한 생각방식이 달랐다.

네 번째는 '아이의 학습 의욕'이다. 아이가 모어에 관심을 갖지 않는 경우, 어머니는 아이의 의사를 존중할 수밖에 없다(V10, V15, P1).

어머니의 모국어 계승에 대해 높은 의식을 가지고 있지만, 다양한 현실 문제를 타협할 수밖에 없다는 갈등이 밝혀졌다. 이 갈등이 앞서 언급한 적극적인 행동으로는 나타나지 않고 오히려 모어 계승에 대해 결과적으로 소극적 행동으로 되어가는 큰 원인이 아닌가 한다.

(3) 변화형

갈등이라는 점에 착안하면 다음에 언급하는 '변화형'도 흥미롭다. '계승형'과 달리 가정에서 모어를 계승하는 과정에서 모어 교수(敎授)를 중단하거나 다시 하거나 혹은 도중에서 시작하거나 하는 사례를 논하겠다. 동남아 출신 어머니 43명 중 7명이 '변화형'에 속한다(표 11-3).

이 '변화형'이 '계승형'과 크게 다른 점은 최근 대만 정부의 모어 계승을 적극적으로 추진하는 정책이 크게 관련되어 있다는 점이다. 즉, 이 어머니는 정부의 모어 추진 정책의 직간접적인 영향을 받고 나서, 가정 내에서 의식적으로 모어를 계승하기 시작했다(V14, V15, I3, I4, I5)는 것이다. 또한 어머니 I4, V8, V15, V18은 자녀에게 모어를 가르치는 의식을 가지고 있었지만, 한때 가족의 반대로 가르칠 수 없었다. 그러나 그 후 어머니 4명 모두 그 모어 계승을 방해하는 요인이 없어진 후 다시 모어를 가르치기 시작하고 있다. 즉, 어머니가 모어 계승에 대한 의식을 높게 가질 수 있는 계기만 있으면 모어 계승 의식에서 구체적인 행동을 일으키기 쉽다는 것을 알 수 있다.

표 11-3 「변화형」 어머니의 가치관과 의식(黃, 2016b 일부 수정)

가치관	구체적인 예
① 모어 계승 정책	【해당하는 어머니 코드번호 : V14, V15, I3, I4, I5】 • 모어라면 솔직히 2년 전부터 의도적으로 가르치고 있다. 정부가 모어를 가르치는 것을 추진했기 때문에 모어가 소중하다는 것을 알게 되었다(I3 어머니).
② 방해하는 요인의 소실	【해당하는 어머니 코드번호 : V8, V15, V18, I4】 • 이전 시부모님과 함께 살고 있었는데 아무리 모어를 가르치려고 해도 전연 할 수 없었다. 시어머니는 나의 손자가 인도네시아인이 아니니까 그들에게 너는 거기 말을 말하지 말라고 격노했다. (그 후) 시부모님과 함께 살지 않게 된 때부터 조금씩 모어를 가르치고 있다. 지금 그들(아이들)은 '고맙습니다'라든가, 생활상의 '밥을 먹는다', '잠잔다' 등은 말할 수 있다. 문장은 아직이지만, 단어는 괜찮다(I4 어머니).

5. 아이는 어떻게 받아들이고 있는가

그러면 '외국국적'의 배우자와 결혼하여 태어난 '신대만의 아이들'이라고 불리는 어린이들은 어머니의 모어 계승에 대해 어떻게 생각하고 있을까. 황(黃, 2014)은 11명의 '신대만의 아이들'에 대해서 어머니의 모어와 고향에 대한 인터뷰를 실시했다. 5명이 긍정적인 대답, 6명의 어린이가 다소 소극적인 대답을 했다.

11명 중 5명이 어머니의 모어와 문화에 대해 흥미와 관심을 갖고 있는 것으로 나타났다. 그 아이들의 어머니의 모어에는 동남아시아의 언어와 중국의 향토 언어(四川語, 湖北 등의 방언)가 있었다. 아이들에게 인터뷰를 했을 때, 특히 어머니에 대한 이야기를 즐겁게 많이 해준 것에서도 알 수 있듯이 어머니의 모어와 문화를 학습하는 의욕이 높다고 생각되었다.

반면 어머니의 언어 학습이 어렵다는 것과 어머니의 문화에 관심이 없다고 느끼고 있는 아이도 6명 있었다. 아이들의 어머니는 평소 아이에게 모어를 가르치거나 모국의 문화를 전한다는 의식이 희박하기 때문에 그 아이도 어머니의 모어와 문화를 학습하는 의욕이 낮아진 것으로 나타나고 있다(자세한 내용은 黃, 2014). 또한 어머니가 평소 바빠서 아이들과 충분히 관계할 수 없는 경우, 자녀는 어머니의 언어나 문화에 무관심하게 된다는 실정이 확실해졌다.

6. 모어 계승에 관한 과제

본 고에서 살펴본 바와 같이 '외국 국적' 어머니가 가정에서 실제로 아이들에게 모어를 가르치는 경우, 시부모로부터 모어로 이야기하거나 손자손녀에게 가르치지 말라고 하는 등의 곤란이나 문제에 직면하게 된다는 것을 알게 되었다. 특히 많은 사례에서 어머니 자신보다는 그 가족이 모어 계승에 대한 결정권을 가지고 있다고 할 수 있다.

그러나 대만의 가족 반대가 없는 경우에도 모어가 잘 계승되지 않는 상황도 많았다. 위에서 서술한 '신대만의 아이들'에 대한 인터뷰에서 아이가 비록 어머니의 모어와 고향에 대한 긍정적인 감정을 가지고 있어도 어머니가 '모어'를 가르쳐주지 못하는 실정이 있었다. 그 큰 원인은 어머니가 자신의 일이나 다른 문제로 모어 계승에 대해 소극적인 자세를 취하고 있기 때문이다. 즉, 일 등의 현실과 마주하는 것과 모어를 계승하는 것 사이에서 어머니가 갈등하고 현실적으로 자녀에게 모어를 가르치거나 문화를 전달하기 위한 시간과 여유가 없기 때문에 결과적으로 모어를 계승할 수 없다는 것이 밝혀졌다. 한편, 많은 어머니는 '언어의 가치'를 인정하고 대만 정부의 모어 계승의 추진 정책에 의해 간접적 또는 직접적인 영향을 받았기 때문에 자녀에게 모어를 의도적으로 가르치기 시작한 경우도 있다. 이런 것으로 볼 때 조만간 대만의 국제결혼 가정에서 어머니의 모어를 사용하는 상황이 더욱 더 일반적인 것으로 되어갈 것을 기대한다.

인용문헌 ───

藤野陽平(2008).　台湾キリスト教の歴史的展開―プロテスタント教会を中心
　　に― 哲学, *119*, 295－336.

飯田美郷(2008).　台湾における外国籍配偶者の言語使用意識と母語継承意識　東
　　海大学日本語文学系修士論文.

稲垣スーチン(2005). 台湾における小学校英語教育の実施状況と問題点　言語
　　と文化, *4*, 125－131.

厚生労働省(2016).　我が国の人口動態　http://www.mhlw.go.jp/toukei/list/dl/
　　81－1a2.pdf(2016年10月17日 取得).

陳依玲(2008).　語言教育政策促進族群融合之可能性探討　教育研究与発展期刊,
　　4, 223－249.

黄琬茜(2012).　台湾における「外籍」と呼ばれる母親の子育てに関する価値観
　　―養育態度と言語・文化の継承に焦点を当てて― 同志社大学大学院修士
　　論文.

黄琬茜(2014).　「外籍」の配偶者のもつ文化とことば―その家庭への影響と伝
　　播― 教育文化, *23*, 63－85.

黄琬茜(2015a).　台湾の新移民女性の母語に関する教育方法―「たいまつプラ
　　ン」における言語教材― 日本. グローバル教育学会全国研究大会第23回
　　発表 ニュースレター, *22*, 11－12.

黄琬茜(2015b). 新移民女性に対する社会的評価の類型―台湾における国際結
　　婚の心理学的研究を通して―グローバル教育, *17*, 50－63.

黄琬茜(2015c). 台湾における共働きの母親の養育態度の類型―社会変化によ
　　る影響― 評論・社会科学, *114*, 67－84.

黄琬茜(2016a).　台湾の「たいまつプログラム」にみる言語の教育方法―『新住
　　民母語生活学習教材』の分析― 評論・社会科学, *117*, 180－199.

黄琬茜(2016b). 台湾における東南アジア出身の母親の母語継承に関する意識
　　と行動 比較文化研究, *124*, 73－88.

教育部統計処(2015).　新住民子女就讀國中小學生人數及占比　http://stats.moe.
　　gov.tw/chartweb/Default.aspx?rptvalue＝p1(2016 年9 月19 日取得).

内政部戸政司(2013). 我國與外籍人士結婚統計　http://www.immigration.gov.tw/
　　public/Attachment/41317233963.xls(2016年3 月30日取得).

夏曉鵑(2005).　尋找光明―從「識字班」通往行政院的蜿蜒路― 不要叫我外籍新

娘(pp. 12－48) 左岸文化出版社.

薛百雯(2015). 我的孩子為什麼不說越南話?─從生態系統論探究影響越南籍新住民子女母語學習動機的因素─國立暨南國際大學修士論文.

詹秀娟(1996). 香港・台湾の歴史と言語事情 新潟産業大学人文学部紀要, 5, 33－52.

張明慧(2004). 新移民女性的母職困局─ "新台灣之子"発展遅緩論述的緊箍咒 ─ 世新大学社会発展研究所修士論文.

다른 나라의 선구가 되는 다각적인 연구

오끼시오(하라다) 마리꼬[沖潮(原田)満里子]

1. 커미트먼트가 가능한 테마의 선택과 방법

황선생이 대만의 국제결혼의 문제에 관심을 갖게 된 것은 가까운 지인이 국제결혼을 하고 잘 되지 않은 사례를 듣고, 특히 그 아이의 습관들이기와 가정교육 등에 관심을 가졌기 때문이라고 한다. 그러나 이것이 단순한 흥미위주라면 오랫동안 정열을 쏟아부어 연구를 계속하는 것은 어려울 것이다. 연구 테마의 결정은 연구활동의 첫 걸음이지만, 이것을 확실하게 잘 결정하는 것이 우선 어렵다. 황선생은 대만의 국제결혼 문제에 직면하여 계속해서 이 연구에 임하고 있다. 연구 시작 당시에는 질문지 조사를 중심으로 하고 있었다고 한다. 그러나 그것에 한계를 느끼고, 인터뷰로 방법을 변경한 것으로서, 황선생이 알고 싶었던 조사 대상자 본인의 생각이나 감정을 인터뷰로 듣고, 다가서는 것이 가능하게 되었다는 것이다. 방법의 선택은 어떻게 자신이 알고 싶은 것에 도달할 수 있는지의 문제이기 때문에 황선생의 조사방법의 변화는 자연스러운 흐름이었을 것이다.

2. 대만의 국제결혼에 있어서의 모어 계승 문제

외국국적 중에서도 동남아시아와 중국 본토 출신 여성이 대만 남성과

결혼하여 대만 사회에서 살아가는 사례가 많다는 것인데, 그러한 여성에 대한 비판은 많고, 그녀들은 마이너리티로서 억압되어 왔다고 황선생은 말한다. 이로 인해 그녀들은 모어를 사용할 수 없는 상황이 계속되고 있었는데 2012년이 되어 그녀들의 모어와 문화를 지원하고자 하는 프로그램이 만들어지고 시행됨으로써 그녀들의 모어의 입지가 변화했다고 한다.

이러한 극적이라고도 말할 수 있는 변화의 한복판에서 당사자인 어머니들은 어떻게 모어의 계승·교육과 마주하고 있는지 황선생은 43명에 대한 인터뷰 조사를 하고 있다. 논고에서는 '계승형'(적극적 행동·소극적 행동으로 나뉜다)과 '변화형'에 초점을 맞추고 있지만, 어느 이야기도 흥미롭다. 특히 계승형의 소극적인 행동과 변화형으로 분류되는 어머니들이 제각기 껴안고 있는 상황과 갈등이 전해져 온다. 황선생의 연구는 현대의 변화하는 사회 정세를 테마로 하고 있으며, 대만 사회와 대만에서의 교육을 생각함에 있어서 매우 큰 의의가 있지 않은가 한다.

3. 트라이앵귤레이션(Triangulation)

황선생의 연구에서 또한 주목할 만한 것은 '신대만의 아이들'이라고 불리는 국제결혼 부부 사이에서 태어난 아이에 대해서도 조사를 실시하고 있는 것이다. 어머니의 이야기뿐만 아니라 실제로 어머니의 모어교육을 받는 대상인 아이가 그것에 대해 어떤 생각을 가지고 있는지를 밝히는 것은 매우 중요한 일이다. 또한 그 연구결과는 언젠가는 정책에 대한 제언으로 이어질 가능성도 내포하고 있는 것이다.

이 처럼 모어 계승 문제에 대해 어머니와 아이 모두의 생각을 조사하는 방식은 트라이앵귤레이션(Triangulation)의 하나이다. 트라이앵귤레이션은, 하나의 연구에서 여러 방법을 도입하는 방식을 가리킨다. 예를 들어 관찰과 인터뷰라는 복수의 데이터 수집을 하거나 황선생의 연구처럼 어머니의 인터뷰와 아이의 인터뷰 등 다른 대상을 조사하는 것과 같은 다각적인 접근을 취하는 것이다. 이렇게 함으로써 문제에 대한 보다 두 텁고 다각적인 연구결과가 얻어지게 된다. 황선생의 연구에서는 아버지에 대해서도 조사를 실시함으로써 가족들이 어머니의 모어 계승에 대해 어떻게 생각하고 있는지, 그 실태와 해결해야 할 문제를 더 확실하게 밝히는 것이 가능할 지도 모른다.

4. 일본에서의 전용 가능성

일본에서도 경제연계협정(Economic Partnership Agreement)을 통해 특히 아시아 지역에서 다양한 분야에서 외국인의 수용이 활발해지고 있다. 일본에서 일하는 외국인 근로자는 2016년에 100만 명을 넘어섰다(厚生労働省, 2017). 외국인 인구가 증가하면, 국제결혼도 증가할 것으로 생각되며, 황선생의 논고에 써있는 것처럼 국제결혼의 언어문제는 보다 가까운 일이 될 것이다. 예를 들면, 일본 국내에서는 방언을 어떻게 자녀에게 전할 것인가, 아니면 전하지 말아야 할 것인가라는 문제와도 유사한 것으로서 이미 발생하고 있는 문제일지도 모른다. 황선생의 연구는 국제결혼의 선진국인 대만의 문제를 다룬 것인데, 그 성과는 일본의 상황에서도 전용 가능성이 있는 것으로 평가받을 것이다.

厚生労働省(2017). 「外国人雇用状況」の届出状況のまとめ(平成 28年 10月末 現在) http://www.mhlw.go.jp/stf/houdou/0000148933.html(어크세스 날짜 2017년 8월 1일)

록의 비지(飛地)에서 헤테로토피아로
-타이페이와 베이징의 레전드 라이브하우스-

간묘여(簡妙如, JIAN Miaoju)

Taiwan

록의 비지(飛地)에서 헤테로토피아로
―타이페이와 베이징의 레전드 라이브하우스―

간묘여(簡妙如, JIAN Miaoju)

1. 질적 연구와 나

2012년 7월 15일 오후부터 심야까지 100여 명의 팬들과 인디즈 뮤지션들이 타이페이의 '사대공원' 근처에 있는 라이브하우스 '지하회사' (Underworld)로 발길을 옮겼다. 언제나의 활기찬 분위기와는 달리 이번에는 '지하회사'의 '안녕! 라이브'를 위해, 슬픔, 분노의 감정이 감돌고 있었다. '지하회사'(이하 '지사'라 한다)가 영업중지를 공표한 후 1개월, 팬들과 음악 관계자가 자신의 Facebook, 블로그, SNS에 지사에 대한 추억의 글을 쓰고 있었다. 많은 문장의 내용은 지사의 가치와 중요성에 관한 것이었다. 흥미로운 것은 지사를 대만의 CBGB,[1] 1970년대 뉴욕

---

1) CBGB는 1973년 뉴욕에서 설립된 라이브 하우스이다. 뉴욕 펑크와 뉴웨이브의 발상지, 그리고 록 음악사의 성지로 알려져 있다. 2006년에 문을 닫았다.

의 레전드 라이브하우스로 비유하는 표현이 있었다는 것이다. 또한 팬, 뮤지션, 라이브하우스의 경영자들이 정부의 무능을 호소하고 문화부장 (역주: 일본 문화청 장관에 해당), 정치가, 매스컴에 인디즈 서브컬쳐에 대한 관심을 촉구했다.

라이브하우스의 록, 인디즈는 메이저 마케팅에 비해서는 엄청나게 좁다. 그러나 도시에는 인디즈의 팬이 '집', '자신의 쉼터'(居場所)처럼 편안하게 있을 수 있는 라이브하우스가 반드시 존재한다. 구미권의 연구자는 이미 도시부의 서브컬쳐 음악을 연구해왔다(Shank, 1994; Straw 1999). 그들은 '신'(scene)이라는 말로 도시부의 인디즈, 대중이 아닌 소중(少衆)음악 공간, 집합체, 그리고 스타일과 상징들을 묘사한다. '신'이라는 것은 특정 공간 속에서 특정 커뮤니티가 만든 뮤직 스타일, 아이덴티티와 그 변용이다. '신'은 로컬의 독특한 일면이 있으면서 글로벌한 보편성을 갖는 측면도 있다. 나는 레전드라 불리는 라이브하우스에 관심을 가지고 있다. 레전드의 라이브하우스라는 것은 도시에 존재하는, 사람들에게 깊이 기억되는 대표적인 공간이다. 라이브하우스가 레전드가 되는 이유는 접근하기 쉬운 점, 혹은 세련된 장식 등 물리적인 요소만이 아니라 그 공간에 있는 뮤지션, 독특한 뮤직 스타일, 분위기, 그리고 다음 세대로 전승하는 히스토리 등이 있다. 나는 이 논고를 통해 왜, 이 라이브하우스가 레전드가 된 것인지, 왜 사라졌는지를 고찰하고자 한다.

본 연구의 사례에 대해 내가 파악하기 쉬운 동아시아의 도시, 타이베이와 베이징을 선정한다. 하나는 타이페이의 지하회사(지사), 다른 하나는 베이징의 D22이다. 이 2개의 라이브하우스는 현지의 CBGB라고 불렸으며, 현재는 폐점하고 있다. 2010년부터 2015년까지 타이페이와 베이징에서 현장 조사를 실시했다. 연구방법은 라이브의 현지 조사, 문헌 수집이다. 또한, 이 2개의 라이브하우스의 의미를 이해하기 위해 밴드, 경영자, 이벤트 주최자, 팬에게 인터뷰를 했다. 나는 이들 관계자들의 이야기를 통해 라이브하우스의 역사를 이해하고자 했다. 필드에서 지식을 구축하고 문화연구(cultural studies)에 대한 비판적인 사고를 도출해 낸다. 이러한 작은 군중, 언더 그라운드한 대상의 데이터를 수집함에 있어서는 질적 연구를 선택하는 것이 타당하다고 할 수 있다.

나의 연구방법은 항상 동료로부터 부러움을 산다. 라이브에서 팬으로 둔갑할 수 있고 시끄럽고 가끔 이상한 폭발음으로 샤워를 할 때도 종종 있었다. 또한 라이브가 끝나도 돌아가지 않고 심야까지 남아서 뮤지션이나 팬들과 이야기 하기도 했다. 그 때문에 막차를 놓치는 것도 다반사였다. 이런 움직임들이 '신' 음악에 대한 서브컬쳐의 연구방법이었다. 현장 조사에서는 연구자 자신의 참여 관찰을 중시한다. 필드에 들어가 현장의 말을 이해하고 현장의 분위기를 체감한다. 다음으로 외부자(팬)와 내부자(라이브하우스 관계자)의 사람들을 대상으로 문제점과 맥락을 정리한다. 그 다음에 보도하는 사람, 혹은 스토리를 말하는 사람처럼 관찰과 논점을 그려낸다. 이것이 나의 질적 연구방법이다. 다음 절에서 라이브하우스의 스토리2)를 소개하고 나서 논점에 대해 서술한다.

2. 동아시아 도시의 레전드 라이브하우스

2010년부터 내 취향의 대만과 중국의 인디즈 밴드가, 무엇 때문인지 항상 같은 라이브 바에 출현했다. 그 라이브 바는 앞서 언급한 2개의 라이브하우스이다. 이들의 공통점은 규모가 작아, 50~200명으로 입장을 제한한다는 것이다. 그리고 인테리어와 음악 시설은 아주 새로워졌지만, 인디즈 음악 커뮤니티에서 '가장 좋아하는 것은 지사(地社)', '우리는 항

---

2) 지하회사와 D22 두 개의 라이브하우스의 배경에 대해서는 이미 영어 논문으로 발표했다(Jian, 2017). 그러나 본 고의 문제 의식, 인터뷰 내용 및 결론에 대해서는 영어 논문과는 다르며 모두 새로운 내용이다.

상 D22에서 라이브한다'는 등의 호평을 받고 있었다. 그러나 2012년에 내가 베이징에 갔을 때, D22는 이미 영업을 중단해 있었다. 같은 해에 지사도 휴업의 선고를 내렸다. 그 후 지사는 한때 부활했지만, 2013년에 공식적으로 막을 내렸다. 이 두 개의 장소는 '사망'했지만, 사람들의 기억 속에서 '살아 있다'. 더욱 독특한 형태로 존재하고 있다.[3]

(1) 타이페이의 지하사회(地下社會, 1996-2013)

1990년대에 학생운동에 참여한 적이 있는 청년들이 1996년에 라이브 하우스 '지사'를 창립했다. 이 지사는 타이페이 대안구 사대거리(台北市 大安区師大通り)에 위치하고 있는데, 대만사범대학, 대만대학, 대만과학 기술대학 등 대학이 주변에 있다. 1996년부터 2000년까지 지사는 문예 살롱으로 자리매김되어 라이브는 가끔씩밖에 개최되지 않았다. 당시 지사는 학생운동가, 작가, 외국인들의 '집'이라고 해도 과언이 아니었다. 그들은 지사를 대만 방언으로 '회사'라고 친근감 있게 불렀다. 점 내에서는 언제나 DJ가 독특한 취향의 음악을 흘렸다. 그 음악은 핵심적인 록 팬밖에 몰랐다. 1999년부터 지사는 라이브를 평상적으로 개최하기 시작했다(그림 12-1).

2000년 들어 대만의 제1세대와 제2세대의 록밴드는 이미 10년 이상 발전했다. 이러한 밴드, 예를 들면 탁수계공사(濁水渓公社), 골육피(骨肉皮), 오월천(五月天), 섬령(閃靈) 등이 언더 그라운드 입장에서 오리지널 록을 만들고 있었다. 그들의 스타일은 팝, 펑크, 블랙 메탈 등이다. 그들은 중국어 또는 대만어로 가사를 만들어 인기를 얻었다. 이 시기부터

---

3) 지하사회는 사료로서 2015년 타이페이의 "造音翻土" 갤러리에 전시했다(羅 등, 2015). D22는 이미 피자가게가 되었지만 2016년에 거기서 뮤지션 기념 라이브를 개최했다. 또한 대만의 밴드 '1976'이 2009년에 '지하사회'라는 노래를 만들고 지사의 중요성을 기념했다. 베이징의 밴드 '고슴도치'(Hedgehog)가 2012년에 '伙計們真搖滾, 那天我也在 D22'를 만들었다.

대형 음악회사가 '밴드시대'라고 부르며 밴드를 메이저 뮤직마케팅에 도입했다.

그림 12-1 타이페이 '지사'의 라이브의 모습(2012년 11월 23일 저자 촬영)

지사는 지금까지 없었던 스타일, 즉 전위적인 뉴뮤직과 밴드를 키우기 시작했다. 지사의 주주 중 한 사람인 DJ의 임사견(林土堅, Randy Lin)이 신인 밴드의 CD를 발행하기 위해 2000년에 '실간문화'(実幹文化, SCUM)를 설립했다. 산하의 밴드는 대만 최초의 여자 펑크인 'Ladybug'와 포스트 록인 'Sugar Plum Ferry' 그리고 영국 록인 '1976' 등이 있다. 또한 이들 밴드는 크리스탈 인디즈·레이블을 통해 판매되었다. 이러한 거칠고 강력한 펑크 또는 실험음악 밴드가 주로 지사의 좁고 누추한 지하실에서 연주되었다. 지사의 프로듀서 소요(小搖, 별명)가 "당시 모두가 골육피(骨肉皮)의 음악을 좋아했다. Ladybug와 골육피는 동경의 밴드였다. … 그 후 탁수계공사(濁水溪公社)가 인기를 얻었다. … 이른바 제3세대 밴드는 모두 크리스탈 인디즈·레이블의 것을 듣고 있었다"고 말했다(2015년 2월 1일). 이러한 다원적인 아이디어가 가득한 음악 열풍이 대만의 2000년대의 제3세대 제4세대를 육성했다.

지사의 황금기는 2000년부터 2005년까지이다. 매주 수요일, 금요일, 토요일에 라이브가 개최되었다. 라이브의 내용은 다양한 스타일의 밴드 출연, DJ 테마 파티 등이었다. 당시 신인 밴드의 가장 동경받는 라이브하우스는 지사라해도 과언이 아니었다. 또한 젊은이들이 지사의 라이브가 끝나도 돌아가지 않고, 지사에서 아침까지 마시고 놀았다. 그러면서 어느 틈엔가 그들도 밴드를 구성하여 무대에도 서게 되었다.

밴드 '박하잎'의 보컬 임천(林倩)이 "지사는 매우 즐겁고 자유로운 장소였다. 기재는 너덜너덜하고, 음향도 별로 좋지는 않았지만 … 즐거웠다. 어느 날 침수로 바닥이 망가지고 누전되었다. 기타를 연주할 때 전류가 손가락으로 들어왔다(웃음). … 그러나 이런 것은 The Wall에서 일어났다면 그 자리에서 화를 내었겠지만, 지사니까, 뭐, 지사답다, 재미 있었다 …"(2010년 2월 25일 인터뷰 내용)고 말했다. 이 밴드의 드러머 정개동(鄭凱同)은 "지사는 인디즈의 실험적이며 투박하고 거친 정신을 유지했다"고 평가했다(2010년 2월 25일 인터뷰 내용).

지사의 독특한 분위기는 '지사톤'이라고 했고, 무대 위와 아래에 있는 뮤지션과 팬들은 '지사조(組)'라고 불리워졌다(何, 2015). 그들은 일상 생활과는 다른 감각, 체험과 가치관, 그리고 자신의 청춘시대를 '신'(scene)으로 공유, 공감했다. 그들의 지사에 대한 정체성의 변화도 '신'(scene)의 일부였다.

2000년대 후반부터 사회 환경이 변화했다. 2000년부터 타이페이 시청이 입장료 무료의 연말 카운트다운 콘서트를 매년 개최했다. 지금까지 지명도가 낮았던 록밴드가 라이브 실력을 가지고 있기 때문에 대중을 위한 카운트다운 콘서트의 단골 출연자가 되었다. 이 변동으로 인해 인디즈계의 밴드는 서브컬쳐 커뮤니티에서 벗어나게 되었다. 또한 타이페이시에서 지사 외에 라이브하우스의 수가 늘어났다. 그 중에서도 4대 라이브하우스라고 일컬어지는 것은 Witch House, The Wall, Riverside,

그리고 지사이다. 라이브하우스는 도시 중산층의 일반적인 취향의 선택이었다. 라이브하우스의 인구가 증가함에 따라, 규제 법률도 늘었다. 2007년 담배 규제에 관한 법률이 통과되었다. 음주운전에 대한 규제도 이전보다 엄격해졌다. 이러한 조처들은 담배와 알코올의 매출 감소, 그리고 팬과 음악 스타일의 변화를 라이브하우스에 가져왔다.

지사의 주주이자 DJ, 또한 음악 사회학 연구자 가동홍(何東洪)은 다음과 같이 탄식했다. "반대 시위의 2012년 이전 2년 전부터 이미 손님 수는 줄었다. 손님은 밴드를 보기만 할 뿐. 밴드가 끝나면 모두 돌아갔다. 아무도 늦게까지 남아 술을 마시지 않았다 … 와도 고참들 정도, 젊은이는 마시지 않았다, 수다도 떨지 않았다…"(2015년 2월 1일).

한편, 타이베이시에서 2004년부터 도시의 새로운 사업이 시작되었다. 지사가 있는 사대야시(師大夜市) 지역은 도시재생의 핫스팟이었기 때문에, 가게와 인구가 급증했다. 이 3~4년간 200개의 가게가 700개로 증가했다. 부동산 가격과 임금도 올랐다. 중산층 주민의 주거 환경이 악화되고 그 불만을 정부에 호소했다. 정부가 면허가 없는 점포에 압력을 가했다. 지사는 음식점 면허밖에 가지지 않았기 때문에 단속의 대상이 되었다. 같은 시기에 정부가 '문화창의 산업'(디자인과 예술 관련 사업)을 추진하여 공공 토지를 민간에 대출하여, 800명에서 1,500명의 중형 라이브하우스를 건설했다. 그래서 밴드들은 소규모의 지사를 뒤로 하고 규모가 크고 시설도 최첨단인 라이브하우스에 출연하게 되었다.

2012년부터 지사는 영업등록 위반 경고, 소방안전법 위반 벌금 등을 차례차례로 받았다. 지사의 관계자가 반대 시위를 벌여 400명 이상의 뮤지션과 지지자들의 성원을 받아, 언론보도와 문화청 장관의 주의를 끌기도 했다(張, 2012). 그럼에도 불구하고 사회의 규제가 엄격하여 2013년 지사는 막을 내리고 말았다.

(2) 베이징, D22(2006-2012)

2006년 D22는 북경 오도구(北京五道口)에서 개점했다. D22의 시작은 지사보다 10년 늦었다. 이 라이브 바는 최대 200명이 입장할 수 있다. 2006년 베이징올림픽(2008년) 직전에 해외의 요구에 부응하기 위해 중국은 다양한 사업을 진행하고 있었다. D22는 이 조류를 타고 타이밍의 덕을 보았다. 오도구에는 북경대학, 청화대학, 북경항공대학, 외국어학원 등 엘리트 대학들이 있어서 학생, 유학생 등 젊은이들이 많다. 이 지역은 젊은이들의 서브컬쳐가 싹튼 지역으로 알려져 있다. D22의 설립자는 미국인 Michael Pettis이다. 그는 2002년에 미국에서 베이징으로 이주한 북경대학의 경영학부의 겸임교수, 금융전문의 작가이다. D22를 설립하게 된 계기는 그가 베이징 록 라이브에서 어떤 매력적인 신인 밴드를 만난 것이다. 그는 잠재력을 가지고 있지만 무대가 없는 밴드를 키우기 위한 공간을 만들고 싶었다. 그 후 이 신인 밴드의 CD를 발매하기 위해 인디즈 레코드회사 Maybe Mars를 세웠다.

베이징의 인디즈 록 신은 D22가 세워진 10년 이상 전에 탄생했다. 1980년대 후반부터 최건(崔健), '마암삼걸'(魔岩三傑) 등 제1세대의 록 스타가 나타나 지명도가 높았다. 그러나 제1세대의 록은 소규모 라이브의 발전에 별로 영향을 주지 못했다. 1990년대 이후 중국의 록은 세분화되었다. 인디즈는 록 스타와는 대조적으로, 주변적 이질적인 문화의 상징이었다. 이 시기부터 다양한 소규모 록 라이브가 싹트기 시작했다. 오도구에 유명한 라이브 바가 속속 개점했다. 예를 들어, 아몽(亞夢), Busy Bee, 개심낙원(開心樂園), Scream Club, River 등이다. 1996년부터 2006년까지 오도구의 라이브 바는 중국 인디즈 록의 성지였다. 그러면서도 아직 이들 록 신은 언론에 등장하지 않았고 일반 사회에 공개되지 않고 있었다.

밴드 'P.K.14'의 보컬 양해숭(楊海崧)이 "D22는 가장 좋은 타이밍에 가장 좋은 것을 했다. … 2005년, 2006년 경 베이징은 세계로부터 주목받은 시기였다. … D22는 특별히 대단한 것을 한 것은 아니었다. 아몽(亞夢), Scream 등도 있었다. 단지 보도되지 않았을 뿐 … D22와 Scream, 개심낙원(開心樂園)의 공통점은 손님들에게 집과 같은 느낌을 주는 것. 그래서 무엇을 해도 좋고, 언제든지 갈 수 있고, 받아 들여지고, 따뜻하게 지켜주었다. 거기는 자신들의 커뮤니티 같았다"고 당시의 라이브하우스를 평가했다(2015년 4월 5일).

2006년 이후 D22는 베이징의 록 신의 일원이 되어, 단번에 팬의 주목을 받았다. D22의 자유 분방하고 활기찬 전위적 스타일은 베이징의 많은 라이브 바 중에서도 두드러졌다. 특별한 것은, Maybe Mars가 만든 밴드의 음악이 '중국 젊은이의 대변자'(Voice of Young China)라는 슬로건으로 해외 및 본토의 음악 관련 미디어에 대대적으로 보도된 것이다. Maybe Mars의 산하 Carsick와 P.K.14와 같은 밴드는 해외에까지 팬을 가지게 되었다. 동시에 베이징올림픽과 중국경제 상황의 호전에 의해 많은 중규모의 라이브하우스가 베이징에서 오픈했다. 예를 들어, Star Live, 우공이산(愚公移山), 그리고 2007년 일본 자금으로 설립한 Mao Live 등이다. 이러한 라이브하우스의 규모는 D22보다 크고 약 500명에서 2,000명이 입장할 수 있다. 설비도 충실하고 접근하기 쉽고, 손님 유치에도 주력했다. 그 시기부터 해외 도시와 마찬가지로 라이브하우스는 베이징 젊은이의 밤문화가 되었다. 이러한 대중을 위한 트렌드 속에서 전위적인 음악 스타일이 정착된 D22는 더욱 인디즈 커뮤니티에서 사랑을 받았다. "지금 MAO에 가지 않는 이유는 이런 클럽을 지원하지 않기 때문이다. MAO는 자신이 좋다고 생각하는 밴드를 선택하여 다른 신인에게는 기회를 주지 않았다. … 우리들은 D22에서 한다. … 손님은 적을지도 모르고, 입장료도 낮다. 그래도 우리는 D22가 좋다"(楊海崧, 2012년 5월 1일).

D22의 음악 스타일은 Carsick Cars, 자위(刺蝟), 후해대교어(后海大鮫

魚), 알조(嘎調) 등 신세대 밴드에 의해 정해졌다. 그들은 1970년대 뉴욕의 인디즈 밴드에 가깝다. 그들은 실험계와 포스트 록에 속하며 영어 가사를 노래하고 소음을 다뤘다. 팬들이 그들에게 품는 공통 감각은 '중국의 밴드가 아니라 구미권의 밴드에 가깝다'였다. 이러한 밴드와 팬은 '중남해일대'(中南海一代)라고 불렸고, 중국 록의 뉴제너레이션의 대표였다(耳東, 2014). 또한 밴드는 영어와 중국어로 인터넷, 소셜미디어에서 자기 PR을 하고 글로벌화와 다양화를 목표로 했다.

D22는 당시 매주 화요일에 실험적인 라이브 '조면야'(燥眠夜, Zooming Night)를 개최했다. 전위적인 음악에 도전하고 싶은 뮤지션, 학생, 아마추어 등 모두가 무대에 나갈 수 있었다. 물론 애드립도 허용된다. 입장료는 무료 또는 30위안(약 480엔)이었다. 수입이 적기 때문에 D22의 경영 상태는 계속 적자였다. 폐점하던 해에는 한때 흑자로 되었지만, 2012년 1월, D22 점포의 임대계약 만료로 막을 내렸다. 2012년 5월, Maybe Mars가 북경시의 중심부인 고루(鼓楼, 역주: 지명)에서, XP라는 라이브 바를 설립했다(그림 12-2).

그림 12-2 베이징 XP에서 라이브의 모습(2012년 5월 1일 작성자 촬영)

그러나 당시 중국 음악의 신(scene)은 이미 변화하고 있었다. D22와 XP는 특정 인디즈 뮤지션의 유토피아의 존재로 특화하여 일반 팬들은 다가가기가 어려웠다. 평론가 겸 뮤지션 안준여(顔峻如)는 "D22는 청년의 최소한의 저항의 표상이었다. … 그것은 『… (즉) 실제 그렇게 이어져 갔으면 했던 것은 아니지만, 사라지는 것은 싫다 …』XP는 엉성하고 밴드도 눈에 띄지 않는다"고 평가했다(2015년 4월 5일).

또한 중국의 라이브 신(scene)은 서브컬쳐와 마이너로부터 벗어나 메이저의 상업화와 산업화로 가려고 했다. 2008년 중국의 대기업 인디즈 음반사 '마등천공'(摩登天空)이 국내외 자금을 지원받아 스트로베리 페스티벌과 연간 약 200회의 라이브하우스 개최로 인하여 라이브는 중국 음악산업의 주류가 되었다. 라이브 인구의 증가에 따라 라이브 개최 장소의 합법, 제도관리에 대한 중국 정부의 의식이 높아졌다. 2014년부터 XP는 정부의 눈에 띄어 종종 지적을 받게 되었다. 원래 공식적인 장소에서의 영업이 아니었던 XP는 2015년 7월, 결국 폐업했다.

3. 결론 – 록의 '비지'[4]에서 도시의 '헤테로토피아'로 –

지사와 D22의 공통점은 라이브하우스의 레전드로 인식된 것이다. 그 특징으로서는 경영은 서툴지만, 영업점의 분위기, 음악 스타일과 관계자의 기질이 독특하다는 것이다. 그리고 이 두 개의 라이브하우스가 서브컬쳐의 대표로서 도시의 역사를 만들었다. 양해숭(楊海崧)이 지적한대로 "모든 신(scene)은 규율이었다. 처음에는 느린 언더그라운드 상태여서 별로 알려지지 않았다. 그리고 일단 유명해지면 신은 종말을 맞이한다. 이러한 규율은 반복되고 어쩌면 숙명일까"(2015년 4월 5일).

---

4) 飛地, 역주: 어떤 행정구획의 주지역으로부터 떨어진 다른 구획의 지역.

이들 라이브하우스는 동아시아 도시의 록의 비지(enclave)라고 생각된다. 여기의 비지라는 의미는 물론 도시에 있는 라이브하우스가 타국의 영토를 가리키는 것은 아니다. 이 비지는 두 가지 의미가 있다. 우선, 원래 동아시아의 록은 서양 록의 식민지이다. 동아시아의 밴드는 독특한 음악 언어, 미학의 심볼 및 취향을 활용하여 구미지역 또는 세계의 록을 연주한다. 다음으로, 두 개의 라이브하우스 뮤지션과 팬들이 동아시아의 도시에 있는 일반 주민들과는 달리, '서양'의 라이프 스타일을 갖는다. 레전드 라이브하우스는 일반 사회에서 소외되고 배제된 '비지'로서 비유할 수 있는 것은 아닐까. 지사와 D22가 레전드가 된 것은 굳이 대중을 위한 것이 아니라 이질적이고 전위적인 음악 스타일, 그리고 서툰 영업 스타일 등의 특징이 있었기 때문이다. 또 엄한 사회환경에서 살아남을 수 없는 것도 이들 레전드의 특징이다.

여기서 도시의 록 비지로서의 레전드가 된 라이브하우스는 비현실적인 유토피아라 불리워진다. 하지만 유토피아는 존재하지 않고, 상상 속의 파라다이스 같은 곳이다. 레전드 라이브하우스는 리얼한 장소로서 도시의 일부에 존재하고 있었다. 그 때문에 유토피아라는 말을 사용하여 레전드 라이브하우스를 해석하는 것은 적절하지 않을 지도 모른다.

그래서 프랑스의 철학자 푸코의 '유토피아적 신체/헤테로토피아'의 개념을 인용하여, 레전드 라이브하우스의 의미와 가치를 고찰하고자 한다(Foucault, 1984). 푸코는 인류의 문명에서 일상적인 기능이 발달하지 않은 '헤테로토피아' 공간의 존재가 반드시 있다고 한다. '헤테로토피아'는 한 장의 거울처럼 그 안의 환영에 의해 진실을 비춘다. 도서관과 박물관이 시간과, 역사의 누적을 수집하려고 하는 것은 '헤테로토피아'이다. 축제, 리조트지도 '헤테로토피아'라고 말할 수 있다. 그러나 축제와 리조트 지역은 도서관이나 박물관처럼 영원을 추구하는 것이 아니라 절대적인 순간적인 존재를 추구하는 공간이다. 푸코는 '배'를 예로 들어 '헤테로피아'를 해석했다. 푸코가 말하길, 배처럼 뜨며 부동의 고정적인 장소가 없는 공간은 완벽한 '헤테로토피아'라고 했다. 배로서의 '헤테로토피아'는 16세기 이후 유럽 국가들이 식민지를 찾기 위해 발전된 문명이다. 배는 경제를 개척하는 도구이기도 하며, 인간의 상상을 수용하는 상징이기도 하다.

"만약 언젠가 우리의 문명에서 배가 소실되면 꿈이 없어진다. 비밀 검거가 모험을 대신하고 경찰이 해적을 대신한다"(Foucault, 1984).

레전드 라이브하우스는 도시의 '배'처럼 우리의 상상을 수용하여 자유자재로 떠다니게 하는 '헤테로토피아'이다. 물론, 라이브하우스는 시간을 누적하고 있다. 예를 들어, 사진, 포스터, 벽, 화장실 낙서, 천장과 테이블 모서리에 남은 담배 자국 등이다. 라이브하우스에서는 뮤지션이 모험을 감행할 수 있어 순간적인 멋진 공연이 가능하기도 한다. 그 공간에서 모든 신(scene)은 인간의 다양한 환상을 상징하며 동시에 현실 생활의 답답함과 참기 어려운 것들을 투영하고 있다.

우리들의 도시의 발전은 젠트리피케이션을 지향하면 할수록 질서가 강화된다. 그에 따라 사회도 라이브하우스에 대해 일반 영업 점포와 마찬가지로 정부의 관리와 감시가 필요하다는 것을 요구한다. 이 시점에서는 라이브하우스는 '배'가 아니라 그냥 라이브의 개최지일 뿐이다. 라이브하우스의 헤테로토피아로서의 특징, 그것을 유지하고 있던 상상력도 사라져 버린다.

마지막으로, 본 논문은 지하사회와 D22의 사례를 통해 동아시아 도시의 이야기를 고찰해 왔다. 내가 슬퍼지는 것은 이들 레전드 라이브하우스의 소실뿐만 아니라, 우리의 상상력도 소실되고 있다는 점이다. 이것이 문제의 핵심이다.

인용문헌

Foucault, M.(1984). Of Other Spaces, Heterotopias. *Architecture, Mouvement, Continuité 5*, 46–49.

Shank, B.(1994). *Dissonant identities: The rock'n'roll scene in Austin, Texas*. Hanover : Wesleyan University Press.

Straw, W.(1991) Systems of articulation, logics of change: Scenes and communities in popular music. *Cultural Studies, 5*(3), 361–375.

耳東(2014). 中南海一代(2014 Edition) 百度百家 http://erdong.baijia.baidu.com/article/5615(2015年3月25日).

何東洪(2015). 獨立音樂的情感認同與危機─「地下社會」的生與死─ 羅悅全(主編)造音翻土─戰後台灣聲響文化的探索─(pp. 138–143) 立方文化

張心華(2012). 無「法」適從地下社會傳告歇業獨立樂界籲─live house 要正名─苦勞網http://www.coolloud.org.tw/node/69540(閱覽日：2014年12月23日).

마음의 '숙소'로서의 라이브하우스

이효박(李曉博, LI Xiaobo)

간선생의 「록의 비지에서 헤테로피아로 —타이페이와 베이징의 레전드 라이브하우스—」라는 논문을 읽으면서 지사(지하사회)와 D22가 각각 무엇을 의미하는 것이며, 왜 타이페이와 베이징이라는 도시의 레전드가 되어 있는가에 대해 생각했다.

간선생이 타이페이와 베이징의 라이브하우스에서 현지 조사를 하여, 밴드, 경영자, 이벤트 주최자와 팬 등에게 인터뷰를 행하고, 지사와 D22의 설립에서부터 폐점 때까지의 역사를 말해 주었다. 이 두 라이브 하우스의 존재를 간선생은 푸코의 헤테로토피아의 개념을 인용, 그것을 도시의 '배'라고 비유, 도시에서 생활하고 있는 인간들의 상상과 꿈이 수용되고, 또한 그곳에서 자유롭게 떠다닐 수 있는 '헤테로토피아'라고 해석하고 있다. 따라서 간선생은 이 두 라이브하우스 소실을 아쉬워하고 있다. 내게 흥미로운 점은, 지사와 D22가 각각 타이페이와 베이징이라는 다른 도시에 있고, 존재 기간도 발전의 경위도 조금은 다르지만, 의미하고 있는 바가 거의 같다는 것이다.

베이징과 타이페이는 각각 중국 내륙과 대만의 레전드 도시이며, 정치·경제·문화의 중심이기도 하다. 거기에 최고의 대학이나 회사 등이 모여 있다. 지사도 D22도 대학이 모인 장소, 즉 '대학가'에 있다. 밴드나 록 등은 음악이지만 동아시아에서는 전위적이라고 생각되는 서양의 상징이기도 하다. 사상이 급진적이고 보통과는 다른 뭔가를 하고 싶어하는 젊은 대학생들에게 매력적인 곳이 되기 쉽다.

그뿐 아니라 간선생이 이 글에서 분석한 바와 같이, 지사도 D22도 각각 자신의 독특한 문화와 분위기를 갖고 있으며, 흔히 상상되는 뮤직바나 비싼 정통 밴드의 연주 장소와는 전혀 다른 문화와 분위기를 갖고 있다. 저렴하고 개성이 허용되고 자유가 느껴지고 성장으로 이어지는 문화와 분위기는, 어떤 의미에서는, 도시생활의 '일상'과 다른 '비일상'이다. 지사와 D22가 사랑받는 요인은 음악 그 자체보다 이 '탈일상화'의 문화와 분위기에 있다고 할 수 있다. 간선생은 이것을 '헤테로토피아'라고 부르고 있다. 마이크로 관점에서 보면 지사와 D22의 의미와 가치는 간선생이 언급하는 '상상과 꿈이 수용되는 헤테로토피아'인 것 이외에 관리되는 질서 정연한 일상 생활에 대한 대항이라는 점에도 있다. 인간은 외부 세계에 대하여 어떤 의미에서는 저항하면서 성장한다는 것이다. 특히 사춘기 청년에게 저항은 곧 자기 성장이라고도 할 수 있을 정도로 중요한 역할을 하는 것이다. 겉으로 보기에는 균일한 생활을 하고 있는 대도시에서는 타인과 구별할 수 있는 자신이 속하는 곳을 갖고 싶고, 자신만 그 안에 있을 수 있다는 것 때문에, 그래서 '자기'가 발견 되기도 하고 자기 성장이 되기도 한다. 이것이 지사와 D22로 가는 사람들이 그곳을 자신의 '집'이라고 생각하는 요인 중 하나일지도 모른다.

이런 의미에서 생각하면, 지사와 D22는 타이페이와 베이징이라는 대도시 속에서 일종의 '이질적인 공간'일 뿐만 아니라, 거기에 다니는 사람들의 성장에 동반하는 마음의 '숙소'일지도 모른다. '숙소'이기 때문에 한 때는 멈춰 있어도 언젠가는 스쳐 지나갈 것임에 틀림없다. 그러니까 지사와 D22가 사라지더라도 아쉬워할 필요는 없다. 대도시에서는 다른 곳에서 다른 형태로 나타나고 있기 때문이다.

이것이 내가 간선생의 논문을 읽고 생각한 것이다.

하롱베이 수상가옥 주민이전 프로젝트와 어민의 문화 및 생계의 변화

무엔 티 투 후엉(NGUYEN Thi Thu Phuong)

Vietnam

하롱베이 수상가옥 주민이전 프로젝트와
어민의 문화 및 생계의 변화

무엔 티 투 후엉(NGUYEN Thi Thu Phuong)

1. 질적 연구와 나

나는 베트남국립예술문화 연구소에 근무하고 있으며, 20년 이상 문화 연구에 종사하고 있다. 나 자신의 연구에서는 질적 연구방법이 아니라 양적 연구방법을 사용하여 왔다. 그러나 2011년 8월 베트남 사회과학원 동북아연구소에서 열린 「인간과학과 필드워크」의 워크숍 프로그램에 참여했을 때, 이토 테츠지(伊藤哲司) 교수가 발표한 「보기, 듣기, 조사하기, 쓰기, 생각하기」(みる、きく、しらべる、かく、かんがえる)를 통해 질적인 연구방법을 알게 되었다. 나는 그 2011년부터 질적 방법이라는 새로운 접근을 하게 되었고 현재에 이른다.

문화와 생계는 주민의 인생에 영향을 미치는 두 가지 요인이다. 특히 소수민족과 어민 커뮤니티는 글로벌·국가·지방의 정책을 가다듬는 과정에서 매우 취약한 대상이다. 30년에 걸친 혁신, 국제지역 통합 이후 베트남은 평등 강조와 문화 다양성의 존중, 빈곤 감소에 큰 업적을 올렸으나, 커뮤니티 개발의 지속 가능성·효율성에 영향을 주는 많은 단점도 나타났다. 문화적 자본을 배제하고 전통적인 생계형식을 제대로 고려하지 않았기 때문에 일부 주민, 특히 이동한 주민에게 비관적인 심리적 열등감을 갖게 하여 주민 커뮤니티의 생활에 큰 변화를 가져왔다. 그래서 하롱베이의 수상 가옥 주민이전 제안의 영향 하에 있는 어민 커뮤니티에서 조사를 수행하기 위해 질적 연구방법을 사용하기로 했다.

2. 하롱베이 수상가옥 주민이전

본 연구에서는 현장의 자세한 인터뷰와 관찰 등과 함께 제안의 실시·개설과정의 검증을 통해 하롱베이 어민의 문화와 생계의 변화에 영향을 미칠 수 있는 정책 동향에 대해 검토했다.

지방정부의 관점과 주장은 다음과 같았다. 사회 경제의 발전에 따라 인구가 증가하고 많은 수상가옥들이 정해진 장소에 정박하지 않기 때문에 하롱베이의 여행 비즈니스 환경, 공안질서의 상황에 영향을 주고 있다. 또한 출생·사망의 등록 관리, 신분증명서의 교부, 공안질서 확보, 유산인 수환경보전을 확보하지 못하고 주민에 대한 교육에 어려움을 겪고 있다. 문화를 즐기기 위한 생활 조건, 의료 간호는 거의 없다. 특히 만에서 발생하는 폭풍, 번개비는 수상마을 주민들의 생명에 위험한 영향을 미친다. 하롱시 인민위원회는 수상가옥들이 있는 수상마을을 이전시키고, 수상가옥을 처분하여 생활 안정을 위한 「하롱베이 수상가옥 주민 이전 프로젝트」를 전개했다. 시는 지도위원회 및 학제적인 작업부회를 설치하고 이전계획의 실시를 수행하고 있다.

이 제안은 4단계로 실시되었다. 1단계는 검사 및 통계, 도시관리자에 의한 만의 수상가옥들의 분류, 2단계는 홍보의 강화와 사람들의 동원, 3단계는 이전지역의 기획과 건설, 4단계는 주택 이전과 직업 변경, 그리고 사람들의 생활을 안정화 시키는 것이다. 2014년 6월 하롱시 꽝닌성 인민위원회의 하롱베이 수상가옥 주민 이전 제안에 따라 상륙하여 거주할 전세대를 이전시켰다. 2014년 6월부터 7월에 걸쳐 수상마을에서 344세대 1,650명은 이전하여 집을 재건하였다.

하롱베이의 어촌 주민 이전 제안은 유네스코 전문가로부터 세계 유산에서의 주민 이전프로젝트로서는 최고로 평가되었다. 전문가의 의견은 어촌의 유산인 하롱베이에 사는 300가구 이상의 가구가 이전하여 하롱시에 다시 정착했기 때문에 하롱베이의 가치를 높이고 사람들에게 좋은 생활을 가져다 주었다고 한다.

'바다의 계림'이라고도 불리는 하롱베이. 베트남 북부 유수의 관광지로도 알려져 있다. 1994년에 세계유산으로 지정(사진: 伊藤哲司)

3. 생활과 문화 실천 정체성의 변화

그러나 실제로는 하롱베이 수상가옥 주민이전 제안의 실시 단계는 어촌의 가계구조, 전통적인 생계형식, 공간, 문화적 환경에 대한 철저한 계획에 기초하지 않고 생활 수준의 향상, 사회보장, 경제보조 지원을 행하는 등 주민들을 완전히 새로운 직업에 취업시켰기 때문에 종교적 실천, 커뮤니티의 정체성, 생활양식을 반영하는 문화적 변화의 심층에 바람직하지 않은 여러 결과를 초래했다.

이 제안으로 인하여 어촌주민 커뮤니티에 경제, 사회, 문화에 큰 변화가 일어났다. 2016년 6월의 시점 재(再)정주지역에서 필드워크를 하고 있던 모든 지역에 담이 설치되고 콘크리트 도로가 만들어졌다. 계획대로 건물 각 동에는 60평방 미터의 사용 면적에 2~3개의 침실, 1개의 거실, 1개의 화장실, 주방 공간이 건축되었다. 전기와 수도도 사람들의 수요를 충족할만큼 제공되고 있다. 또한 사람들의 생활에 봉사하기 위해 재정주 영역에 카페와 식료품점 등도 생겼다.

표 13-1 하롱베이 어민의 전통적인
         어업의 예

오징어
조개
게(작은 게)
그 외

표 13-2 하롱베이 어민의 이전 후
         직업의 예

택시운전
자수 제작
봉제
호텔 · 레스토랑 서비스

한편 이 제안은 전통적인 생계와 지식 기준을 잘 고려하지 않고 새로운 생계 형식으로 직업 구조변경을 실시했기 때문에 대다수의 커뮤니티 어민을 빈곤 상태로 내몰고 있으며, 일부 거주자에게 심리적 열등감과

비관을 일으켰다. 이 제안으로 인하여 전통적인 어업 생계에서 택시운전사, 레스토랑 서비스업, 자수 작품의 제작 등으로 직업 전환이 이루어졌다(표 13-1, 표 13-2).

재정주지역에서는 황당한 직업변화가 일어나고 있다. 2016년 3월 하롱시 인민위원회의 최신 데이터에 의하면 재정주지역의 886명 중 택시운전의 트레이닝을 마친 사람은 1명뿐이며 지역기업에 채용된 것은 56명, 현장의 환경위생 4명, 오토바이택시운전 9명, 그외 대부분은 실업상태이다. 정책입안자는 생활수준향상, 가계구조, 전통적인 생활형식, 공간, 환경, 습관에 관한 철저한 배려에 바탕을 두지 않고, 사회보장 생계의 기초로서 경제보조 형식을 실시하여 완전히 새로운 직업에 취업시겼기 때문에 어촌주민의 지속가능한 생계 보장에 나쁜 변화를 가져오게 되어 버렸다.

하롱베이의 어민들은 여러 세대에 걸쳐 바다, 물고기, 새우, 해산물과 관계를 계속해 왔는데, 바다에서 갑자기 폭풍이나 태풍이 발생하면 위험하기도 한다. 그래서 배에서 함께 살 때에는, 작은 아이로부터 노인까지 남성에서 여성까지 나이에 관계없이 커뮤니티 생활 안에서 생계형식의 실천에 서로가 도울 수 있었다. 이것은 환경을 보호하고 공유하고 어촌주민의 특정 조건 속에서 지속 가능한 생활을 확보하는 데 도움이 되었다. 따라서 전통적인 어업 생계환경의 상실은 「먹고 살 수 있는 낚싯대를 잃었다」라는 말과 동의어가 되었고, 직면하고 있는 것은 급속히 일어나고 있는 빈곤화라는 아픈 현실이다.

〈카이사콩 재정주지역에서의 인터뷰 결과의 예〉

흐안 반 비엔 씨 60세
직업 변경은 부적절하다. 주민들은 실직하고 빈곤하며 배우지 못했다. 우리는 어민이라서 바다와 관련된 일밖에 할 수 없다. 배를 집에 가깝게 기항하기 위한 운하는 좁처럼 넓힐 수 없다. 일을 할 수 없기 때문에, 돈을 빌려 생활하고 있다. 반사반생(半死半生)이다.

현재 지상의 어촌, 어부의 수입은 크게 감소하여 일상 생활에 어려움이 있다. 재정주지역에 사는 1,632명 중 70명은 300~500만 동(약 15,000~25,000엔)의 월급으로 호텔·레스토랑 서비스, 운전 등의 고용 서비스 업무에 종사하고 있다. 나머지 많은 사람들은 교통 수단이 없고, 글을 읽을 수 없기 때문에 직업을 찾을 수 없다. 많은 세대는 가족의 수입을 얻기 위해 자신의 집을 나가 이전 어촌으로 돌아 간다. 일부 세대는 채권자에게 집을 내주고 만으로 돌아가 생활한다. 바다에 대한 향수와 함께 바다로 나간 후 남겨진 아이들이나 여성들은 남편이 보내준 한정된 돈으로 생활하기 때문에 정신적인 데미지를 받아 비관적으로 되는 것도 불가피하다. 게다가 경제적 이유로 많은 아이들이 퇴학을 당하고 학교에 다니는 기회도 사라지고 있다. 수입이 없어 의료도 보장되지 않는다. 육상으로 이전 후 2년 간 어민의 20명이 사망했다. 그 중 13명은 적절한 치료를 받기 위해 병원에 갈 수도 없었다. 정책 입안으로 인한 직업 변경이라는 잘못된 계획에서 하롱의 어촌 커뮤니티에서 극심한 비극이 발생했다는 것이다.

인터뷰에 응해준 대부분의 노동 연령자는 전직이 매우 어렵다, 특히 고교졸업 수준이 요구되는 직업이 많아 더 그렇다고 답했다.

〈카이사콩 재정주지역에서의 인터뷰 결과의 예〉

구엔 티 쿠이 씨, 45세
주민들은 익숙하지 않은 직업으로 변경할 수가 없다. 배우기 위해 육상으로 이동했다. 생활할 수 있도록 정부가 뭔가 생각을 해주지 않으면 우리는 또 바다로 돌아가게 된다. 어디에도 속하지 못한 채 수입이 낮아 하롱베이에 문제를 또 만들게 된다. 결국 우리의 아이들은 육상으로 이동해도 학교에 다닐 돈이 없다. 그런 식으로 되고 싶지 않아도 어쩔 수 없다. 육상에서의 일에는 익숙하지 않다.

구엔 반 구 씨, 93세
젊은이들이 육상으로 이동해도 글자를 읽을 수 없고 길을 모르니까 택시운전도 레스토랑에서의 일도 잘 하지 못한다. 그래서 청년들은 육상의 일을 할 수 없고, 배를 살 돈이 없기 때문에 실업, 부채, 도박중독이 되어 집을 팔고 떠돌이가 되어 버린다.

인터뷰 결과도, 어업을 계속하고 어부의 전통적인 생계를 유지하는 지식과 경험을 활용할 수 있는 기회를 정부에서 만들어야 한다는 사람들의 공통의 바램을 반영하고 있다. 원래 바다에서 태어나고 자란 그들은 바다에 대해서는 누구보다도 잘 알 수 있다. 바다 덕분에 전통적인 어업에 의해 수입을 얻고 가족의 생활을 떠받쳐 왔다. 이렇게 질적 방법으로 우리의 연구는 현 시점의 프로젝트로부터 현지 지방정부 당국이 하롱베이 어촌주민에게 직업 변경을 하게 한 것이 예상치 못한 문제를 초래하고 있다는 결과를 밝혀냈다.

또한 우리의 분석은 공간 전이의 결과가 많은 민속예술, 종교적 실천을 행할 수 있는 환경을 잃어버렸다는 현실을 목격할 수 있었다. 인터뷰를 통해 대부분의 세대가 태어난 장소, 신앙관습, 마을, 뗏목, 배를 생각해내고 있는 것을 알았다. 바다를 기억하지만, 축제 때 바다로 돌아가기 위한 돈은 없다. 이젠 배도 없기 때문에 마을에 다시 돌아가 참배할 기회도 별로 없다. 이전에는 초봄에 마을과 마을의 축제, 보트경주, 노래경연 등이 있어 사람들이 참여했지만 현재는 마을과 마을이 이어지는 문화예술 활동에 참여하는 해양환경이 없기 때문에, 이런 습관이 유지되지 않는다. 재정주지역에 문화관이 있지만, 육상 사람들의 표준에 맞춰져 있으며, 그것은 이전해 온 사람들에게 있어서는 맞지 않은 것이다. 정책입안자들에게 문화적 정체성을 강화하거나 보존 조치를 취할 때 문화적 정체성과 실천은 전통적인 환경에만 존재한다는 중요한 문제를 생각하게 하지 않으면 안 된다. 실제로 생활공간의 변화로 말미암아 민속예술의 형태, 신앙실천 등 바다 섬의 문화적 정체성을 표출할 환경을 잃어버린 것이다.

4. 마치면서

연구과정은 질적접근에 근거한 것으로, 왜 '하롱베이 수상가옥 주민 이전 프로젝트'가 지역주민의 문화적 지주를 파괴하고 많은 전통적인 문화적 실천이 사라져 가게 만들었는가 하는 것을 분석하고 이해할 수 있었다. 많은 전통적인 문화 실천이 서서히 사라졌다. 생활 수준의 향상, 사회보장 확보를 이유로 하여 프로젝트의 정책 입안자들은 가계 구조, 전통적인 생계형식, 공간, 환경, 학습에 관한 철저한 계획에 기초하지 않고, 생활보조를 실시하고 완전히 새로운 일자리 사업으로 전환시켰다.

새로운 정주지역에서의 현지 지식은 적고 어촌주민에 대해 강력한 생계 확보의 큰 과제가 제기된다. 재정주지역에서의 문화보전, 직업변경의 효율 향상에 대해 지방 정부는 철저하고 깊게 어촌 어민의 전통적인 생활자원, 문화적 자원의 역할을 인식하고, 수상생활의 전통적인 문화, 생계환경과 육상의 정주환경과의 결합을 만들어 생계문제와 각종 어려움의 극복을 위해 어민들에게 강력하고 신속하게 지원하고 어업 커뮤니티의 문화 관행의 정체성을 존중하지 않으면 안된다. 문화 실천에 대한 전통적인 문화환경의 유지에 근거한 하롱베이 관광개발, 어촌공동체의 바다 섬 문화, 지역 지식의 강점을 개척하고 살려 나가는 것이 필요하다.

사회적 불평등을 부각시키는 질적 연구에 대한 기대

이토 테츠지(伊藤哲司)

　베트남 북부의 유명한 관광지이기도 한 하롱베이를 필드로 하는 후엉 선생의 논고를 읽고, 무엇보다 기뻤던 것은 기존에 양적 연구방법을 사용해 온 그녀가 하노이의 베트남 사회과학원 동북아시아연구소에서 2011년 내가 담당했던 프로그램에 참가해서 거기서 알게 된 질적 연구방법을 사용하게 되었다는 것이다. 그때 젊은 연구자 10여 명이 참가하여 나의 「하노이의 골목 에스노그래피 － 관계하면서 알아가는 이문화의 생활 세계－(ナカニシヤ출판, 2001)」(나중에 베트남어 판을 하노이에서도 출판)도 소재로 하면서 질적 연구방법에 대하여 워크숍 형식으로 진행했었다. 그때의 젊은 참가자 중 한 사람이 분명 문화인류학 전공이었다고 생각하는데, "저도 선생님처럼 자유롭게 에스노그라피를 쓰고 싶습니다. 하지만 지도교수가 '더 빈틈없이 하세요!'라고 하면서 허용해 주지 않습니다"라고 했었다. '빈틈없이 하세요'라고 하는 것은, 단적으로 양적 연구방법을 가리키는 것일 것이다.

　참가자의 한 명이었던 후엉 선생이 질적 연구방법을 의식적으로 활용하여 수행한 필드워크로 인하여 하롱베이 수상가옥에 사는 사람들의 이전에 관한 문제가 명확하게 부상된 것이 인상적이다. 지방정부도 나름대로 주도면밀하게 생각하고 계획·실시했을 이전 계획, 그것은 유네스코에서도 '세계 유산에서의 주민 이전 프로젝트 중에서 가장 높은 평가'

를 받은 것이었다고 한다. 그러나 실태는 많은 문제를 안고 있었다. 정비된 주거 환경이 이전 대상에게 제공되었음에도 불구하고, 그것은 '전통적인 생계와 지식 기준을 잘 고려'하지 않은 것이라 한다. 전통적인 어업에서 멀어지게 되고 택시운전 기사 등의 새로운 직업에도 적응하지 못하고, 빈곤화를 초래하고, 아이들이 학교에 갈 수 없거나 주민이 적절한 의료를 받을 수 없었다는 것이다. 그것은 수상가옥에서 살던 사람들이 오랜 세월 행해져 온 문화의 상실이라고도 말할 수 있는 우려스러운 일이다.

이것을 읽고 같은 베트남 중부에 있는 후에의 '수상 생활자'에 대한 사례를 떠 올렸다. 나 자신이 그것에 대해 조사하고 소론으로 정리한 바 있다(伊藤, 2012). 후에에도 세계유산인 왕궁이 있으며 도시의 중앙에는 후온 강이 흐르는 아름다운 도시이지만, 외국인 관광객도 많은 신도시에서도 바라볼 수 있는 후온 강변에 한 때 많은 수상 생활자들이 살고 있었다. 몇 차례 이전 계획이 있었지만, 사람들은 주어진 육상의 집을 떠나, 다시 원래의 수상생활로 돌아가버리는 일이 있었다고 들었다. 내가 조사한 것은 2006년의 일인데, 그 이전 계획이 본격적으로 실시되어 이전할 위치로 이동할 때 보트를 부수어야 한다는 조건이 붙여졌고 실제로 관철되었다. 그렇게 해서 현재는 후에에 가도 수상생활자들은 보이지 않는다. 수상생활을 영위하고 있던 사람들은 확실히 '빈곤'했고, 아이들에게는 장래에 육상에서 생활을 하도록 하고 싶다고 말하는 사람들도 많았다. 그 후, 이전한 곳으로 옮겨 간 원래의 수상생활자들을 만나러 간 적도 있다. 분명 생활의 몇몇 양상은 개선된 모습이었지만 익숙해져 있던 수상생활 세계에서 분리되어 버렸다는 인상이 강했다.

그 소론에서 나는 「사회주의를 견지하는 베트남에서는 모두가 '평등' 이어야 하는데 그러나 실제로 그렇다고 말하기는 어렵다」라고 문제를 지적했다. 경제발전이 눈부신 베트남에서 사람들의 경제 격차가 매우 커지고 있는 현실은 잘 알려져 있다. 하롱베이와 후에에 대한 각각의 사례에는, 물론 구체적인 부분에는 차이점도 있겠지만 대국적으로는 동일한 문제 구조가 있는 것 같다. 그러나 그것을 정치문제로서 비판적으로 논해지는 일은 그리 많지 않다. 공산당 일당이 지배하는 국가에서는 정부 비판이라는 것은 지금도 터부시 되기 때문이다. 젊은 베트남 학생(일본에 와 있는 유학생도 포함)에 접근해 보아도, 정치문제에는 놀라울 정도로 관심이 적다. 베트남 거리는 매우 활기가 있고 사람들이 억압되어 있는 것처럼 보이지는 않지만, 인권문제를 지적하는 일본인 연구자도 있고, 베트남 남부의 '패배한 쪽의 베트남' 사람들이 자신의 과거를 이야기하는 것을 자제하고 갈등을 잠재화 하고 있다는 측면은 분명히 있다.

이러한 사회 상황 속에서 후엉 선생의 논고가 이대로 베트남에서 발표할 수 있는지 여부는 모르겠으나 질적 연구를 통해 이러한 어려운 상황에 놓인 사람들의 목소리를 대변하는 것처럼 분명히 한 것은 그 자체만으로도 가치가 있다. 거기에 머물지 않고, 건전한 사회비판으로도 이어져 갈 것을 기대하고 싶으나, 베트남의 정치 상황에서 생각하면 시기상조일 지도 모른다.

졸저 「하노이 골목 에스노그래피」를 베트남어로 간행하게 되었을 때, 베트남의 출판사로부터 「현재 하노이에서는 물건이 넘쳐나게 판매되고 있으며 사회주의 국가라고는 생각되지 않는다」라고 쓴 문장을 삭제해 달라는 말을 들었다. 물론 그대로 삭제에 응했지만 이러한 담론도 받아들일 수 있는 베트남이 되어 가기를 바란다. 후엉 선생의 이러한 질적 연구에 대해 조만간 베트남에서의 논의가 있게 되기를 기대한다.

伊藤哲司(2012). 「平等」のなかの貧困―ベトナム・フエの水上生活の家族たち
― 発達心理学研究, *23*(4), 375－383.

베트남 일본기업의 인재 현지화의 현황과 과제
-인적자원관리 시스템의 국제 이전의 시점에서-

호 티 민 후엉(HO Thi Minh Phuong)

Vietnam

베트남 일본기업의 인재 현지화의 현황과 과제
-인적자원관리 시스템의 국제 이전의 시점에서-

호 티 민 후엉(HO Thi Minh Phuong)

1. 질적 연구와 나

경영관리, 특히 인적자원 관리는 인간 대 인간의 활동이다. 해외에 진출하는 일본계 기업에서 경영자가 현지의 노동환경, 자사의 경영상황을 어떻게 파악하고 받아들이는 지는 인적자원 관리의 방법에 영향을 미칠 것으로 생각된다. 경영의 현지화 규정 요인을 탐구하는 기존의 연구는 양적인 접근이 주류이다. 그들은 일본계 기업의 인재 현지화 비율과 그 비율에 영향을 미치는 요소(진출 기간, 출자 비율, 인력의 현지화 비율 등)를 중심으로 하는 연구가 대부분이다. 경영관리, 특히 인적자원 관리는 인간 대 인간의 활동이라고 생각하기 때문에 나는 현지 법인의 경영자를 직접 만나서 솔직한 이야기를 듣는 것을 중심으로 하는 인터뷰 조사를 했다. 이러한 착안점을 가지고 있는 나에게 있어서 이 같은 질적인 접근을 경영학의 연구에서 사용하는 것은 필연적이었다.

2. 일본기업의 해외 자회사의 인력 현지화

해외 자회사의 매니지먼트에서 성공의 열쇠를 쥐고 있는 것은 인재의 현지화에 있다. 인재의 현지화는 간부를 현지의 사람으로 등용하는 등 현지에서 채용한 사원을 중심으로 구성하고 현지 사회에 뿌리 내리는 경영을 해나가는 것이다. 그것이 요구되는 이유는 일본 본사의 글로벌 통합·현지 적응의 발전단계에 따라 일본인 파견자의 인건비 절감과 현지 시장의 판매 확대를 도모한다는 점 등을 들 수 있다. 또한 일본기업의 해외 거점이 앞으로 더욱 사업을 확대해 나가기 위해서는 현지의 우수한 인재의 등용이 불가결하다는 점도 있다.

지금까지의 연구에서도 인재의 현지화 문제는 여러 번 다루어져 왔다. 그 연구들에서 일본기업의 인력 현지화는 늦어지고 있는 경우가 많다고 지적되고 있다. 기존의 연구는 일본적인 경영 시스템의 현지에서의 수정, 이문화 경영, 경영자원의 국제 이전, 동기부여 이론, 국제 인적자원 관리 등의 시점에서 인재의 현지화 문제를 다루어왔다. 직접투자의 본질은 경영자원의 이전이다. 그래서 인적자원 관리시스템의 국제 이전의 시점에서도 일본형 인적자원 관리시스템이 어떻게 현지에 적응되어지고 있는가 하는 것이 중요하다.

본 연구는 세계적으로 높은 경쟁력을 갖는 일본의 제조기업의 사례를 들고 있다. 일본 기업의 경쟁력의 원천 중 하나는 일본형 인적자원 관리이며, 그 특징으로서 '삼종의 신기'라고도 불리는 종신고용, 연공서열, 기업별 조합을 들 수 있다. 해외 진출할 때 HRM 시스템(Human Resource Management system : 구체적으로는 채용·인재확보, 평가·승진승급, 교육 훈련)을 얼마나 효과적으로 이전시킬 지가 인재의 현지화 촉진에 크게 영향이 미친다고 생각된다.

본 연구에서는 최근 일본기업의 진출이 급증하고 있는 베트남에 초점을 맞추고, 사례 조사를 실시한다. 베트남 경제는 중국 경제와 함께 아시아에서도 빼어난 높은 성장과 안정성을 보여주고 있다. 베트남은 내 자신의 모국이며, 친일적이고, 또한 일본기업에 취업하려는 희망자도 많다. 그러나 거기에는 베트남인과 일본인의 사고방식 등의 차이도 보일 것이다.

3. 문제와 목적

본 연구는 일본의 인적자원 관리시스템의 현지에서의 수정이라는 관점에서, 일본계 해외 자회사의 현지화 현황을 밝히고, 인적자원 관리시스템과 인력의 현지화 촉진에 대한 이전의 관련을 분석하는 것을 목적으로 하고 있다. 베트남에 있어서 일본계 기업의 진출은 중요하지만, 실제 운영은 베트남 사람들에게는 잘 알려져 있지 않다. 베트남에서의 일본형 경영자원(인적자원 관리시스템 등)의 이전과 인력의 현지화와의 관련은 과연 어떤 것일까.

오카모토(岡本, 1998)의 통계분석에 따르면, 일본형 경영자원의 현지 이전과 인재의 현지화는 정의 상관관계를 보인다. 즉, 「사람의 현지화가 진행된다는 것은 주로 일본형 경영의 노하우 및 지식을 이해하는 현지인 매니저, 종업원이 증대하고 그들이 등용될 기회가 확대된다는 것」이다. 그러나 관리직에 등용된 인재는 반드시 일본 본사의 경영노하우 및 지식을 충분히 학습해 온 것은 아니다. 오히려 현지 관리자에게는 현지 경영방법이 더 쉽기 때문에 인재의 현지화가 진행된 기업은 일본 본사가 아닌 현지에 적응한 경영을 하고 있는 것이 아닌가 생각된다.

일본 본사의 경쟁 우위를 발휘하기 위해서는 일본형 경영을 효율적으로 이전해야 하지만, 어떤 요소를 이전해야 하는지 검토할 필요가 있다. 나는 베트남으로 인적자원 관리시스템의 이전은 곤란을 수반하지 않을까 하는 문제의식을 가지고 있다. 왜냐하면, 베트남의 환경요인은 일본이나 다른 나라와는 다르기 때문에, 예를 들면 다른 나라에서 원활하게 이전할 수 있는 방법이라도 베트남 진출에서는 원활하게 이전할 수 없는 경우가 있다고 생각되기 때문이다.

4. 방 법

위의 조사과제에 따라 인터뷰를 중심으로 하는 사례 조사를 실시했다. 실제로 베트남에 진출해 있는 일본기업 7개사에서 인터뷰 조사를 실시, 베트남의 일본기업의 HRM시스템을 중심으로 실태를 분석하고 일본의 HRM시스템이 어떻게 적용되고 또한 현재의 인사관리 방식은 현지화에 어떻게 영향을 미치고 있는지를 분석한다. 또한 본사의 이념이 실제로 현지에서 어떻게 정착되고 있는지, 해외 자회사의 현지화에서 본사는 어떤 역할을 하고 있는 지를 분석한다.

조사기간 : 2016년 9월 상순
절차 : 동양경제신보사의 「해외진출기업 총람」에 게재되어 있는 베트남 현지법인 목록을 바탕으로 필자가 베트남 남부에 진출해 있는 일본계 제조기업 약 50개사에 전화하여 조사의 협력을 의뢰했다. 그 중 7개사에서 기업방문의 허가를 얻어 회사의 사장 또는 인사담당자에게 인터뷰를 실시했다. 그 중 6개사를 실제 분석 대상으로 했다. 각 회사의 베트남 진출시기는 약 20년 전(첫 진출붐의 시기)이다. 방문한 기업의 공장규모는 900~3,000명으로 대형공장인 점이 유사하다. 따라서 각 회사의 모(母)회사 방침 · 전략, 자(子)회사의 현지화에 대해 비교하는 것이 가능하다.

5. 결과 및 고찰

(1) 인재의 현지화가 요구되는 배경

인터뷰 결과에서 어느 조사대상 기업의 경영자도 인재의 현지화 촉진은 필수적이라고 생각하고 있으며, 그 주요 이유로 세 가지가 부상되었다. 첫째, 신규 사업을 확대해 나가는 데 있어서 일손 부족을 해소하기 위함이다(C사, F사). 둘째, 특히 본사의 국제화가 진행되지 않은 경우 본사에서 일본인 파견사원을 찾아서 보내야 한다는 부담을 줄이기 위함이다(A사, D사, E사). 셋째, 일본인 파견자가 바뀔 때에도 해외 자회사가 조직으로서 안정적으로 운영할 수 있도록 하기 위함이다(C사).

(2) 현지 인재의 정착과 활약 상황

조사대상의 대부분의 기업은 현지 인재의 등용을 촉진하고 있었다. 그 이유는 해외 자회사의 경영은 일본의 시스템을 그대로 들여오는 것이 아니라 현지의 방식을 존중하고, 현지를 잘 이해하고 있는 현지인에게 맡긴다는 방침이 있는 것으로 나타났다.

그러나 조사대상 6개사 모두 현지 사장은 아직 없고, 어느 기업도 모두 기업의 사장·부사장도 일본인이고, 그 아래에서 현지 직원이 활약하고 있다. 대부분의 기업에서는 고급관리직 클래스의 현지인 인재가 아직 키워지지 않고, 특히 부장·과장급에서는 현지인 고용의 희소성이 관리상의 걸림돌이 되고 있다.

향후 인재의 현지화를 촉진시키기 위해 간부후보생 채용, 계층별 교육, 중간 관리직에 기업이념을 공유하는 등의 방법을 들고 있었다. 그러나 그 방침들을 실시하기 위해서는 시간과 자금이 필요하고, HRM시스템이 정비되지 않은 측면도 있기 때문에 좀처럼 잘 진행이 안 된다고 했다(기업 E). 또한 과장·차장까지 승진했음에도 불구하고, 베트남인은 리더십이 결여되어 있다고 간주되어 권한이 충분히 주어지지 않는 사례도 있었다(B사).

(3) 일본형 인적자원 관리시스템의 현지에서의 수정·실시

기존의 연구에서는 일본계 기업은 해외 거점에서 오퍼레이션(operation) 과 함께 일본형 경영자원을 들여오는 것이 대부분이며 효과적인 방법이라고 지적하는 연구가 많다. 그러나 본 연구에서 밝혀진 바와 같이, 베트남의 일본계 기업은 장기고용을 전제로 한 잠재적 채용·교육 훈련을 실시하고 있는 기업은 많지만 반드시 적극적으로 본사의 경영자원을 그대로 이전하고 있다고는 할 수 없다. 특히 본사의 국제화가 진행되지 않은 기업 또는 글로벌 전개의 경험이 적은 기업은 가능한 한 현지에 맞는 제도를 설립하고 현지 종업원에 맞춘 매니지먼트의 방식을 채택하고 있다. 조사결과에 따라 채용, 교육 훈련, 평가, 승진승격을 거론하며 일본형 인적자원 관리시스템이 어떻게 이전되어 있는지 정리했다(표 14-1).

표 14-1 조사대상 기업의 인적자원관리 수법실시의 현황

	항목	A사	B사	C사	D사	E사	F사
채용	현장 노동자 중도 채용	○	○	×	○	○	○
	사무계 중도 채용	×	○	×	○	○	○
	인재소개 서비스 이용	○	○	○	○	○	○
	대학과의 연계	○	×	○	×	×	×
	명확한 채용기준의 설정	○	×	○	모름	○	○
	즉시전력(即戰力)의 요청	×	○	×	○	△	×

	유효한 채용수단	○	×	◎	×	×	○
	간부후보의 채용	×	×	○	○	×	×
	우수한 인재획득의 곤란	○	○	×	○	○	×
교육 훈련	신인 연수의 실시	생산 현장만	1주일 간	○	×	×	○
	OJT의 실시	○	○	○	○	○	○
	사내에서의 정기적인 OJT의 실시	N/A	×	○	×	×	○
	사외연수의 실시	○	○	◎	기술 자만	×	○
	계층별 교육훈련의 실시	○	○	○	×	×	○
	교육의 일환으로서의 배치전환	○	×	×	○	×	○
	일본 본사에서의 연수	○	×	◎	○	×	○
	일본 본사의 이념의 공유	○	×	○	×	×	○
	매년도의 경영방침의 공유	○	×	○	○	×	○
평가	정기적인 평가의 실시	○	○	○	○	○	○
	평가기준의 명확화	○	×	○	×	×	○
	잠재력의 평가	×	×	○	○	모름	○

주) ◎ 특히 강화하여 실시하고 있다.
　　○ 실시하고 있다.
　　× 전혀 실시하고 있지 않다.

베트남 일본계 기업의 인적자원 관리시스템 이전의 특징으로 다음과 같은 점을 들 수 있다.

채용

어느 현지 자회사도 일본 본사와 같이 장기 안정고용을 전제로 한 채용을 실시하고 있다. 하지만 현지 상황에 따라 본사와는 다른 채용수단을 이용하는 경우가 많아 보인다. 구체적으로는 조사기업 6개사 모두 채용은 정기적으로 이루어지고 있지 않았다. 인재를 모집하는 시기는 주로 결원 보충의 시기 또는 수주가 늘어날 때이다. 그 부분은 본사와 크게 다른 점이다. 또한 일본 본사에서는 신졸업 일괄채용이 주된 채용 수단으로 이용되고 있는 반면, 베트남 자회사의 대부분은 중도채용을 실시하고 있다. 신졸업 채용과 중도채용에 관계없이 채용시에 즉시전력(即戰力)을 요구하지 않는 잠재적 채용을 실시하고 있는 기업과 즉시전력을 추구하는 기업은 반반이다.

베트남인은 근면하고, 학력이 있는 인재도 많다고 평가되는 경우가 많지만, 인재획득 경쟁이 점점 치열해지고 있으며, 우수한 인재확보에 어려움을 겪고 있는 기업이 많다. 향후 미래의 간부후보를 별도로 채용을 실시하는 기업은 C사와 D사이다.

교육훈련

채용제도와 마찬가지로 교육훈련도 현지에 맞는 방식으로 대응하고 있다. 교육훈련이 계획적이면서 체계적으로 수행되지 않은 기업이 비교적 많다. OJT(On-the-Job-Training)을 제대로 하고 있는 C사와 F사는, 조사기업 6개사 중 일본 본사의 글로벌 전개의 역사가 있다는 공통점이 있다. C사의 경우, 본사의 생산센터에서 입안된 전세계적인 계획에 의해, 베트남 자회사의 생산방침도 결정된다. 그 방침을 전개하는 것이 각 거점의 형태로 되어 있다. 결과적으로는 C사는 그 방침하에 현지에서의 연수나 일본 본사의 교육에 적극적으로 임하고 있다. 또한 F본사도 인재 육성을 중시하는 전통있는 기업으로, F사의 해외거점도 그 전통을 계승하여 적극적으로 교육훈련에 임하고 있다.

본사로부터의 지도, 그리고 지원이 부족한 부분, 사내 인재육성·교육의 구조에는 한계가 있는 것이 아닌가 생각된다. 그러나 현지 생산능력을 향상시키려면 자회사의 성적에 크게 영향을 받는다. 따라서 본 조사에서 밝혀진 바와 같이, 본사의 지도와 지원을 충분히 받지 못한 A사, B사, D사, E사도 외부 서비스를 활용하여 교육훈련에 임하고 있다.

또한 이번 조사대상 6개사는 계획적인 이동이 없기 때문에 많은 직무를 수행하게 하면서 종업원의 다기능화를 도모하는 것은 일반적이지 않다고 할 수 있다. 내부승진의 촉진을 위해 교육훈련과 정기적인 배치전환의 실시가 필요하다.

평가

평가도 현지에 맞는 방식으로 대응하고 있다. 대부분의 기업에서는 평가가 정기적으로 이루어지고 있다. 평가기준은 기본적으로 본사의 내용에 기초하여 만들어지고 있지만, 해외거점 자체 기준도 있다. 명확한 기준이 있는 기업과 없는 기업이 반반인 점에서 납득성이 높은 평가기준이 확립되지 않은 상황도 있다는 것을 알 수 있다.

또한 업무 의욕과 잠재력이 있는가라는 항목도 평가기준에 들어 있는 기업은 C사, D사와 F사이다. 이들 기업은 조사대상 기업 중 상대적으로 교육훈련에 주력하고 있으며, 장기적인 능력 형성을 도모하고 있는 기업이다. 잠재력에 주목하고, 훈련하여, 능력을 신장시키는 일본의 시스템과 같은 경향이 보인다.

베트남의 일본계 기업에서 승진·승격을 결정할 때 중시되는 것은 학력·근무 경험이 아니라 능력과 잠재력이다. 생산현장의 작업자가 관리직에 등용되는 경우가 많아 보였다. 즉 일본기업의 특징인 연공적인 승진이 아니라 실력주의이다. 또한 일본 본사에 비해 베트남 법인 쪽이 승진 속도가 빠르다. 그때는 일본의 업무방식을 이해하고 있는가 하는 점도 중시되고 있다. 그러나 아직도 베트남인 관리자가 부족한 기업이 많고, 간부가 될 인재의 육성이 중요한 과제이다.

(4) 일본 본사의 국제화와 경영지원

본사의 국제화가 경영자원의 이전 및 해외거점의 현지화 촉진에 크게 관련되어 있다는 것은 말할 것도 없다. 지금까지 말해 온 것처럼, 어느 조사대상 기업도 인재의 현지화를 지향하고 있다.

조사대상 6개사 중 본사의 국제화가 진행되고 있는 기업이 2개사, 본사의 국제화가 늦어지고 있는 기업이 4개사였다. 본사의 국제화가 진행되고 있는 일본계 기업일수록 본사의 기술과 경영노하우를 해외거점으로 이전하는 경향이 보인다. 이 점은 토우(董, 2006)가 수행한 사례연구의 결과와 일치하고 있다. 즉, 본사의 국제화가 진행되어, 명확한 경영방침을 가지고 있는 기업일수록 적극적으로 우량의 경영자원을 이전시키고 그 정착을 도모하고 있는 것이다.

또한 본사의 국제화가 늦어지고 있는 기업의 경우에도 일본인 파견자부족 문제를 해소하기 위해 현지화를 적극적으로 추진하고 있다. 이 점은 세키구치(関口, 2016)가 논한 본사의 국제화를 지향하지 않는 기업의 현지국적 인재(Home Country Nationals: HCN) 등용의 패턴에 해당한다. 베트남 자회사는 본사로부터 경영자원의 이전을 받지 않는 부분, 현지에서 일본계 기업을 위한 진출 지원서비스 등을 이용하여 생산 향상·조직력 강화를 도모하는 기업이 많다. 외부에서 사용할 수 있는 진출지원서비스 내용으로는 인재채용·교육 훈련 등 부분적인 활동에서부터 경영관리 시스템운영 관리의 구축까지이다.

(5) 인적자원 관리시스템의 이전과 현지화

조사대상 기업 모두 적극적으로 현지 종업원의 등용을 추진하려 하고 있다. 그러나 베트남 자회사에서 우수한 인재가 육성되고 간부로 등용되는 것은 그들이 경영 노하우·기술 등의 일본형 경영자원을 흡수했다는 것과 동일하지 않다. 즉, 일본형 경영자원의 이전 촉진에 따라 현지화가 진행된다는 상관관계가 반드시 인과관계로는 되지 않는다. 그러나 본사의 경쟁 우위성을 발휘하기 위해서는 유효하게 경영자원을 이전하는 것이 필요하며, 특히 장래에 간부가 될 인재에 경영노하우의 전달이 필수적이다.

6. 결 론

본론에서 다룬 베트남 일본계 기업의 현지화 촉진이 요구되고 있는 주된 이유는 신규 사업의 확대, 생산향상, 조직력 강화, 본사의 해외파견 인력을 조달하는 부담을 줄이는 것 등이다. 그러나 단순히 일본 본사의 HRM시스템의 도입으로 현지화가 원활하게 진행되는 것은 아니다. 실제로 해외 자회사에서 HRM시스템의 구축은 일본 본사 유래의 지향에 따라 현지에 맞는 정책·방법이 형성되는 패턴이 존재한다는 것이 인터뷰에 의한 사례조사를 통해 확인할 수 있었다. 일본계 기업을 위한 진출 지원서비스도 매우 잘 되어 있다고 평가하는 일본인 경영자의 목소리에서 많은 일본계 기업이 채용에서부터 인재육성까지 외부 서비스에 의해 유지되고 있는 것으로 말할 수 있을 것이다. 이러한 발견은 기존의 양적 접근으로는 발견해내기가 어려웠을 지도 모른다.

본 연구는 죠오치(上智)대학교 경제학연구과에 제출한 석사논문 "베트남 일본기업의 인재 현지화의 현황과 과제 －인적자원 관리시스템의 국제 이전의 관점에서－"를 다시 정리한 것이다. 경영판단을 내릴 때 기업과 경영자 자신을 둘러싼 환경, 과제에 대한 인식이 경영스타일을 규정하는 중요한 요인이다. 베트남의 일본계 기업의 경영자로부터 들은 이야기를 통해 그들의 시점에서 본 베트남의 노동시장과 자사의 상황과 본사의 상황과의 평가를 밝히고, 현재의 인적자원 관리시책이 도출된 배경을 확인할 수 있었다. 경영효율화를 도모하며, 이러한 경영상황 과제를 알기 쉬운 형태로 객관적으로 보여줄 필요가 있다고 생각한다. 향후 현지 법인의 일본인 경영자뿐만 아니라 본사 또한 현지 종업원들로부터의 인식을 고찰하고, 베트남의 일본계 기업의 인적자원 관리에 관한 연구를 진행시키고 싶다.

인용문헌 ─────────────────────────────────────

ホー・ティ・ミン・フオン(2017)．ベトナムの日本企業の人材の現地化の現状
　　と課題—人的資源管理システムの国際移転の視点から— 上智大学経済学
　　研究科修士論文(未公刊)．
岡本康雄(1998)．日系企業in 東アジア 有斐閣.
関口倫紀(2016)．日本企業海外子会社における人的資源管理の実証研究 国際
　　ビジネス研究, *8*(1), 89−105.
董光哲(2007)．経営資源の国際移転 文眞堂.

경영의 「삼종신기」의 영광과 붕괴

이부흔(李勇昕, LEE Fuhsing)

이 장에서는 베트남 출신인 후엉 선생이 일본의 대학원생으로서, 베트남의 일본기업에 있어서 인재의 현지화 현황과 과제에 대해 집필한 석사논문의 일부이다. 일본인이 '어떻게 일본기업이 해외 진출을 원활하게 할 수 있는가'하는 시점에 서는 것이 아니라, 베트남인이 '어떻게 일본기업이 베트남의 경제 및 인재 육성에 공헌할 수 있는가'라는 시점에서 보는 것이 매우 중요하다고 한다. 이 장에서는 따로 언급하지 않았지만, 원래 현지의 사람들은 왜 일본기업에 취직하고 싶은가, 일본기업에 대해 어떠한 기대와 실망을 가지고 있는가, 그리고 일본기업 자신이 고도 성장기 이후 '삼종신기'라고 불리는 경영의 영광 시대와 붕괴 시대는 일본과 외국에 대하여 어떤 영향을 주었는지 파악하지 않으면 안 된다.

나의 출신지 대만에도 일본기업이 많다. 우리 대만인의 일본기업에 대한 이미지는 치밀, 팀워크, 안정 등이다. 젊은이는 일본기업에 취직함으로써 일본의 기술, 기업문화를 배우고 장래가 유망하게 되지 않을까 생각한다. 예를 들어, 일본 본사에서의 승진, 혹은 미래에 자신의 회사를 만들 때 일본기업에의 취업 경험을 활용할 수 있다. 어쨌든 일본에서처럼 하나의 기업에서 평생 일을 하는 것은 드문 일이다. 경력을 쌓고 승진해 나가기 위해 전직하고 개인주의를 중시하는 것은 대만뿐만 아니라 구미, 아시아 각국도 마찬가지이다. 따라서 일본 본사가 '외국인은 금방 회사를 그만 둬 버린다'라고 생각해서, 해외인재 육성에 힘을 쏟지 않는 것은 합리적인 것인가. 그 결과, 대만의 젊은이들이 이상을 가지고 일본기업에 취직한 후 일본 본사로 승진하는 것은 물론 불가능에 가깝고, 배우고 싶었던 일본의 기술, 문화도 별로 체득하지 못하는 등의 문제에 직면하여 다른 회사로 전직한다. 이 점은 아마도 베트남의 상황과 공통점이다.

일본 본사의 방침과 현지 문화의 균형이 잡히지 않는다는 큰 문제가 발생하는 근본적인 원인은 일본기업의 경영의 '삼종신기'에 있다고 생각된다. 후엉 선생이 말한 것처럼 「일본기업의 경쟁력의 원천 중 하나는 일본형 인적자원 관리이며, 그 특징으로서 '삼종신기'라고 불리는 종신고용, 연공서열, 기업별 조합을 들 수 있다.」

일본의 고도 성장기에는 '삼종신기'를 통해 직원들의 애사정신을 기르고, 좋은 제품을 만들어 풍요로운 생활을 보낼 수 있게 되었다. 국민 전체가 열심히 일을 하여 일본은 세계 경제대국이 되었다. 일본에서는 회사에 취직하는 것을 '입사'라고 한다. 즉, 회사에 들어가서 인생을 걸고 회사에 공헌한다는 집단주의의 가치관을 나타낸다.

그러나 1980년대 이후 글로벌화가 진행하는 가운데 일본기업은 그때까지의 국내 생산·대외 수출만의 체제로부터 해외 생산을 중심으로 하는 체제로 변경했다. 기존의 일본의 독자적인 경영방침은 해외의 자유경쟁에서 위협을 받고 있다. 버블 이후 일본의 집단주의는 무너지고 있다(杉万, 2010). 일본인 자신이 '삼종신기'를 비판하기 시작했다. 열심히 노력하여 '입사'만 하면 업무 능력에 관계없이 오래 있는 것만으로도 월급과 지위가 오른다는 보장이 있는 것, 또한 조합과 기업이 기본적으로 일체화 되어, 긴장감은 상실되고 구미와 같은 자유로움 속에서 참신한 발상이 솟아나오는 것도 없다. 해외의 여러 나라에서는 '삼종신기'는 오히려 일에 대한 의욕을 잃게 하는 '위기'가 될 가능성이 크다. 2000년대 들어 일본 국내에서도 '삼종신기'는 이미 '위기'로 받아들여져 인재개혁이 요구되고 있다. 오히려 해외 지사의 개혁 성공사례를 역수입하여 일본 본사에 영향을 주려고 하는 목소리도 있다.[1]

후엉 선생이 지적한 현지화, 인재육성 문제의 배경에는 조직 전체가 상층부의 명령에 따라 무언으로 동일한 목표를 달성하는 톱다운의 하향식 집단주의가 존재하고 있기 때문이다. 베트남, 대만의 기업들의 진출에 앞서 일본기업에게 기대하는 것은 일본인과 현지인, 관리하는 측과 관리받는 측이라는 이항 대립 구도를 깨고 평등하고 자유롭게 일을 하는 것이다. 그 방법은 조직이 하나의 명령에 순종하는 것이 아니라 유연한 발상, 다양한 대화, 그리고 의견을 나누는 것으로서 새로운 시도를 하는 것이다. 인재육성도 마찬가지로 육성하는 측과 육성이 되는 대상을 구별하는 관점으로 현지 육성프로그램을 도입하는 것이 아니라 육성프로그램을 통해 일본인과 해외의 사람들이 어떻게 커뮤니케이션을 촉진할 수 있는가 하는 관점으로 도입해야 하는 것이 아닐까 한다.

그렇게 하는 것은 현지 국가와 사회의 경제, 그리고 본사의 이익에 유효하다. '삼종신기'라는 절대적 권위의 붕괴는, 결코 일본기업의 종언을 의미하는 것이 아니라 오히려 개인을 존중하고, 명령이 아닌 대화를 만든다는 새로운 기업 모델을 창조하는 시대가 도래했다는 것을 생각하게 한다.

杉万俊夫(2010). 「集団主義－個人主義」をめぐる3つのトレンドと現代日本社会 集団力学, *27*, 17－32.

---

1) 왜, 글로벌화를 추진하는 일본기업이 현지화에 실패하고 있는가(https://globalle aderlab.com/localization, 2017. 11. 20).

제15장 ··

미성년자의 가족에 대한 무관심
-질적 조사에 의한 발견-

판 티 마이 흐엉(PHAN Thi Mai Huong)

Vietnam

제15장 ···

미성년자의 가족에 대한 무관심
-질적 조사에 의한 발견-

판 티 마이 흐엉(PHAN Thi Mai Huong)

1. 질적 연구와 나

최근에는 젊은이들의 냉담한 태도가 자주 심리학자에 의해 다루어지고 있다. 타인의 어려운 상황에 대해 방관하는 사람이 많기 때문이다. 이러한 요즘의 젊은이의 무관심에 대해 베트남의 미디어는 경종을 울리고 있다. 그들 젊은이들은 다른 사람의 고통과 어려움에 관심이 없고 공감하지 않는다. 가족에 대해 젊은이들이 관심을 가지고 있는가 하는 의문이 생겨난다. 우리는 이 문제에 대해 조사할 예정이지만, 정보가 별로 없고 또한 이 문제에 대해서는 아직 학계의 연구가 없다. 이러한 점이 질적 연구를 하는 이유이다. 이 방법의 이점은 상세한 데이터와 문제를 발견할 수 있는 것이다. 이 질적 방법을 통해 우리는 베트남 미성년 젊은이들(자녀들)의 핵심부의 모습까지 묘사할 수 있을 것이다.

가정에서 부모는 자녀들이 사회인이 될 수 있도록 교육해야 한다. 미래의 사회를 짊어지고 가는 것은 자녀들 자신의 의무와 책임이라고 하는 것을 가정에서 제일 먼저 배우지 않으면 안 된다. 또한 가족에 대한 책임은 어른뿐만 아니라 미성년의 자녀도 포함한 가족 전원인 것이다.

2. 미성년 자녀들의 가족에 대한 의무

가족 간의 사랑, 서로 돕기, 효도는 베트남의 전통 문화이다. 가족의 사랑을 나타내는 속담이 많다. 예를 들어, '형제는 같은 내장을 가진다.' '형제의 화목은 가족의 행복이다' 등이다.

이러한 관습·풍습은 지금도 소중히 다루어진다. 베트남의 혼인과 가족법률(2014)에는 자녀들의 권리뿐만 아니라 가족에 대한 의무도 규정되어 있다. 이 법률의 70조에는 어린이는 「부모를 사랑하는 것, 존경하는 것, 효도하는 것, 가족의 명예와 전통을 지키는 것이 의무이다」라고 나와 있다. 또한 「미성년 자녀들은 자신의 가능한 범위에서 가족을 돕는다. 단, 어린이의 보호·교육의 법률에 반하는 행위를 범해서는 안된다」고 되어 있다(혼인과 가족의 법률, 2014).

전통문화의 면에서도 법률에서도 자녀들의 가족에 대한 책임과 의무는 연령에 관계없이 요구되고 있다. 자녀들은 연령에 따라 자녀로서의 행동을 해야 하며, 이러한 책임과 의무를 소홀히 해서는 안 된다. 이러한 의무는 크게 나누어 두 종류가 있다. 가족에 대한 관심(사랑)과 가족에 대한 공헌이다.

자녀들의 가족에 대한 공헌에 관한 연구(Nguyen Thi Mai Lan, 2009)와 어린이의 가사 참여에 관한 연구(Vu Quynh Chau, 2009)에서 자녀들은 집안일 돕기의 의무를 수락하고 있음이 밝혀졌다. 어린이가 할 수 있는 일로서, 가사(요리, 청소, 세탁 등) 또는 동생 돌보기, 부모의 일 돕기였다. 이처럼 가사 참여는 어린이의 의무이며, 부모의 교육 목적이며, 수행해야 하는 것이다. 그러나 실제로는 공부에 따르는 압력과 가정부의 유무에 따라 어린이의 가사 참여의 정도가 다르다.

국제사회에서도 어린이의 가족에 대한 의무가 주목받는 주제이다. 호(Ho, 1981)의 연구에 따르면, 중국의 어린이가 가족 안에서 행하는 것은 베트남의 어린이가 하고 있는 것과 마찬가지로, 요리, 청소, 시장보기, 동생돌보기 등이다. 한편, 집안 일을 시키는 것을 통해 어린이의 의무에 대해 가르치고 있다(Fuligni et al., 2002). 플리니(fuligni) 등에 의하면, 아시아, 라틴아메리카, 유럽, 미국의 어린이의 의무에 관한 연구에서 어린이의 가족에 대한 의무를 도모하는 수준은 두 종류로 나눌 수 있다고 말한다. 하나는 친근함과 도움이다. 친근함은 태도, 존경하고 있는가, 예의 바름, 가족을 위하고 있는가, 감사를 담고 있는가 등이다. 심부름 등 돕기를 하고 있는지를 나타내는 것은 가족활동에 참여하는 것을 보는 것이다. 구체적으로는 부모의 통역, 가족과 보내는 시간을 만드는 것, 동생에게 가르치는 것, 집안 일을 하는 것, 가족을 돌보는 일 등의 활동을 들 수 있다(Fuligni et al., 1999). 다른 문화권에서는 어린이의 의무에 관한 가르침도 다르다고 생각된다. 예를 들어, 중국 어린이의 경우 의무 외에도 아이의 공부에 대한 동기 부여도 요구된다고 한다(Fuligni et al., 2004). 의무라는 것은 문화에 바탕을 두며 존중되는 가치에서 형성된다.

3. 가족에 대한 무관심

본 연구는 미성년 자녀들의 가족 속에서의 의무에 대한 태도가 아니라 그 의무에 대한 무관심에 주목하고 싶다. 이것들은 법률상 또는 문화(전통·도덕)의 측면에서 요구되는 의무이다. 가족에 대한 무관심이라는 것은 가족에 대해 소홀히 대하는것, 무관심한 태도를 의미한다.

앞에서 소개한 연구에서 어린이들의 의무 및 책임에 관한 가르침과 그 가르침의 문화권별 차이가 밝혀졌다. 의무에 관한 가르침은 주로 가사에 대한 가르침이며, 가족에 대한 자녀의 무관심에 대한 연구는 아직 많지 않다. 현재 미성년의 자녀들이 가족에 대하여 무관심의 태도를 보이고 있는가 어떤가, 또한 만약의 경우 구체적으로 어떤 특징이 있는가 하는 의문은 아직 밝혀지지 않았다. 가족에로의 의무에 대한 자녀들의 무관심 연구는 가족에 대한 태도에 있어서 새로운 연구 관점이다.

본 연구의 목적은 어린이의 무관심의 특징을 분명히 하는 것이다. 부모(보호자)가 이러한 특징에 대하여 이해하는 것은 자녀 교육에 공헌하는 것이라고 생각된다. 또한 자녀들의 무관심을 측정하는 양적 연구의 전개를 향한 힌트를 찾아 내기 위한 연구이기도 하다.

4. 연구방법

(1) 연구의 틀

베트남을 포함한 세계의 가족에 대한 자녀들의 무관심에 대한 연구는 많지 않아 이에 관한 문헌은 아직 적다. 따라서 자녀들의 무관심의 행위를 밝히기 위해 질적 연구를 주요 연구수단으로 사용한다.

(2) 정보수집방법

다음은 본 조사의 과정이다.

단계 1: 자녀의 무관심에 대한 특징을 파악하기 위해 인터넷 등을 통해 질적 접근으로 그들의 진술을 수집한다. 검색어로 사용한 것은 '무관심', '가족에 대한 무관심', '무관심의 존재 방식' 등이다.

단계 2: 부모에 대한 자녀들의 태도에 대한 의견을 모으고, 이들에 대한 부모의 부정적인 감정을 통해 자녀들의 무관심 상태를 명확히 한다.
필자 개인의 Facebook계정에 '당신의 자녀는 어떤 때에 당신을 슬프게 하거나 걱정시킵니까? 그리고 그러한 것은 자녀의 무관심이라고 간주합니까?'라고 물었다. 조사 대상자는 Facebook의 모든 이용자이다. Facebook의 투고는 모두 Facebook에 표시되어 있다.
그 외에 5명의 부모를 대상으로 인터뷰를 실시했다.

단계 3: 부모를 슬프게 하는 행위에 관한 미성년 자녀들의 의견과 부모에 대한 부모의 기대를 파악한다. 자녀의 관점에서 본 무관심에 대한 의견을 파악하기 위함이다.
25명의 중2, 중4, 고1 자녀를 대상으로 다음과 같은 질문을 했다 '당신이 부모를 슬프게 한 행위는 어떤 행위입니까' 또한 22명의 고3 아이들을 대상으로 다음과 같은 질문을 했다. '부모에게 기대하는 것에 대해 언급해 주십시오'

(3) 정보분석방법

수집한 정보를 분석한다. 인터넷 조사, 또는 부모·자녀를 대상으로 한 인터뷰 조사결과를 종합적으로 분류하고 카테고리화 한다.

5. 조사결과

(1) 어린이의 무관심에 대한 질적 기술

무관심은 학술적인 장면이 아니라 주로 일상적으로 사용되는 단어이다. 따라서 '무관심의 정도'를 측정하기 위해 미디어(주로 인터넷)에서 '무관심'에 관한 기술(記述)을 정리할 필요가 있다. 구체적으로는 무관심에 관련된 키워드로 '무관심', '젊은이의 무관심', '무관심한 삶', '가족에 대한 무관심' 등을 사용하였다. 무관심에 대한 기사에는 다양한 내용이 포함되어 있기 때문에 미성년 또는 청소년의 무관심에 대한 기사만을 대상으로 했다. Google에서 약 1,800,000건의 검색결과가 있었지만, 검색 페이지의 1페이지부터 10페이지까지의 기사만을 대상으로 했다.

자녀들의 무관심에 대한 내용을 코드화 하여 빈도가 높은 기술(記述)을 카테고리화 했다. 무관심의 특징에 관한 기술 중에 공통적인 내용이 많이 있는 것이 흥미롭다. '냉담'이나 '무관심'이라는 표현이 많이 쓰여지고 있다. 표 15-1은 무관심의 행위를 정리한 것이다.

표 15-1 무관심을 나타내는 행위

1. 실수를 했을 때 '미안해요'라고 사과하지 않는다.
2. 도움을 받았을 때 '감사합니다'라고 말하지 않는다.
3. 대우를 잘 받는 것, 사랑받는 것에 대한 감사가 없다.
4. 고민이나 아픔이 있는 사람, 피곤해 있는 사람에게 소홀히 대한다.
5. 사람의 고민, 고통, 고생을 알고 공감하지 않는다.
6. 어려움에 처한 사람을 돕지 않는다.
7. 가족에게 부탁을 받아도 거절하거나 무시하거나 싫어한다.
8. 말 또는 행동으로 사람에게 상처를 준다.
9. 사람을 슬프게 하고도 실수를 인정하지 않고 반성하지 않는다.
10. 사람을 슬프게 만드는 행위를 (말 또는 행동으로) 지지한다.

12. 폭력으로 사람을 괴롭힌다.
13. 부모, 조부모에게 꾸지람을 들었을 때 반항하는 태도를 보인다.
14. 형제, 자매에게 욕을 사용한다.
15. 자신만을 위해 살며 가족에 대해 관심을 가지지 않는다. '각자가 자신이 할 일을 한다', '다른 사람이 죽어도 자신과는 관계 없다(베트남 속담)'(예를 들어, 부모가 늦게까지 돌아오지 않을 때, 오빠/형이 자기는 밥을 먹으면서 동생은 챙겨주지 않는다).
16. 사람들이 고생하여 얻은 것을 빼앗는다.
17. 자신을 섬기도록 만든다(예를 들어, 밥을 방까지 가져오지 않거나, 밥이 맛있지 않으면 밥을 먹지 않는다).
18. 가족과 말하지 않는다. 사람과 접하지 않는다. 마음을 털어 놓치 않는다. (예를 들어, 가족이 외로움을 느끼게 한다).
19. 가족의 일에 참가하지 않는다. 집은 잠시 머물고 있는 호텔 같은 곳.
20. 자신이 할 수 있는 일인데 하지 못하는 사람을 도와주지 않는다.
21. 가족이 직면하고 있는 문제에 대해 무관심
22. 가족을 사랑하지 않는다(무관심, 애정을 가지고 접하지 않는 것 등)

(2) 자녀들의 무관심에 대한 부모의 의견

Facebook의 포럼에서 다음과 같은 질문을 했다 '당신의 자녀는 당신을 슬프게 한 적이 있습니까' 표 15-2는 조사결과를 정리한 것이다.

그외 개별 조사로 17세 고등학교 3학년 자녀들의 어머니를 대상으로 인터뷰를 실시했다. "그(아이)는 학교에서 돌아오면 즉시 방으로 들어가 문을 닫아 버린다. 밥먹는 시간만 방에서 나온다. 음식을 들고 방으로 들어가 버리기도 한다. 부모에게는 한마디도 말하지 않는다. 내가 물어도 한마디밖에 답하지 않고 '공부해야 하니까 엄마 나가세요'라고 한다. 언제나 그런 식이다. 누구와도 말하지 않고 사람에게 소홀히 대하고 있다."

다른 사례에서는 제삿날, 친척의 아저씨, 아줌마, 사촌 등이 많이 오는 날을 예로 들었다. 이 행사에 관련되지 않는 것은 가족에게 관심이 없다는 것이다. 17세 딸과 11세 아들을 둔 어머니의 말에 따르면 "올해 남편의 아버지의 기일에는 남편의 동생이 오랜만에 해외에서 돌아왔다. 그래서 특별히 준비하고 친척을 대접하려고 했다. 나는 음식과 제물을 준비하고 남편은 친척을 마중하며 이야기를 하곤 했다. 그러나 딸은 어머니의 심부름도 하지 않고, 손님맞이도 하지 않고, 계속 Facebook을 하거나 음악을 들으며 가족과 보내지 않았다."

또 다른 사례로, 어머니는 아들이 가족과 식사를 하는 동안 계속 iPhone을 보고 있는 것에 대해 불만을 표시했다. iPhone을 그만 만지라고 해도 그는 거부하고 거실에 가서 혼자 밥을 먹는다. "이제 그만 말해" 등 무례한 태도나 말을 해서 슬프게 느끼는 부모도 있었다. 이처럼 가정에서 부모는 자녀의 가족에 대한 무관심한 태도를 느낄 수 있다.

그러나 사람을 대하는 방법이나 태도에 대해 부모로부터 교육을 받지 않는 한 무관심한 태도가 생길 수 있다. 버릇들이기는 긴 과정을 통해 이루어지는 것이며, 평소에 세세하게 해야 하는 것이다.

자녀들이 어릴 때 빠른 단계부터 교육하는 것은 매우 중요하다. 좋은 생활 습관, 적극적인 태도를 몸에 익히게 하기 위해 일찍부터 가사나 집안 일 등을 하도록 해야 한다. 또한 사람에게 관심을 갖고 접하며 공감하는 것, 또한 부모의 노고에 대해 감사하도록 가르쳐야 한다. 자신이 저지른 실수를 인정하고 사과하도록 교육해야 한다. 사람에게 상처를 주는 말을 하지 않도록 교육해야 한다. 이렇게 해 나가면 자녀들이 가족에게 무관심하지 않을 것이다.

표 15-2 부모를 슬프게 하는 행위

1. 부모의 말을 듣지 않고 오히려 부모에게 싸움을 건다. 부모의 기대에 부응하지 않고, 신뢰를 저버린다. 2. 자기 마음대로이며 자신밖에 생각하지 않는다. 3. 사람에 대해 관심을 가지지 않고, 기쁨과 슬픔을 나누는 것도 하지 않는다.

4. 오빠, 언니가 동생의 물건을 빼앗거나, 무관심 하기도 한다.
5. 부모가 가르치려고 해도 전혀 받아들이지 않는다.
6. 아이가 부모로부터 멀어지고 부모를 신뢰하지 않고 자신의 고민을 말하지 않
   는다.
7. 부모에게 차갑게 대하며 부모의 사랑에 반응하지 않는다.
8. 집을 임시 머무는 호텔처럼 사용하며 가사일 등에는 상관하지 않는다.
9. 아이가 부모를 돕지 않는다.
10. 집안을 어지럽히고 정돈하지 않는다.
11. 부모, 가족에게 관심이 없다.

(3) 자녀들의 무관심에 대한 자신들의 의견

'당신은 어떻게 부모·가족을 슬프게 했습니까'라는 질문을 학생들에
게 던졌다. 표 15-3은 조사대상인 학생들이 응답한 행위를 정리한 것
이다.

이러한 자녀들의 행위는 도덕에 어긋나는 행위이다. 도덕에 반하는
행위가 아닐지라도 가족의 사랑, 끈과 같이 연결된 문화에는 어울리지
않는 행위이다.

표 15-3 자녀들이 하는 행위

1. 부모에게 거짓말을 한다. 부모와 싸운다. 부모의 말을 듣지 않는다.
2. 게으르다. 성적이 나쁘다. 테스트 중 컨닝한다.
3. 사람을 때린다. 학교 규칙에 반하는 행위를 한다. 수업을 빼 먹는다.
4. 부모의 돈을 훔친다. 받은 수업료를 게임에 사용한다. 부모 돈을 허투루 쓴다.
5. 부모의 허락없이 늦게까지 밖에서 논다.
6. 부모를 슬프게 하는 말을 한다. 무례한 태도로 부모와 조부모를 대한다.
7. 마음대로 집을 나간다. 부모에 대해 불만일 때 친구의 집으로 가버린다.
8. 가족과 밥도 먹지 않는다. 불만이 있을 때는 밥을 먹지 않는다. 음악의 음량
   을 높인다. 문을 닫을 때 큰 소리를 낸다.
9. 방 문을 닫아 어머니가 못 들어오게 한다.

10. 부모와 밖에 놀러 나가거나 하지 않는다.
11. 부모·조부모를 싫어한다.
12. 부모의 심부름을 하지 않는다.
13. 유행하는 것을 좋아하고 사달라고 부모에게 요구한다.
14. 동생에게 물건을 양보하지 않는다. 동생을 때린다. 동생이 쓰러져도 도와주지 않는다. 동생과 싸운다.
15. 집안 일을 하지 않는다.
16. 물건을 여기저기 어질어 놓고 정리하지 않는다.

(4) 무관심 자녀의 부모에 대한 기대

기대하는 것은 실제로 일어나고 있지 않지만, 그것이 일어나기를 바라기도 한다. 국어수업 때 부모에 대해 기대하는 것에 대하여 고3 학생들에게 기입을 부탁했다. 22명 중 6명이 부모에 대해 무관심한 것으로 나타났다. 또한 가족에 대한 사랑이 드러나는 답변도 있었다.

이처럼 무관심한 자녀들의 소원은 자기중심적인 소원이며, (부모에게) 애정을 담은 소원은 부모 중심의 소원이다. 이러한 차이는 분명하다.

표 15-4 무관심한 자녀들의 부모에 대한 기대

1. 동생 돌보기를 시키지 않았으면 좋겠다.
2. Q군이 갖고 있는 스포츠 자전거를 사주면 좋겠다. 내것은 Q군 것만큼 멋지지 않다.
3. 매일 뭐가 먹고 싶냐고 묻지 않았으면 좋겠다.
4. 학교에 데리러 올 때 부모가 삿갓모자를 쓰고 있는 것은 부끄럽다.
5. 언제나 공부만 시키는 것을 하지 않았으면 좋겠다. 시험을 보는 것을 그만 두겠다.
6. 왜 설겆이를 시키고 이불을 정리하게 하는가? 엄마가 해버리는것이 좋지 않을까? 학교 숙제도 많고, 왜 그런 건 알아주지 않는가요?

표 15-5 가족에 대한 사랑이 나타난 답변

1. 부모님이 건강하고 행복하길 바란다.
2. 항상 응원 해주고 곁에 있어 주는 아버지와 어머니께 '사랑해요'라고 전하고 싶다.
3. 아이들을 위해 고생하면서 일하고 있다는 것을 잘 알고 있다. 언젠가 부모의 도움이 될 수 있는 사람이 되고 싶다.
4. 아버지와 어머니가 사랑해주고 기대해주는 것처럼 공부를 열심히 하고 싶다.
5. 아버지와 어머니를 슬프게 하는 일은 하지 않는다. 아버지와 어머니를 기쁘게 해 드리고 싶다. 사랑해요.
6. 가족이 같이 텔레비전을 보면서 이야기를 하는 것을 좋아한다.

6. 질적 조사에 의한 주요 발견

위의 데이터에서 가족에 대한 무관심은 미성년 자녀들에게 일어나는 현상이다. 미디어에서도 인정하고 있으며 실제로 경험한 부모도 있다. 무관심한 행위나 태도는 다음과 같이 분류된다.

- 개인주의(마음대로 하는 것), 타인에게 신경을 쓰지 않고 자신의 이익을 위해 부모에게 요구하는 타입
- 가족, 부모에 대한 관심, 주의, 공감이 없는 타입
- 가족과 친하게 접하지 않는 타입
- 집안 일, 가족의 일 등에 관심이 없고 관계하지 않는 타입
- 가족을 슬프게 하는 말을 하거나 행위를 하는 타입
- 부모의 소원(학업, 인격)에 부응하지 않는 타입

본 연구는 무관심의 행위를 파악하는 것을 목적으로 하고 있으며, 데이터가 제한되어 있기 때문에 그대로 일반화 할 수 없다. 향후 자녀의 무관심의 특징을 명확히 하기 위하여 베트남 어린이를 비롯하여 미성년

자녀들을 대상으로 하는 양적 연구를 수행해야만 한다.

인용문헌

Vu Quynh Chau(2009). 中学生が大人っぽく行動する現象に関する要因 心理学, *12*, 20－27.

Fuligni, A. J., Tseng, V. & Lam, M.(1999). Attitudes toward family obligations among american adolescents with Asian, Latin American, and European backgrounds. *Child Development*, *70*(4), 1030-1044.

Fuligni A. J., Yip Tiffany, and Tseng V.(2002). The impact of family obligation on the daily activities and psychological well－being of Chinese American adolescents. *Child Development*, *73*(1), 302-314.

Fuligni, A. J. & Zhang, W.(2004). Attitudes toward family obligation among adolescents in contemporary urban and rural China. *Child Development*, *75*(1), 180-192.

Ho, D. Y. F.(1981). Traditional patterns of socialization in Chinese society. *Acta Psychologica Taiwanica*, *23*, 81-95.

Nguyen Thi Mai Lan(2009). 高校生の家族, 友情関係における人格の傾向 心理学, *8*, 19－25.

『婚姻と家族の法律』(2014).

변화하는 사회 속에서의 베트남 가족의 모습

오선아(OH Sun Ah)

나는 베트남에 학생연수의 인솔 및 연구 관련으로 3번 방문한 적이 있다. 거리의 압도적인 자전거 풍경, 호기심 가득한 아이들의 미소, 뒤죽박죽 정리되지 않은 골목에서의 맛있는 식사, 친절하게 대해 주는 베트남 사람들의 모습이 눈에 선하다. 그러나 거기에 오래 머무르며 사람들과 깊게 관계한 것이 아니라, 내가 주로 데이터를 통해 베트남을 보아온 것뿐이다. 그런 상황 속에서 연구 프로젝트에 함께 참여하면서 십수 년에 걸쳐 미약하지만 계속 관계해 온 사람 중 한 명이 흐엉 선생(본장의 집필자)이다. 그녀는 베트남 사회과학원아카데미 심리학연구소에 근무하는 매우 활달한 분이라고 생각한다. 그녀는 양적 연구를 하는 쪽이 많은 것 같지만, 이번에 베트남에서의 질적 연구의 소개를 부탁하니 원고를 보내 왔다. 흐엉 선생의 원고를 읽을 때 먼저 '질적'·'자녀들'·'가족관계'라는 키워드보다 나에게는 '베트남'이라는 키워드가 먼저 다가왔다. 질적 연구의 위치나 가족 속에서 자녀들을 바라보는 관점도 내가 몸담고 체험하고 있는 일본이나 한국과는 상당히 다를지도 모르겠다는 인상을 가진 때문일까.

1. 나의 놀람 – 어린이(자녀)의 의무를 규정하는 법률이 있구나! –

유엔아동권리 조약을 비롯한 '아동의 권리'는 종종 볼 수 있다. 그러나 어린이(자녀)의 의무를 법률 조항으로 만들어 있는 것은 들어 본 적이 없다. 얼마나 구속력이 있는지는 모르겠지만, 베트남에서는 가족에 대한 자녀들의 의무 조항이 법률로 정해져 있다는 것을 처음 알았다. 그 법률로서 쓰여진 문장을 보면, 자녀들은 「부모님을 사랑할 것, 존경할 것, 효도할 것 가족의 명예와 전통을 지킬 의무가 있다(70조)」, 「미성년의 자녀는 자기의 가능한 범위에서 가족 일을 돕는다. 그러나 어린이 보호·교육 법률에 반하는 행위를 범해서는 안된다」는 내용 등이다.

천천히 읽어 보면 처음 느꼈던 위화감이 조금씩 없어진다. '법률'이나 '의무'라는 말에 나는 무심코 반응했으나, 내용 자체는 일본이나 한국에서도 비슷한 내용을 볼 수 있다.

'~ ○○ 행동의 목적', '~ 방학생활 방식', '인권~'이라는 표현으로 초중고의 소식란과 생활통지표 같은 것에 바람직한 태도·행동으로서 적혀 있을 것 같은 도덕, 윤리의 내용은 있다. 그러나 '법률'로 어린이의 의무가 문자화 되어 있는 사회는 역시 가족관과 어린이관, 부모와 자식의 관계 또는 관계하는 방식이 상당히 다르다는 의미일까.

2. 가족 속에서의 개개인의 위치와 관계

가족 내에서 자녀들이 접하는 방식을 문제삼고 연구되고 있는 것 자체가 베트남 사회의 변화를 반영하고 있는 것으로 봐도 좋을 것 같다. 내가 참가했던 일본·한국·중국·베트남 어린이들의 용돈에 대한 일련의 연구(高橋·山本, 2016)에서는 4개국에서의 조사결과가 소개되어 있는데, 베트남에서의 가족·어린이의 모습과 특징을 일부 볼 수 있다. 예를 들어, 가족이 공동으로 사용하는 것을 자신의 돈(어린이의 용돈)으로 산다는 것에 대해서 일·한·중·베 4개국 중 베트남 어린이가 가장 긍정적으로 평가하며, 가사일을 돕고 '보수를 받는 것'에 대해서는 가장 부정적으로 평가했다. 이것들을 포함하는 일련의 결과를 바탕으로 공동연구자의 일원이었던 다케오(竹尾, 2016)는 '자기의 욕망을 가족의 욕망에 동화시키려 하는 지향성'이 베트남 어린이의 내면에 침투되어 있는 점, '가족이라는 공동체의 이익'에 '자기를 조화 시키려는 강한 지향성' 하에서 '가족을 위해 존재할 수 있는 것'이 베트남 어린이에게 있어서 '어른이 된다'는 것을 의미한다고 말했다. 같은 책에서 베트남인인 후온과 호아(2016)는 "아이들은 집안 일을 돕고 돈을 받는 것은 거의 없다. 왜냐하면 베트남 사람들은 가사와 가족의 일을 돕는 것을 통한 교육이 아이들에게 효과적이며, 돕는 것은 아이의 인격 형성에 도움이 될뿐만 아니라 부모의 어려움을 공유하고 돕는 것을 경험하게 된다고 생각하기 때문이다"고 말하며, 그것을 '공생관계'라고 표현하고 있다. 한편, 흐엉 선생의 본문에 소개되어 있는 '부모가 생각하는 자녀들의 가족에 대한 무관심한 태도와 행동', '자녀들이 생각하는 부모를 슬프게 하는 태도와 행동', '자녀들이 생각하는 부모에 대한 기대' 등은 어느 나라·사회에서도 일부 볼 수 있는 보통인 현상으로서, 특히 사춘기·청년기에는 부모나 어른에 대한 반항으로 일반적으로 볼 수 있는 모습이라고 익숙하게 바라볼 수도 있다. 하지만 이런 사고의 배경에는 서양중심의 발달관·가족관·자기관이 자리잡고 있는 건 아닌가 하는 생각과 함께 지금은 그 판단을 유보해두어야만 할 것 같다.

3. 질적 연구는 예비조사적인 위치?

종전의 가족관계와는 다른 모습을 베트남에서 목격되는 현상에 대해 어느 정도는 이미지가 잡힌다. 그러나 베트남 사회 속에서 자녀들이 가족에 대해 자기자신에 대해 어떻게 생각이 바뀌고, 가족생활 속에서 어떤 식으로 줄다리기를 하며, 부모와 자녀의 갈등이 어떻게 발생하며 또, 어떻게 해결해 나가고 있는지에 관한 '구체적인 양상'은 아직 충분히 전해져 오지 않는다. 역시 이 연구는 흐엉 선생 자신이 처음에 밝히고 있는 바와 같이, 본격적인 조사를 위한 단서나 기본자료가 없어서, 어디까지나 '예비조사적인 위치'의 질적 연구로 이루어 있기 때문에 당연한 일인지 모른다. 단 하나의 부모와 자녀의 사례일지라도 조금 더 구체적이며 일상의 전체가 보이는 접근을 한다면 이 경우에서 처럼 어느 나라에서도 볼 수 있는 부모와 자녀들의 갈등이나 사춘기의 반항으로 '이미 알고 있는 정도'로 정리되어 버리지 않을 지도 모른다. 베트남이라는 특수한 맥락이어서 오히려 잘 볼 수 있는 가족관계의 양상과 그 변화의 미크로한 프로세스를 밝힌다면, 글을 읽고 이해하는 독자들은 베트남과 베트남 가족의 모습을 보다 깊게 알 수 있을 것이다.

竹尾和子(2016). 大人になることの意味と親子関係の構造 高橋登・山本登志哉(編)子どもとお金―おこづかいの文化発達心理学―(pp. 49-71) 東京大学出版会.
ファン・ティ・マイ・フォン, グエン・ティ・ホア(2016). ベトナムの子どもとおこづかい 高橋登・山本登志哉(編)子どもとお金―おこづかいの文化発達心理学―(pp. 133-154) 東京大学出版会.

마치면서

책을 출판하는 여기까지 도달하는 데 생각보다 많은 시간이 걸려 버렸다. 질적심리학 연구자들과 오고 갔던 메일과 자료들을 다시 읽어보니 처음 이 책의 출판에 대하여 나카니시야 출판사의 야마모토 씨와 이토가 상담한 것은 2013년이었는데, 실제로 기획하기 시작한 것은 2015년에 들어서였다. 출판사와 같이 3년의 세월이 흘러 마침내 이 책은 빛을 보게 되었다.

조금 변명이 되는 말이지만, 이중 번역을 수반하면서 원고를 정리해 나가는 것이 예상보다 많은 시간이 걸렸다. 번역의 프로가 아닌 이 책의 편저자·협력자들이 직접 교차 번역을 하면서 다듬는 과정이 이외로 시간이 필요하였기 때문이다. 일본어로 된 논고를 번역하여 한국어, 중국어, 베트남어로 코멘트를 써달라고 부탁하고 또 그것을 다시 일본어로 번역하는 등의 작업을 각각 자신의 일로 바쁜 연구자들에게 무리하게 빨리 진행해달라고 조를 수만은 없었다. 그리고 원래 일본 이외의 연구자에게 집필 의뢰를 하는 것 자체도 의외로 애로점이 많았다. 보낸 메일에 오랫동안 답장이 없어서 다시 문의를 반복하거나 기다리면서 대기해야 하는 일도 많았다. 이렇게 풀뿌리 자원봉사자와 같은 편저자 및 저자들의 협력과 끈기, 그리고 나카니시야 출판의 야마모토 씨의 인내심이 있어서 책이 완성되었다고 할 수 있다. 이러한 여러 가지 작업을 통해 우리 편저자도 앞의 「들어가면서」에서 언급한 바와 같이 Skype도 자주 활용하면서 대화를 거듭했으며, 그 자체가 큰 자산이 되었던 것 같다. 동시에 그런 논의의 현장이야말로 가치가 있었다고 생각한다.

「아시아의 질적심리학」이라고 우리가 커다랗게 판을 펼쳐 보았지만, 그 커버 범위가 제한적이라는 것을 무겁게 인식하고 있다. 그러나 이것 자체가 시작이며, 여기서부터 넓혀져 나갈 것이 기대되는 출발점이라고 생각한다. 우리는 그것을 천천히 아주 천천히 진행시켜 나갔으면 한다. 힘든 시간이 더 소요되겠지만 그 길을 같이 걷는 동료로서 참여해 주신다면 매우 기쁘고 고맙겠다.

이른바 서양연구와 비교하는 것도 중요하지만, 일견 비슷해 보이는 아시아 −그것도 이 책에서는 한자문화권인 아시아− 속에서의 다양성을 인식하고 그것을 찬찬히 살피며 알아내려고 하는 아시아인으로서의 우리 자신에 대한 이해를 촉구하는 것이기도 하다. 한편 확실한 것처럼 보이지만, 사실은 명확하지 않은 부분을 어떻게 잘 판명해 낼 것인지, 그를 위해 충실한 작업을 앞으로도 계속해 나가고자 한다.

2018년 3월 11일, 동일본 대지진으로부터 7년이 지난 날
이토 테츠지·오선아·오끼시오 마리코

찾아보기

집필자 소개

■ 일본

이토 테츠지(伊藤哲司, ITO Tetsuji) 편저자

이바라키대학(茨城大学) 인문사회과학부 교수, 사회심리학
주로 베트남을 필드로 질적 연구를 지향하고, 일본질적 심리
학회에 설립 당초부터 참가. 2013~2015년도에는 『질적심리
학 연구』의 편집위원장을 역임했다. 학내에서는 지구변동적
응과학연구기관의 기관장을 맡는 등 실천을 시도하고 있다.
50대가 되어 다시 처음부터 육아 중이다.
<본 서 내 집필 : 들어가는 말, 8장의 코멘트, 10장의 코멘트, 13장의 코멘트>

오키시오(하라다) 마리코(沖潮(原田)満里子, OKISHIO(HARADA) Mariko) 편저자

쇼호쿠단기대학(湘北短期大学) 준교수, 임상심리학
동경에서 태어나고 자란 에도꼬(동경 토박이). 아오야마가쿠
인대학대학원(青山学院大学大学院) 에서 석사(국제커뮤니케
이션) 학위취득 후, 사회인 경험을 거쳐 다시 도쿄대학 대학
원에서 석사 및 박사(교육학)학위를 취득. 장애인 형제의 삶
의 모습을 테마로 자기 에스노그라피와 다른 형제들과의 이
야기하기를 중심으로 질적 연구를 하고 있다. 임상심리사로서 부모와 아이의
발달지원 등에도 종사하고 있다.
<본 서 내 집필 : 1장, 7장의 코멘트, 11장의 코멘트>

타가키 마사쿠니(田垣正晋, TAGAKI Masakuni)

오사카부립대학(大阪府立大学) 인간사회시스템과학연구과
교수, 장애인심리학, 장애인복지학.
장애인의 생애발달이나 라이프코스에서의 심리사회적인 과
제, 기초자치단체의 장애인 시설에 대한 당사자 참가형 주민
회의를 질적 연구나 액션 리서치를 이용하여 연구하고 있다.
이들 연구에서 동아시아적인 특징을 찾으려 하고 있다. 독일

의 질적 연구 그룹과도 교류하고 있다. 일본질적심리학회의 이사 및 질적심리학 연구 편집위원, 사회복지계 학술지 사독위원을 맡고 있다. 지자체의 장애인 시책에의 질적 연구의 활용을 진행시키고 있다.
< 본 서 내 집필 : 2장, 4장의 코멘트, 9장의 코멘트 >

코가 마츠카(古賀松香, KOGA Matsuka)

교토교육대학(京都教育大学) 교육학부 교수, 유아교육학·보육학
보육자의 전문성에 연구 관심을 가지고 유치원, 보육원 및 어린이집을 필드로 관계를 갖으며 연구활동을 하고 있다. 최근에는 보육자 연수나 실천연구에 관여하는 일이 많고 유소(幼少)접속 연구에도 종사하게 되고 나서 초등학교도 새로운 필드가 되어 가고 있다. 2014~2015년도 일본질적심리학회 연구교류위원장 역임. 실천자와 맛있는 술을 마시면서 보육·교육에 대해서 이야기를 나누는 것이 무엇보다 즐거운 요즘.
< 본 서 내 집필 : 3장, 6장의 코멘트 >

■ 한국

오선아(吳宣児, OH Sunah) 편저자

쿄아이가쿠엔마에바시국제대학(共愛学園前橋国際大学) 국제사회학과 교수, 환경심리학·문화발달심리학.
한국 제주도에서 태어나고 자람. 제주대학교를 졸업한 후 1994년부터 일본 유학. 오차노미즈여자대학(お茶の水女子大学)에서 석사, 큐슈대학(九州大学)에서 박사학위를 취득. 「이야기하기로 보는 원풍경」, 「용돈을 둘러싼 일본·한국·중국·베트남 아이들의 생활세계」, 「대화를 통한 집단 간 이문화 이해」 등의 테마로 질적 연구를 해오고 있다. 마에바시시(前橋市) 위촉으로 마치츠쿠리 활동의 어드바이저로서 관계해 왔다. 한일연구 모임이나 각종 연구를 위한 미팅에서 연결자, 동시통역자, 번역자, 해석자로서의 다중역할을 할 때가 많다.
< 본 서 내 집필: 4장, 3장의 코멘트, 15장의 코멘트 >

도승이(都丞梨, DO Seung Lee)

성균관대학교 교육학과 교수, 교육심리학.
연세대학교에서 심리학을 전공하고, 미국 텍사스주립대학에서 프로그램평가 석사, 교육 심리학 박사학위를 취득. 주로 Well−being에 대한 문제나 정서 연구에 관심이 있다.
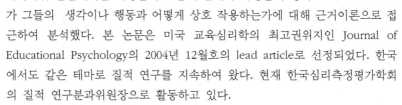
박사학위 논문에서는 학생들의 토론 수업에서 학생들의 정서가 그들의 생각이나 행동과 어떻게 상호 작용하는가에 대해 근거이론으로 접근하여 분석했다. 본 논문은 미국 교육심리학의 최고권위지인 Journal of Educational Psychology의 2004년 12월호의 lead article로 선정되었다. 한국에서도 같은 테마로 질적 연구를 지속하여 왔다. 현재 한국심리측정평가학회의 질적 연구분과위원장으로 활동하고 있다.
<본 서 내 집필 : 5장, 1장의 코멘트>

정안숙(鄭安淑, JEONG Ansuk)

연세대학교 미래융합연구원 학술연구 교수, 심리학.
한국에서 나고 자람. 연세대학교에서 심리학과 한국어학의 학사, 임상심리학 석사를 마친 후, 미국 시카고의 일리노이대학에서 커뮤니티심리학의 박사학위를 취득. 암, 장애, 희귀난

치 및 만성질환과 같은 외부적인 스트레스에 대하여 가족공동체의 적응의 모습에 관한 연구를 주로 하고 있으며, 향후 고령화 사회의 인지증에 대한 가족 및 지역사회 공동체의 대응에 대해서 연구해 갈 것이다.
<본 서 내 집필 : 6장>

■ 중국

편성남(片成男, PIAN Chengnan)

중국정법대학(中国政法大学) 사회학원 조교수, 발달심리학·
법심리학.
문화 현상에 대한 관심이 있어 중국·일본·한국·베트남 어
린이들의 용돈에 대한 연구를 수행해 왔다. 현재는 문화 연
구의 방법론에 주목하여 중국과 일본의 대학교류 수업을 실
천하고 있다. 법심리학 영역에서는 진술 분석에 흥미를 갖고
일본의 법심리학회에도 참여하고 있다. 발달심리학과 문화심리학을 배경으로
질적 연구의 관점에서 법에 관한 문제를 생각하고 있다.
<본 서 내 집필 : 7장, 5장의 코멘트>

하강혜(何江穗, HE Jiangsui)

중국정법대학(中国政法大学) 사회학원 강사, 사회학.
미국의 대학에서 사회학을 공부하고, 박사학위를 취득. 베이
징대학 석사과정 재학 중에 중국의 사회변천에 관한 구술사
연구를 수행해 왔다. 현재의 연구 분야는 비교·역사사회학,
농촌사회학 및 사회학에서의 질적 연구법이다. 대학에서는
질적 연구법, 해외에서의 중국 연구 등을 가르치고 있다.
<본 서 내 집필 : 8 장>

이효박(李曉博, LI Xiaobo)

(중국) 심천대학(深圳大学) 외국어학원 일본어과 준교수,
일본어교육학.
중국에서 일본어교육을 비롯한 외국어 교육에 있어서의 교사
의 발달과 학습자의 배움·변용 등을 질적 방법으로 연구하
여 질적 연구에 관한 이론이나 방법론 등을 중국에 소개하는
일 등을 하고 있다. 중국의 일본어교육학회 이사를 역임하고
있다.
<본 서 내 집필 : 9장, 12장의 코멘트>

■ 대만

이부흔(李旉昕, LEE Fuhsing)

교토대학(京都大学) 방재연구소 연구원, 방재심리학.
연구의 키워드는 커뮤니케이션, 지역사회, 방재교육, 지진재
해 부흥, 재해보도, 액션 리서치. 지역주민이 얼마나 능동적·
주체적으로 외부인(행정, 전문가, 매스미디어, 자원봉사자)과
관계성을 구축하는가에 대해 탐구하고 있다.
일본에 온 지 10년째. 남편은 일본인. 특기는 필드에서 현지인들과 사이좋게
지내기.
<본 서 내 집필 : 10장, 2장의 코멘트, 14장의 코멘트>

황완천(黃琬茜, HUANG Wan-Chien)

아키타대학(秋田大学) 일본학술진흥회 외국인특별연구원,
교육문화학.
대만의 국제결혼 가정을 둘러싼 가정교육뿐만 아니라 학교의
모국어 교육도 포함한 다양한 문제에 초점을 맞추어 연구하
고 있다. 연구자에게 있어서 연구라는 것은, 당사자의 목소리
를 정중하게 받아들이는 것이 매우 중요하다. 앞으로도 질적
연구를 통해서 사회적으로 목소리를 낼 수 없는 입장에 있는 사람들의 목소리
를 수집할 수 있도록 노력하고 싶다.
<본 서 내 집필 : 11장>

간묘여(簡妙如, JIAN Miaoju)

대만국립중정대학(台湾国立中正大学) 커뮤니케이션학과
(傳播學系) 교수, 컬처럴스터디즈.
전문 분야는 청중 연구, 팬 연구, 연구의 키워드는 리얼리티
쇼, 팝 뮤직, 서브컬쳐. 최근 10년 간은 대만을 비롯해 동아
시아의 라이브 하우스, 인디즈 음악, 인디즈 문화 등을 연구
하고 있다. 자신도 인디즈의 팬이며, 팝 음악과 사회 및 컬처
럴 스터디즈 등의 수업을 담당하고 있다.
<본 서 내 집필 : 12장>

■ 베트남

무엔 티 투 후엉(NGUYEN Thi Thu Phuong)

국립 베트남문화·예술연구소 준교수, 문화인류학.
국립 베트남문화·예술연구소에서 문화산업개발센터 센터장
으로 근무. 20년간에 걸친 문화연구 경험이 있으며, 문화외교
·소프트파워·문화산업에 대해 연구하고 있다. 이어 베트남
문화에 대해서 보다 깊이 알려고 하고 있으며, 베트남 문화
산업이나 소프트 파워를 개발하는 새로운 아이디어를 발견하
기 위한 국제적 경험도 갖고 있다.
<본 서 내 집필 : 13장>

호 티 민 후엉(HO Thi Minh Phuong)

IT 기업 근무, 경영학
후에외국어대학에서 일본어를 전공. 대학을 졸업한 후 일본
의 죠치대학(上智大學) 대학원에 진학하여 경영학 인적자원
관리를 전공으로 하며, 베트남을 필드로 일본적 경영의 해외
이전의 여러 가지 과제를 추구하였다. 2017년 석사과정 수료
후 인문계 출신이면서 IT회사에 입사하여 시스템 엔지니어로
서 근무하고 있다. 현재는 배울 것이 많은 나날을 보내고 있다.
<본 서 내 집필 : 14장>

판 티 마이 흐엉(PHAN Thi Mai Huong)

베트남 사회과학원 심리학연구소 연구원 준교수, 심리학.
구소비에트 연방·레닌그라드 국립대학교를 졸업하고 서울대
학교 대학원에서 석사과정을 마치고 베트남 사회과학원에서
박사학위를 취득. 1989년부터 현재까지 베트남 사회과학원
심리학연구소에서 연구자로서 근무함과 동시에 현재는 하노
이 국가대학에서 준교수로도 근무하고 있다. 감정심리학, 문
화심리학 및 심리학 측정법에도 관심이 높다.
<본 서 내 집필 : 15장>

본 번역서의 원서는 株式会社 ナカニシヤ出版의 アジアの質的心理学: 日韓中
台越クロストーク(編: 伊藤 哲司, 呉 宣児, 沖潮 満里子/2018.03.31)입니다.

아시아의 질적심리학
일본 · 한국 · 중국 · 대만 · 베트남의 사례 중심

초판발행	2021년 10월 25일
엮은이	伊藤哲司·呉宣児·沖潮満里子
옮긴이	오선아
펴낸이	노현
편 집	우석진
기획/마케팅	손준호
표지디자인	벤스토리
제 작	고철민·조영환
펴낸곳	㈜ 피와이메이트
	서울특별시 금천구 가산디지털2로 53, 한라시그마밸리 210호(가산동)
	등록 2014. 2. 12. 제2018-000080호
전 화	02)733-6771
f a x	02)736-4818
e-mail	pys@pybook.co.kr
homepage	www.pybook.co.kr
ISBN	979-11-6519-177-1 93180

copyright©伊藤哲司·呉宣児·沖潮満里子, 2021, Printed in Korea

정 가   26,000원

박영스토리는 박영사와 함께하는 브랜드입니다.